古典文獻研究輯刊

九　編

潘美月・杜潔祥　主編

第 5 冊

先秦典籍引《尚書》考（下）

許鋟輝　著

國家圖書館出版品預行編目資料

先秦典籍引《尚書》考（下）／許錟輝著 ─ 初版 ─ 台北縣永
和市：花木蘭文化出版社，2009〔民98〕
目 4+188 面；19×26 公分
（古典文獻研究輯刊 九編；第 5 冊）
ISBN：978-986-254-013-8（精裝）
1. 書經　2. 研究考訂
621.117　　　　　　　　　　　　　　　　98014411

ISBN - 978-986-2540-13-8

9 789862 540138

古典文獻研究輯刊
九　編　第五　冊　　　　　　　ISBN：978-986-254-013-8

先秦典籍引《尚書》考（下）

作　　　者	許錟輝
主　　編	潘美月　杜潔祥
總 編 輯	杜潔祥
企劃出版	北京大學文化資源研究中心
出　　版	花木蘭文化出版社
發 行 所	花木蘭文化出版社
發 行 人	高小娟
聯絡地址	台北縣永和市中正路五九五號七樓之三
	電話：02-2923-1455／傳真：02-2923-1452
網　　址	http://www.huamulan.tw 信箱 sut81518@ms59.hinet.net
印　　刷	普羅文化出版廣告事業
初　　版	2009 年 9 月
定　　價	九編 20 冊（精裝）新台幣 31,000 元

版權所有‧請勿翻印

先秦典籍引《尙書》考（下）

許錟輝　著

目

次

第十一章 《國語》引《書》考

　　《漢書・藝文志・春秋家》著錄《國語》二十一篇，司馬遷〈報任少卿書〉云：「左丘失明，厥有《國語》」，《漢書・司馬遷傳》贊云：「及孔子因魯史記而作《春秋》，而左丘明論輯其本事，以爲之傳，又纂異同，爲《國語》」，皆以《國語》左丘明所著，後儒或以其書與《左傳》所記不盡相符，而疑其非出於左丘明，《四庫提要》云：「《國語》出何人，說者不一，然終以漢人所說爲近古，所記之事。與《左傳》俱迄智伯之亡，時代亦復相合，中有與《左傳》未符者，猶《新序》、《說苑》，同出劉向，而時復牴牾，蓋古人著書，各據所見之舊文，疑以存疑，不似後人輕改也」，是乃平情之論。

　　《國語》一書，凡引《書》三十條，其中引〈大誓故〉一條，非〈大誓〉本文，去其一，得二十九條。此二十九條中，稱舉篇名者四條，所舉篇名，計〈湯誓〉、〈盤庚〉、〈大誓〉等三篇。其稱《夏書》者三條，所引皆爲逸文，篇名無可考。其稱《周書》者三條，其篇名皆可考，所引篇名，經考定爲〈康誥〉、〈無逸〉、〈呂刑〉等三篇。其稱《周制》者一條，經考定爲《周書》逸文。其稱〈先王之令〉者一條，經考定爲《周書》逸文。其稱〈西方之書〉者一條，經考定爲《周書》逸文。其稱〈訓語〉者一條，經考定爲《周書》逸文。其稱《書》曰者三條，所引皆逸文，其中一條，案諸文義，考定爲《商書》逸文，所餘二條無可考知。其引《書》文而不舉篇名，不稱《書》曰者二條，其所引篇名，經考定爲〈說命〉，〈呂刑〉等二篇。其隱括《書》之文義，不舉篇名，不稱《書》曰者十條。其中二條篇名無可考，由他書所引，考定爲《周書》逸文，其餘八條，其所引篇名，經考定爲〈堯典〉、〈禹貢〉、〈酒誥〉、〈秦誓〉等四篇。

總計《國語》引《書》二十九條中，凡引《書》十一篇，其篇名爲〈堯典〉、〈禹貢〉、〈說命〉、〈湯誓〉、〈盤庚〉、〈大誓〉、〈康誥〉、〈無逸〉、〈酒誥〉、〈呂刑〉、〈秦誓〉。其在伏生二十九篇者，計〈堯典〉、〈禹貢〉、〈盤庚〉、〈康誥〉、〈無逸〉、〈酒誥〉、〈呂刑〉、〈秦誓〉等八篇。其在鄭注〈書序〉云亡之四十二篇者，計〈說命〉一篇。其在〈書序〉百篇之外者，計〈湯誓〉一篇。〔註1〕別有〈大誓〉一篇，不在鄭注亡、逸篇中，其篇蓋亡於戰國之世。

綜考《國語》引《書》二十九條，及引〈大誓故〉一條，可得如下結論：

一、引《書》二十九條中，稱舉篇名者四條，所舉篇名，僅〈湯誓〉、〈大誓〉、〈盤庚〉三篇，與漢人稱《書》有百篇者相去甚遠，此可見先秦《尚書》未必有百篇之數。又所引〈湯誓〉，在百篇之外，則先秦《尚書》未必以今〈書序〉所錄百篇爲備也。

二、引《書》二十九條中，計引逸文十二條，鄭注〈書序〉云亡者一條，百篇之外者一條，別有〈大誓〉二條，其文蓋亡於戰國末期。總此十六條，其文今皆不見於伏生二十九篇，此可見《書》之亡逸，遠在先秦其他典籍之上。康有爲不信亡書、逸書，謂伏生所傳二十八篇爲備，〔註2〕實有未當。

三、所引《書》二十九條中，其明稱《夏書》者三條，《周書》、《周制》、《西方之書》、《先王之令》、《訓語》者七條，稱《書》曰者三條。總此十三條，其中三條今可考知其篇名，其餘十條皆爲逸文。又所引三條，今雖可考知其篇名，然徵之《左傳》引《書》，除所引〈康誥〉外，其他各篇於當時尚未有篇名，故左氏徵引其文，但稱《夏書》、《周書》、《書》曰，而未能稱舉其篇名也。

四、《左傳》與《國語》引《書》，頗多相類，同引《周書》「懷與安，實疚大事」。〈大誓〉「民之所欲，天必從之」，「朕夢協朕卜，襲于休祥，戎商必克」，《夏書》「一人三失，怨豈在明，不見是圖」，而不見於其他先秦典籍。又《國語》引《書》，於稱舉篇名外，或稱《夏書》、《周書》，此與《左傳》引《書》之例同，可見《左傳》、《國語》同出乎一人之手，史遷、班固並謂《國語》左丘明所著，其說應可據信。

五、《左傳》引《書》，除稱舉篇名外，或稱《虞書》、《夏書》、《商書》、《周書》。《國語》與《左傳》同出一人，故引《書》於稱舉篇名外，或稱《夏

〔註1〕 與伐桀之誓別篇。
〔註2〕 《新學僞經考・漢書藝文志辨僞》條。

書》、《周書》，一如《左傳》之例。前乎此，則《論語》引《書》，不舉篇名，但稱《書》云。分《書》爲虞、夏、商、周、蓋自《左傳》始，其後《墨子》、《國策》、《呂氏春秋》，亦仿此例，稱《夏書》、《商書》、《周書》也。

六、《周語》下引〈大誓故〉，乃先秦〈大誓〉故訓之遺，其書蓋述〈大誓〉之本事、作意，與《孟子》述葛伯不祀之事，《左傳》述策命伯禽、唐叔、康叔、蔡仲之事相類，此乃後世〈書序〉之濫觴，又與《大傳》之文相類，此乃後世《書傳》之所由仿。

七、《楚語》上述武丁使象夢，營求傳說之事，與〈書序〉所述相合，則〈書序〉之說蓋即采自《國語》。

八、《書·僞孔傳》乃晉人所僞作，其說多謬誤。《國語》引〈無逸〉文「唯政之恭」，字作政，此用其本字。今孔傳本作「惟正之供」，則用其借字。〈僞孔傳〉云：「當以正道供待之故」，以正道釋之，此望文生義，可由《國語》所引，正其譌失。

九、《國語》引〈湯誓〉，與《墨子·兼愛》下所引文相同，而《墨子》稱〈湯說〉，與《國語》異，此可見先秦《尚書》篇名未有定稱。

十、《國語》所引〈湯誓〉之文，今不見於〈湯誓〉，而今傳〈湯誓〉，文義首尾完整，似不應別有逸文。徵之《國語》所引〈湯誓〉文，與《墨子》所引〈湯說〉相同，實同出一《書》，而《墨子》以爲湯禱雨之誓，與〈書序〉所錄伐桀之〈湯誓〉實爲二篇。此蓋〈湯誓〉初但泛指湯之所誓，非專屬一篇之名，其後伐桀之誓。伏生傳之，〈書序〉錄之，〈湯誓〉乃成爲專名耳。後人不察，乃強合伐桀之誓與禱雨之誓爲一，以《國語》、《墨子》、《論語》所引爲伐桀〈湯誓〉之逸文，此則墨守〈書序〉百篇之失。

十一、《國語》所引〈湯誓〉，與《墨子》、《論語》所引，雖同出一《書》，而彼此文句頗有出入，此可見先秦《尚書》未有定本；是以同引一《書》，而文字互有異同也。

十二、先秦《尚書》未有定本，漢世所傳《尚書》，無論三家今文，孔氏古文，皆傳自先秦，其文字與先秦《尚書》互有同異，乃所必然，故《楚語》引〈無逸〉文「惠于小民」，則與今文《尚書》作「惠于」者合，而與古文《尚書》作「惠鮮」者異；引「唯政之恭」，則又與今文《尚書》作「維正之共」，古文《尚書》作「惟正之供」者並異。後儒見所授《尚書》，同於先秦某書所引《書》，乃謂某書爲今文，爲古文，且由文字之異，轉滋經義之歧，此則墨

守家法之過。

以上十二點，舉其大端者言，他如韋注《國語》之失，僞古文之所由出，詳具各條，不贅述。

第一節 引《書》稱舉篇名

1. 在〈湯誓〉曰：「余一人有罪，無以萬夫；萬夫有罪，在余一人。」（《周語》上）

韋注：「〈湯誓〉、《商書》，伐桀之誓也，今〈湯誓〉無此語，則散亡矣。」

輝案：此引〈湯誓〉文。《論語·堯曰》云：「朕躬有罪，無以萬方；萬方有罪，罪在朕躬」，《集解》引孔安國曰：「《墨子》引〈湯誓〉，其辭若此」。《墨子·兼愛》下引〈湯說〉曰：「萬方有罪，即當朕身；朕身有罪，無及萬方」，〈尸子〉曰：「朕身有罪，無及萬方；萬方有罪，朕身受之」，[註3] 與此引〈湯誓〉文並相類。《禮記·曲禮》下曰：「君天下曰天子，朝諸侯，分職授政任功，曰予一人」，予一人，《尚書》凡十一見：[註4]

（1）王曰：「……爾尚輔予一人，致天之罰。」（〈湯誓〉）

（2）王若曰：「……不惕予一人。」（〈盤庚〉上）

（3）王若曰：「……聽予一人之作猷。」（〈盤庚〉上）

（4）王若曰：「邦之不臧，惟予一人有佚罰。」（〈盤庚〉上）

（5）盤庚乃登進厥民曰：「……汝萬民乃不生生，暨予一人猷同心。」（〈盤庚〉中）

（6）盤庚既遷……，綏爰有眾曰：「……爾無共怒，協比讒言予一人。」（〈盤庚〉下）

（7）公曰：「……茲攸俟能念予一人。」（〈金縢〉）

（8）王曰：「……乃裕民曰：『我惟有及』，則予一人有懌。」（〈康誥〉）

（9）王曰：「……予一人惟聽用德。」（〈多士〉）

（10）王若曰：「……惟予一人釗報誥。」（〈康王之誥〉）

（11）王若曰：「……嗚呼！有績，予一人永綏在位。」（〈文侯之命〉）

除第（7）條外，皆王者之言。其第（7）條，《史記·魯世家》云：「周

〔註3〕見汪繼培輯本。

〔註4〕僞古文不計。

公入賀武王曰：『王其無害，且新受命三王，維長終是圖，茲道能念予一人』」，以予一人與且對稱，《集解》引馬融曰：「一人，天子也」，則予一人指武王而言，謂祖宗能念武王也。則予一人皆謂天子，與〈曲禮〉說合。予一人，金文或作余一人，《毛公鼎》云：「王曰：『……㕥母童余一人才立』」，亦王者自稱之詞。此引〈湯誓〉稱余一人，《論語》、《墨子》稱朕躬，朕身，其義一也。

　　《墨子》引稱〈湯說〉，案諸文義，則湯禱雨之辭，與〈書序〉云：「伊尹相湯伐桀，升自陑，遂與桀戰于鳴條之野，作〈湯誓〉」，二說不合，且此所引〈湯誓〉之文，今不見於〈湯誓〉。蓋〈湯誓〉初但為泛稱，伐桀之誓，可稱〈湯誓〉，禱雨之誓，亦可稱〈湯誓〉，猶伐有扈之誓，可稱〈禹誓〉，〔註5〕攻有苗之誓，亦可稱〈禹誓〉也。〔註6〕韋昭以為伐桀之誓，此墨守〈書序〉百篇之說，不明〈湯誓〉泛稱，非專屬一篇之名，說非。閻若璩謂《國語》所引為別一〈湯誓〉，〔註7〕說至允當。〔註8〕

　　《墨子》引稱〈湯說〉，此稱〈湯誓〉。《周禮・大祝》曰：「大祝掌六祈以同鬼神示，一曰類，二曰造，三曰禬，四曰禜，五曰攻，六曰說」，是祭祀祈禱稱說；《禮記・郊特牲》曰：「卜之日，王立於澤，親聽誓命，受教諫之義也」，是祭祀告神亦稱誓；則誓、說義近，〈湯誓〉、〈湯說〉一也。蓋先秦《尚書》，篇名未有定稱，故此引稱〈湯誓〉，而《墨子》則引稱〈湯說〉也。

　　又案：《墨子》、《論語》、《國語》、《尸子》同引一書，而文句彼此頗有出入，此不僅孔、墨所授《書》，本各有異，即孔門授《書》，亦各本不同，故《禮記・大學》引〈康誥〉「克明德」，《荀子・正論》引作「克明明德」；《論語》引〈湯誓〉「朕躬有罪，無以萬方；萬方有罪，罪在朕躬」，《國語》引作「余一人有罪，無以萬夫；萬夫有罪，在余一人」；此可見先秦《尚書》，未有定本，是以文字歧異如此。

　　又《呂氏春秋・順民篇》曰：「昔者湯克夏而正天下，天大旱，五年不收，湯乃以身禱於桑林，曰：『余一人有罪，無及萬夫；萬夫有罪，在余一人，無以一人之不敏，使上帝鬼神傷民之命』」，此亦引〈湯誓〉之文，而以為湯禱雨之辭，與《墨子》引〈湯說〉同，此可見韋注以《國語》所引〈湯誓〉，為

〔註5〕《墨子・明鬼》下。
〔註6〕《墨子・兼愛》下。
〔註7〕《古文尚書疏證》第十九條。
〔註8〕參見本書283頁，第十八章第一節第二條。

湯伐桀之誓，其說非是。

2. 在〈盤庚〉曰：「**國之臧，則惟女眾；國之不臧，則惟余一人是有逸罰。**」
（《周語》上）

韋注：「盤庚，殷王，祖乙之子。今《商書・盤庚》是也。」

輝案：此引〈盤庚〉文。孔傳本〈盤庚〉上作「邦之臧，惟汝眾；邦之不臧，惟予一人有佚罰。」國作邦者，《說文》云：「邦、國也」，邦、國義近。《墨子・尚賢》下引〈呂刑〉曰：「有國有土」，今孔傳本亦作「有邦有土」。

女作汝，汝从女聲，汝女古音同通用，此作指稱詞，乃無本字之叚借。《禮記・仲尼燕居》「女三人者」，《釋文》：「女，本作汝」，《書・堯典》「汝陟帝位」，《史記・五帝本紀》作「女登帝位」，〈皋陶謨〉「汝無面從」，〈夏本紀〉作「女無面諛」，此二字互用之證。

余作予，余、予同屬喻紐，第五部，二字古音同通用。說見第五章第一節第九條。

逸作佚，逸、佚同屬喻紐，古歸影紐，韻則同在第十二部，二字古音同通用。《書・皋陶謨》「無教逸欲有邦」，《漢書・王嘉傳》引作「亡敖佚欲有國」，《論語・微子》「謂虞仲夷逸」，漢石經作「夷佚」，《書・無逸》，《論衡・儒增》作〈毋佚〉，《史記・周本紀》作〈無佚〉，此二字互用之證。本字作逸，作佚者借字也。

又案：《國語》所引〈盤庚〉文，與今傳《尚書》不盡相同。今考漢世所傳《書》，無論伏生今文，孔氏古文，與先秦《尚書》皆不盡相同，先秦《尚書》今已不傳，然先秦各書頗引其文，今觀先秦典籍所引《書》，或同於今文：《大傳》、《史記・周本紀》、《匈奴傳》並稱〈甫刑〉，〔註9〕而《禮記・表記》二引，〈緇衣〉三引，《孝經・天子章》引並作〈甫刑〉，此則先秦《尚書》同於今文者；或同於古文：馬、鄭稱〈呂刑〉，〔註10〕而《墨子・尚賢》中、下、〈尚同〉中引並作〈呂刑〉，此則先秦《尚書》同於古文者；或異於今文古文：《禮記・緇衣》引〈君奭〉曰：「周田觀文王之德」，鄭注云：「古文周田觀文王之德為割申勸寧王之德，今博士讀為厥亂勸寧王之德，三者皆異」，此則先秦《尚書》異於今文古文者，所以然者，蓋先秦《尚書》未有定本，先秦各書同引一《書》，

〔註9〕 《困學紀聞》卷二、《小學紺珠》卷四並引《大傳》云：「〈甫刑〉可以觀誠」。
〔註10〕 《尚書・呂刑正義》引鄭玄曰：「呂侯受王命，入為三公」，是鄭本《尚書》作〈呂刑〉，孔傳本作〈呂刑〉者，承馬、鄭之舊。

其文句每有出入，此其明證。漢世所傳《尚書》，無論古文、今文，皆傳自先秦，先秦《尚書》既無定本，則漢世所傳《尚書》文句互有同異，職是之故。其後傳《書》各家，墨守師法，章句各別，訓故互異，〔註11〕遂由文字之異，轉滋經義之歧，而今文家說，古文家說之號起焉，錢穆先生曰：「東漢經學，仍無今文古文之分，具如上說，然其時固有今學古學之辨，……治章句者爲今學，此即博士立官各家有師說之學也，……其不治章句者，則爲古義，古義即古學也」，又曰：「然則東京所謂古學者，其實乃西漢初期經師之遺風，其視宣帝以後，乃若有古今之分，此僅在其治經之爲章句與訓詁，不謂其所治經文之有古今也」，〔註12〕實爲平允之論。其後清儒言兩漢經學，墨守今古家法，張皇過甚，流衍多失，〔註13〕今考《國語》此引〈盤庚〉文，與孔傳本頗異，〈僞孔傳〉云：「佚、失也，是已失政之罰，罪己之義」，《國語》韋昭注云：「逸、過也，罰猶罪也。國俗之不善，則惟余一人是我有過也，言其罪當在我也」，過猶失也，孔傳之說與韋注初無二致。陳喬樅見《國語》所引〈盤庚〉之文，異於孔傳本古文，而不加細辨，乃云「韋注中無古今文同異之語，韋之解誼當本於今文《尚書》說」，〔註14〕以《國語》所引爲今文，然孔傳本出於晉人，其於今文二十九篇或加改易，未可據以爲說，而馬鄭古文，今已不傳，安知馬鄭此文不同於《國語》乎？此墨守今文家法之失，陳氏之說，未可據信。

又案：《爾雅·釋言》郭注引《書》曰：「汝則有逸罰」，此引〈盤庚〉文，涉〈費誓〉「汝則有常刑」而致誤，此猶《大傳》引〈康誥〉「克明德」作「克明俊德」，此後人傳寫涉〈堯典〉「克明俊德」句而誤，非《大傳》本如此也。〔註15〕陳喬樅曰：「郭注引《書》當云是有逸罰，其作汝則者，後人傳寫之誤耳」，〔註16〕此亦墨守今文家法之失，以《國語》所引爲今文，而不信古文，因謂郭注本作「是有逸罰」，與《國語》同，後人傳寫乃誤作「汝則有逸罰」。段玉裁曰：「此當引〈盤庚〉惟予一人有佚罰，記憶之誤，涉〈策誓篇〉而云爾」，〔註17〕說較合理。

〔註11〕《漢書·藝文志》著錄《歐陽經》三十二卷，《章句》三十一卷。又著錄《大小夏侯章句》各二十九卷，大小夏侯《解故》二十九篇。
〔註12〕〈兩漢博士家法考〉，載《兩漢經學今古文平議》第210頁、213頁。
〔註13〕錢穆先生語。
〔註14〕《今文尚書經說考》。
〔註15〕說見本書108頁，第三章第十二節第一條。
〔註16〕《今文尚書經說考》。
〔註17〕《古文尚書撰異》。

3. 在〈太誓〉曰：「民之所欲，天必從之。」（《周語》中）

　　韋注：「今《周書·太誓》無此言，其散亡乎？」

　　輝案：此引《書·大誓》文。《鄭語》、《左傳》襄公三十一年、昭公元年並引此文。字本作〈大誓〉，此作〈太誓〉，《鄭語》作〈泰誓〉，皆後人所改，說見第三章第八節第二條。

　　《左傳》引〈大誓〉者六條：

　　（1）〈大誓〉所謂商兆民離，周十人同者。（成公二年）

　　（2）武王有亂十人。（襄公二十八年）

　　（3）〈大誓〉云：「民之所欲，天必從之。」（襄公三十一年、昭公元年）

　　（4）筮襲於夢，武王所用也。（昭公七年）

　　　　　杜注：「外傳云：『〈大誓〉云：朕夢協朕卜，襲於休祥，戎商必克。』」

　　（5）〈大誓〉曰：「紂有億兆夷人，亦有離德；余有亂十人，同心同德。」

　　其明稱〈大誓〉者四條，檃括〈大誓〉文義者一條，檃括〈大誓故〉之文者一條。《國語》引〈大誓〉者三條：

　　（1）在〈太誓〉曰：「民之所欲，天必從之。」（《周語》中）

　　（2）吾聞之〈大誓故〉曰：「朕夢協朕卜，襲于休祥，戎商必克。」（《周語》下）

　　（3）〈泰誓〉曰：「民之所欲，天必從之。」（《鄭語》）

　　《國語》所引〈大誓〉三條，皆見引於《左傳》，其中二條，與《左傳》所引文字相同，其別一條引〈大誓故〉，而《左傳》檃括《國語》之文。此三條不見於先秦他書，而但見於《左傳》、《國語》。又《國語·晉語》引《夏書》曰：「一人三失，怨豈在明，不見是圖」，《左傳》成公十六年引夏書，與此同：又《晉語》引《西方之書》曰：「懷與安，實疚大事」，《左傳》僖公二十三年曰：「懷與安實敗名」，與此略同，而皆出於姜氏之口；凡此所引，皆不見於先秦他書，而但見於《左傳》、《國語》。此可證《左傳》，《國語》當出於一人之手，是以引《書》之文，相類若是，司馬遷，班固並謂《國語》左丘明所著，當可據信。

　　先秦〈大誓〉，戰國末年已亡，漢世所行者，乃武帝末所得河內〈大誓〉，蓋漢人據先秦所遺說〈大誓〉之書而杜撰者，〔註18〕三國時此書猶存，韋昭得見之，與《國語》所引先秦〈大誓〉全異，故注云：「今《周書·大誓》無

此言，其散亡乎」。

4. 單襄公曰：「……吾聞之〈大誓故〉曰：『朕夢協朕卜，襲于休祥，戎商
必克。』（《周語》下）

韋注：「〈大誓〉、伐紂之誓也。故、故事也。」

輝案：此引〈大誓〉故訓，非引〈大誓〉本文。考《漢書・藝文志》書
家著錄《大小夏侯解故》二十九篇；《詩》家著錄《齊后氏故》二十卷，《魯
故》二十五卷，《齊孫氏故》二十七卷；小學家著錄杜林〈蒼頡故〉一篇。顏
師古於《詩・魯故》二十五卷下注曰：「故者通其指義也」，則〈大誓故〉者，
蓋說〈大誓〉本事，作意之書，有類後世之〈書序〉，傳注。其書多言瑞兆占
驗之事，與《左傳》言卜筮瑞應者相類，則其書蓋與《左傳》，《國語》之時
相近。陳夢家曰：「所述〈太誓故〉，似是〈太誓〉的詁訓」，〔註19〕其說是也，
韋昭釋故為故事，考之各書未有此例，未允。戰國末年，〈大誓〉已亡，而此
等說〈大誓〉之書，或流傳未亡，伏生，史遷皆見之，而各以己意，取以著
之《大傳》、《史記》，武帝末，又有好事者，取其書，益以杜撰之辭，託諸河
內女子，以售其欺，此即漢世所行後得〈大誓〉。章太炎曰：「今之〈泰誓〉，
蓋當時解釋〈泰誓〉者之言，《周語》有〈泰誓故〉，疑伏生所述，即〈泰誓
故〉也，不得〈泰誓〉，以〈泰誓故〉補之」。〔註20〕其說近之。

《左傳》昭公七年曰：「筮襲於夢，武王所用也」，此隱括《國語》所引〈大
誓故〉文，杜注引外傳釋之，是也。惟杜氏直認《國語》所引為〈大誓〉本文，
故云：「〈大誓〉云」，而去「故」字，此蓋鑒於韋注故為故事而云然，失之。又
《尚書・泰誓正義》引馬融〈書序〉曰：「《國語》引〈大誓〉曰：『朕夢協朕卜，
襲于休祥，戎商必克』」，亦去「故」字，以為〈大誓〉本文，亦非。

僞古文〈泰誓〉中云：「朕夢協朕卜，襲于休祥，戎商必克」，襲取此引
〈大誓故〉文為之。

5. 〈泰誓〉曰：「民之所欲，天必從之。」（《鄭語》）

韋注：「〈泰誓〉、《周書》。」

輝案：此引《書・大誓》文。字本作〈大誓〉，此作泰者，後人所改。《周
語》中引〈大誓〉文與此同。

〔註19〕《尚書通論》第 21 頁。
〔註20〕《經學略說》第 62 頁。

第二節　引《書》稱《書》曰

1. 《夏書》有之曰：「眾非元后何戴，后非眾無與守邦。」（《周語》上）

韋注：「《夏書》、逸書也。」

輝案：此引《尚書‧夏書》逸文。其篇蓋亡於秦漢之際，韋氏不知所屬何篇，故云逸書。僞古文〈大禹謨〉云：「眾非元后何戴，后非眾罔與守邦」，襲取此引《夏書》逸文爲之。姚際恒曰：「〈咸有一德〉后非民罔使，民非后罔事，本倣《國語‧夏書》曰：『眾非元后何戴，后非眾罔與守邦』，《禮記‧太甲》曰：『民非后無能胥以甯，后非民無以辟四方』」。〔註21〕

無、姚氏引作罔，二字通用，說見第三章第十節第二條。

2. 《書》有之曰：「必有忍也，若能有濟也。」（《周語》中）

韋注：「《書》，逸書也。」

輝案：此引《書》逸文，其篇蓋亡於秦漢之際，韋氏不知所屬何篇，故云逸書。僞古文〈君陳〉云：「必有忍，其乃有濟」，襲取此引《書》逸文爲之。

3. 《周制》有之曰：「列樹以表道，立鄙食以守路。」（《周語》中）

韋注：「制、法也。」

輝案：《韓非子‧有度》引先王之法曰：「臣毋或作威，毋或作利，從王之指；毋或作惡，從王之路」，此引《周書‧洪範》文，而稱先王之法，以是例之，周制者周法也，蓋亦《尚書‧周書》逸文。

4. 先王之令有之曰：「天道賞善而罰淫。故凡我造國，無從非彝，無即慆淫，各守爾典，以承天休。」（《周語》中）

韋注：「文武之教也。」

輝案：此引《尚書‧周書》逸文，《左傳》襄公四年引《夏訓》曰：「有窮后羿」，杜注：「《夏訓》、《夏書》。」今案韋注，先王之令謂文武之教。《說文》云：「訓、說教也」，〔註22〕是訓、教同義，則先王之令即文武之訓，以《左傳》稱《夏訓》例之，則此蓋亦《周書》逸文。僞古文〈湯誥〉云：「天道福善禍淫」，又云：「凡我造邦，無從匪彝，無即慆淫，各守爾典，以承天休」，襲取此引《周書》逸文爲之。

〔註21〕閻若璩《古文尚書疏證》第一二一條引。
〔註22〕言部。

5. 《書》曰：「民可近也，而不可上也。」（《周語》中）

　　韋注；「《書》、逸書。」

　　輝案：此引《書》逸文。其篇蓋亡於秦漢之際，韋氏不知所屬何篇，故云逸書。僞古文〈五子之歌〉云：「民可近，不可下」，襲取此引《書》逸文爲之。僞孔爲欲與下文「一能勝予」、「不見是圖」、「懍乎若朽索之馭六馬」等句協韻，因改上爲下，然《國語》引《書》，所以明上文「夫人性陵上者也」，「故聖人貴讓」之義，字固當作上。

6. 《夏書》有之曰：「關石和鈞，王府則有。」（《周語》下）

　　韋注：「《夏書》、逸書。」

　　輝案：此引《尚書·夏書》逸文。其篇蓋亡於秦漢之際，韋氏不知所屬何篇，故云逸書。僞古文〈五子之歌〉云：「關石和鈞，王府則有」，此襲取《國語》所引《夏書》逸文爲之。

7. 西方之《書》有之曰：「懷與安，實疚大事。」（《晉語》四）

　　韋注：「西方謂周。」

　　輝案：此引《尚書·周書》逸文。陳夢家曰：「韋昭云西方謂周，則此亦是《周書》」。〔註23〕《左傳》僖公二十三年曰：「懷與安，實敗名」，與此文略同，而皆爲姜氏之語，當是同引一《書》，而文句略有改易。

　　又案：此所引《周書》逸文，但見於《左傳》、《國語》，不見於先秦他書，則《左傳》、《國語》當是出於一人之手，是以所引《書》，如此相類。

8. 《夏書》有之曰：「一人三失，怨豈在明，不見是圖。」（《晉語》九）

　　輝案：此引《尚書·夏書》逸文，《左傳》成公十六年引《夏書》曰：「怨豈在明，不見是圖」，與此同。此所引《夏書》逸文，但見於《左傳》、《國語》，而不見於先秦他書，則《左傳》、《國語》當是一人所著，是以引《書》相類若是。僞古文〈五子之歌〉云：「一人三失，怨豈在明，不見是圖」，襲取此引《夏書》逸文爲之。

　　又案：《國語》、《左傳》並引此文，而皆云《夏書》，未稱舉篇名，則春秋之時，此篇但爲《夏書》之一篇，而未有篇名。《書》之篇名，代有所出，《左傳》引《書》，稱舉篇名者十四條，其所稱引篇名，爲〈康誥〉、〈仲虺之誥〉、〈大誓〉、〈蔡仲之命〉、〈盤庚〉、〈伯禽〉、〈唐誥〉等七篇；《國語》引《書》，

〔註23〕《尚書通論》第 21 頁。

稱舉篇名者五條，其所稱引篇名，則爲〈湯誓〉、〈大誓〉、〈盤庚〉等三篇。則春秋之時，《書》之有篇名者不多，其後代有所增益，此篇其後是否有篇名，已無可考知，秦漢之際，其篇已亡，故杜注《左傳》乃云逸書也，《說苑‧貴德篇》引《夏書》有之曰：「一人三失，怨豈在明，不見是圖」，據《國語》引《夏書》爲說。

9. 《周書》有之曰：「怨不在大，亦不在小。」（《晉語》九）

輝案：此引《書‧康誥》文。孔傳本與《國語》所引同，《說苑‧貴德篇》引《周書》有之曰：「怨不在大，亦不在小」，與《國語》所引亦同，此則先秦《尚書》同於漢世所傳《尚書》者。

10. 訓語有之曰：「夏之衰也，褒人之神，化爲二龍，以同于王庭，而言曰：『余褒之二君也』，夏后卜殺之，與去之，與止之，莫吉，卜請其漦而藏之，吉。乃布幣焉，而策告之，龍亡，而漦在，櫝而藏之，傳郊之，及殷、周、莫之發也。及厲王之末，發而觀之，漦流于庭，不可除也，王使婦人不幃而譟之，化爲玄黿，以入于王府，府之童妾，未既齔而遭之，既笄而孕，當宣王之時而生，不夫而孕，故懼而棄之，爲弧服者，方戮在路，夫婦哀其夜號也，而取之以逸，逃于褒，褒人褒姁有獄，而以爲入於王，王遂置之，而嬖是女也，使至於爲后，而生伯服。」（《鄭語》）

韋注：「訓語、《周書》。」

輝案：此引《尚書‧周書》逸文。稱訓語者，猶《左傳》襄公四年引《夏書》文而稱《夏訓》也，案其文似若淺易，不類《書》文，或史伯檃括其文，改以當日口語述之歟？《史記‧周本紀》曰：「周太史伯陽讀史記曰：『周亡矣，昔自夏后氏之衰也，有二龍止於夏帝庭而言曰：「余褒之二君」，夏帝卜殺之，與去之，與止之，莫吉，卜請其漦而藏之，乃吉，於是布幣而策告之，龍亡而漦在，櫝而去之，夏亡，傳此器殷，殷亡，又傳此器周，比三代莫敢發之，至厲王之末，發而觀之，漦流于庭，不可除，厲王使婦人裸而譟之，漦化爲玄黿，以入王後宮，後宮之童妾既齔而遭之，既笄而孕，無夫而生子，懼而棄之，宣王之時，童女謠曰：「檿弧箕服，實亡周國」，於是宣王聞之，有夫婦賣是器者，宣王使執而戮之，逃於道而見鄉者後宮童妾所棄妖子出於路者，聞其夜啼，哀而收之，夫婦遂亡犇於褒，褒人有罪，請入童妾所棄女子者於王以贖罪，棄女子出於褒，是爲褒姒』」，與《國語》所引訓語之文略

同,《史記》言伯陽讀史記,而後發爲此言,則自「昔自夏后氏之衰也」以下,當出於周史記,韋昭云:「訓語,《周書》」,蓋亦有鑒於此云爾。《史記》所載,文亦淺易,或亦伯陽隱括周史記文,而以當日口語述之,考《國語》所記乃史伯對鄭桓公之言,《史記‧鄭世家》云:「鄭桓公友者,周厲王少子,而宣王庶弟也,……幽王以爲司徒」,則史伯與太史伯陽皆幽王時人,史伯、伯陽當係一人,《國語》所引訓語,即《史記》所載伯陽所讀史記,皆《周書》逸文。《史記》所載周史記,與《國語》所載訓語,文不盡相同者,或《史記》所載經司馬遷整理,有所改易,《國語》以宣王時童謠,與訓語文分述,而《史記》則合而敘之,此其明證。

11. 《周書》曰:「文王至于日中昃,不皇暇食,惠于小民,唯政之恭。」
（《楚語》上）

輝案:此隱括〈無逸〉文。〈無逸〉云:「懷保小民,惠鮮鰥寡,自朝至于日中昃,不遑暇食,用咸和萬民。文王不敢盤于遊田,以庶邦惟正之供」。

昃,一作𣅳,《史記‧魯世家》云:「文王日中𣅳,不暇食」,《漢書‧董仲舒傳》:「周文王至於日𣅳,不暇食」,《後漢書‧楊賜傳》:「周文日𣅳不暇」,又《陳元傳》:「是以文王有日𣅳之勞」,《風俗通‧過譽篇》:「文王日𣅳不暇食」,並引《書‧無逸》文,字並作𣅳。《說文》云:「𣅳,日在西方時側也」（日部）,徐鍇本矢部又出昃字,𣅳、昃一字,朱駿聲訂爲𣅳之重文,[註24]是也。

𣅳,一作稷,漢《成湯靈臺碑》曰:「日稷不夏」。𣅳屬莊紐,古歸精紐,稷屬精紐,韻則同在第一部,古同音通用。皮錫瑞曰:「《靈臺碑》引𣅳作稷,暇作夏者,𣅳稷、暇夏古皆通用,《易》日中則𣅳,《釋文》孟本作稷,《左氏‧公羊經》戊午日下𣅳,《穀梁》作稷,《孝經鉤命訣》沈書日稷,《中候握河紀》至于日稷,皆與𣅳同」。[註25]

皇、孔傳本作遑,遑从皇聲,遑皇古音同通用。《詩‧谷風》「遑恤我後」,《禮記‧表記》、《左傳》襄公二十五年引並作「皇恤我後」,《詩‧殷武》「不敢怠遑」,《左傳》襄公三十六年引作「不敢怠皇」,考《說文》王部有皇字,許慎訓爲大,而無遑字,先秦典籍遑暇字皆借皇爲之,《左傳》、《禮記》引《詩》作皇,《國語》引《書》作皇,是其明證。遑者後起本字,《詩‧谷風》「遑恤我後」箋,《四牡》「不遑啓處」傳並云:「遑、暇也」。先秦《詩》、《書》遑

[註24] 《說文通訓定聲》頤部第五。
[註25] 《漢碑引經考》卷二。

字皆當作皇，作遑者，漢人所改。

惠于小民句，櫽括「懷保小民，惠鮮鰥寡」二句爲之。小民，一作小人，漢石經，《漢書・谷永傳》引經並作「懷保小人」。惠于，孔傳本作惠鮮。〈僞孔傳〉云：「又加惠鮮乏鰥寡之人」，則似語詞于字省去，段玉裁曰：「惠鮮恐是惠于之誤，于字與羊字略相似，又因下文鰥字魚旁誤增之也」，〔註26〕今馬鄭本無可考，未知孰是。《漢書・谷永傳》引經曰：「惠于鰥寡」，又《景十三王傳》云：「惠于鰥寡」，漢石經云：「惠于矜（下缺）」，《後漢書・明帝紀》云：「惠於鰥寡」，並作惠于、惠於，與《國語》引同，此則先秦《尚書》同於今文者。

唯政之恭，孔傳本作「以庶邦惟正之供」，政、孔傳本作正，政從正聲，二字古同音通用，說見第十八章第一節第十五條。《漢書・谷永傳》引下文：「惟正之共」，字作正，與孔傳本同，是今文、古文並作正。陳喬樅曰：「是作正者今文《尚書》，作政者古文《尚書》也，〔註27〕以孔傳本作政，今考〈僞孔傳〉云：「以眾國所取法則，當以正道供待之故」，則孔傳本作正字可知，陳說未允。恭，孔傳本作供，恭、供並從共聲，古音同通用，《老子》注「非唯恭其乏而已」，《釋文》：「恭本作供」，《莊子・天地》「至無而供其求」，《釋文》：「供本作恭」，此二字互用之證。恭，一作共；《漢書・谷永傳》引下文：「惟正之共」，恭共古音同通用，說見本書 303 頁，第十八章第一節第十五條。作共者本字，作恭、供者皆借字也，段玉裁曰：「《尚書》恭敬字不作共，共奉字不作恭，漢石經之存於今者，〈無逸〉一篇中，嚴恭作恭，懿共、維正之共，皆作共，可知二字之不相混」，〔註28〕徵之《史記》、漢石經、《漢書》，恭敬字皆作恭，共奉字皆作共，不相混用，漢人用字之例如此，段說是也。段氏又曰：「《國語》作恭，當是本作共，後人改之」，皮錫瑞亦謂《楚語》與今文合，石經於下文維作共，此亦當同。〔註29〕考《國語》引此文作政，《漢書》則作正；又《國語》引作唯，而石經引下文作維；又《國語》引作小民，而石經引作小人，是《國語》所引與今文不盡相合，則石經引下文作共，《國語》於此未必作共，皮說未允。又考先秦《尚書》未有定本，與漢世所傳《尚

〔註26〕 《古文尚書撰異》。
〔註27〕 《今文尚書經説考》。
〔註28〕 《古文尚書撰異》。
〔註29〕 《今文尚書考證》卷二十。

書》，無論三家今文，孔氏古文，皆頗有同異，漢人恭敬字與共行字不相混用，先秦《尚書》未必然，且恭從共聲，二字本有相借之例，則《國語》恭字未必後人所改，段說亦未允。

《國語》此引《周書》，乃檃括〈無逸〉文，非直引原文，《左傳》襄公三十年引〈仲虺之志〉曰：「亂者取之，亡者侮之」，宣公十二年則檃括其文，稱〈仲虺〉有言曰：「取亂侮亡」，古人引《書》，本有此例。陳喬樅曰：「倚相蓋檃括〈毋佚〉之文耳」，〔註30〕段玉裁曰：「左史摘舉，不以次爾」，〔註31〕二說並是。江聲乃曰：「據《國語》引《周書》曰云云，則不得有以庶邦三字，此僞孔氏所增改也」；〔註32〕陳喬樅又曰：「僞孔本惟政之共上有以庶邦三字」，以今文《尚書》無此三字，前後乖違；皮錫瑞亦謂《楚語》引此文，無以庶邦三字，蓋今文《尚書》本無之；說皆欠當。

又案：《國語》引作「唯政之恭」，字作政。孔傳本作正，《漢書》引下文亦作正，則借字也，〈僞孔傳〉云：「當以正道供待之故」，於下文「以萬民惟正之供」云：「用萬民當惟正身以供待之故」，並望文生義，非古義也。

12. 武丁於是作《書》曰：「以余正四方，余恐德之不類，茲故不言。」（《楚語》上）

韋注：「賈唐云：『《書‧說命》也』，昭曰：『非也，其時未得傅說。』」

輝案：此引《尚書‧商書》逸文。賈逵、唐固並以此爲〈說命〉文，〈書序〉云：「高宗夢得說，使百工營求諸野，得諸傅巖，作〈說命〉三篇」。則〈說命〉作於既得傅說之後，武丁作此《書》時，未得傅說，則所作非〈說命〉可知。《大傳》、《史記》皆未引〈說命〉〔註33〕則其篇蓋先秦已亡，鄭注〈書序〉云：「亡」，注《禮記》云：「今亡」，是也。賈逵、唐固皆未見〈說命篇〉，以此爲〈說命〉文，乃臆測之辭，韋昭已言其非。江聲以此爲白公子張說武丁求傅說之意，非《尚書》之文，然《楚語》已明言武丁作《書》，其爲《書》文無疑，今以其記武丁之事，因以爲《商書》逸文。

又案：《呂氏春秋‧重言篇》曰：「高宗乃言曰：『以余一人正四方，余唯恐言之不類也，茲故不言』」，與此略同，亦引《商書》文，而文句頗有出入

〔註30〕《今文尚書經說考》。
〔註31〕《古文尚書撰異》。
〔註32〕《尚書集注音疏》。
〔註33〕清儒輯《大傳》，或以〈無逸〉「高宗諒闇，三年不言」爲〈說命〉文，非是。陳壽祺《尚書大傳輯校》無〈說命篇〉，是也。

者，蓋先秦《尚書》未有定本之故。陳夢家以《呂氏春秋》引此不謂《書》，因謂《國語》此段所述武丁事，是〈書序〉一類，規諫以下方是《尚書》佚文，〔註34〕然古人本有引《書》不舉篇名，不稱《書》曰之例，《國語》已明言武丁作《書》，其爲《書》文無疑，上文皆殷武丁能聳其德云云，若夫下文使以象夢，旁求四方之賢云云，與〈書序〉相類，陳氏以爲〈書序〉一類，則甚允。

13. 昭王問於觀射父曰：「《周書》所謂重黎實使天地不通者，何也？」（《楚語》下）

　　韋注：「《周書》，周穆王之相甫侯所作〈呂刑〉也。」

　　輝案：此櫽括《書‧呂刑》文。〈呂刑〉曰：「乃命重黎，絕地天通」。

　　《國語‧楚語》下云：「及少皞氏之衰也，九黎亂德，民神雜糅，不可方物，……顓頊受之，乃命南正重司天以屬神，命火正黎司地以屬民」，是命重黎絕地天通者顓頊也，漢人說重黎者與《國語》合。《潛夫論‧志姓氏篇》全引《楚語》之文，張衡《應閒》曰：「重黎又相顓頊，而申理之，日月即次，則重黎之爲也」，《中論‧歷數篇》云：「顓頊命重黎」，鄭玄以皇帝哀矜庶戮之不辜，至罔有降格，皆說顓頊之事，乃命重黎即是命重黎之身，非羲和也，皇帝清問以下乃說堯事。〔註35〕〈僞孔傳〉乃以命重黎之事屬之堯，云：「重即羲，黎即和，堯命羲和世掌天地四時之官，使人神不擾，各得其序，是謂絕地天通」，然《國語》又云：「其後三苗復九黎之德，堯復育重黎之後，不忘舊者，使復典之」，與上文顓頊命重黎絕地天通分述，其爲二事可知，孔穎達曰：「《楚語》言顓頊命重黎，解爲帝堯命羲和，於孔說又未允」，〔註36〕是也。

第三節　引《書》不舉篇名不稱《書》曰

1. 得傅說以來，升以爲公，而使朝夕規諫，曰：「若金，用女作礪；若津水，用女作舟；若天旱，用女作霖雨；啟乃心，沃朕心；若藥不瞑眩，厥疾不瘳；若跣不視地，厥足用傷。」（《楚語》上）

　　輝案：此引《書‧說命》文。〈書序〉云：「高宗夢得說，使百工營求諸

〔註34〕《尚書通論》第21頁。
〔註35〕《尚書‧呂刑正義》引。
〔註36〕《呂刑正義》。

野，得諸傅巖，作〈說命〉三篇」，與《楚語》言得傅說以來，升以爲公之事相應，則若金用女作礪以下當是〈說命〉文。江聲曰：「此若金以下，則皆命說之詞，又《孟子‧滕文公篇》引若藥不瞑眩，明稱《書》曰，自是〈說命〉之文矣」，〔註37〕是也。僞古文〈說命〉上云：「若金，用汝作礪；若濟巨川，用汝作舟楫；若歲大旱，用汝作霖雨；啓乃心，沃朕心；若藥弗瞑眩，厥疾弗瘳；若跣弗視地，厥足用傷」，襲取此引〈說命〉文爲之。

　　《說文》宀部云：「㝠、冥合也，从宀丏聲。讀若《書》曰藥不瞑眩」。〔註38〕是許愼亦以此爲《尚書》之文，與《孟子》同。陳夢家曰：「《坊記》引《高宗》曰：『三年其惟不言，言乃讙』，此或是《高宗》的佚文」。〔註39〕考〈無逸〉、〈高宗之訓〉皆追述高宗之事，以爲後世所戒，故皆言「三年不言，言乃雍」，此若金用女作礪以下，則高宗命說之辭，故先言高宗三年不言之事，此有類後世〈書序〉，陳夢家以此述武丁之事是〈書序〉一類，是也，至謂若金以下爲〈高宗之訓〉佚文，則未允，王國維以《楚語》白公子張言昔殷武丁能聳其德，至於神明，以入於河，自河徂亳，乃用逸書〈說命〉之文，〔註40〕以此記述高宗之事爲《書》之本文，蓋臆測之辭，陳氏以爲〈書序〉一類，於義爲長。

2. 顓頊受之，乃命南正重司天以屬神，命火正黎司地以屬民，使復舊常，無相侵瀆，是謂絕地天通。（《楚語》下）

　　輝案：此引《書‧呂刑》文。〈呂刑〉云：「乃命重黎，絕地天通」。說詳第二節第十二條。

第四節　檃括《書》文不舉篇名不稱《書》曰

1. 夫先王之制，邦內甸服，邦外侯服，侯衛賓服，蠻夷要服，戎狄荒服。（《周語》上）

　　輝案：此檃括《書‧禹貢》文。〈禹貢〉：「五百里甸服，……五百里侯服，……五百里綏服……五百里要服，……五百里荒服」，〈禹貢〉綏服，此稱賓服，

〔註37〕《尚書集注音疏》。
〔註38〕今大徐本作讀若《周書》，段玉裁曰：「若今僞撰〈說命〉，則采《楚語》爲之，許鄭所未見者，大徐本作讀若《周書》，繆甚」，今依段注本。
〔註39〕《尚書通論》第21頁。
〔註40〕《觀堂集林》卷十二、〈說殷〉。

不同者，孔穎達曰：「綏者據諸侯安王爲名，故云先王之制，則此服舊有二名」。
〔註41〕《荀子·正論》云：「封內甸服，封外侯服，侯衛賓服，蠻夷要服，戎
狄荒服」，亦檃括〈禹貢〉文。

2. 其在有虞，有崇伯鯀，播其淫心，稱遂共工之過，堯用殛之于羽山。（《周
語》下）

輝案：此檃括〈堯典〉文。〈堯典〉曰：「殛鯀于羽山」。〔註42〕鯀，〈堯
典〉作鮌。鮌本爲魚名。〔註43〕禹父之名，古書或作鮌、鯀、骸、䰄，《列子·
楊朱》：「鯀治水土」。《釋文》：「本又作骸」，《禮記·祭法》：「禘黃帝而郊鯀」，
《釋文》：「本又作䰄」，《廣韻》上聲二十一混曰：「鯀、亦作鮌」，又曰：「䰄，
禹父名，亦作骸，《尚書》本作鯀」，〔註44〕則作䰄、骸者本字，作鯀、鮌者
借字。《說文》有鯀字，從魚系聲，而系字古音在第十六部。《說文》無鮌、
䰄、骸等諸字，《廣韻》者鯀、鮌、䰄、骸並古本切，古音應在第十三部，與
系字聲韻皆乖違，疑鯀、䰄從孫省聲，古音在十三部。鮌、骸從玄聲，古音
在第十二部，韻部相近，故鯀字或作鮌，䰄字或作骸，而二字得相借用也。

3. 詩以道之，歌以詠之。（《周語》下）

韋注：「道己志也，《書》曰：『詩言志』。詠詩也，《書》曰：『歌永言，
聲依永』」。

輝案：此檃括〈堯典〉文。〈堯典〉云：「詩言志，歌永言，聲依永」。〔註
45〕歌以詠之句，檃括〈堯典〉「歌永言，聲依永」二句，猶《禮記·樂記》「歌
詠其聲也」句，亦檃括〈堯典〉「歌永言，聲依永」二句，歌永言句，永當訓
長；聲依永句，永當讀如詠，詠永音同通用，說詳本書85頁，第三章第七節
第一條。

4. 公子再拜稽首，對曰：「……羽旄齒革，則君地生焉。」（《晉語》四）

輝案：此檃括〈禹貢〉文。〈禹貢〉云：「荊及衡陽惟荊州……，厥貢羽
毛齒革，惟金三品」，此記公子重耳對楚子之言，楚地當〈禹貢〉九州之荊州，

〔註41〕《禹貢正義》。
〔註42〕孔傳本在〈舜典〉。
〔註43〕見《說文》魚部。
〔註44〕澤存堂本作鮌，《廣韻·校勘記》曰：「鯀、北宋本、巾箱本作鯀，與《尚書·
　　　　堯典》合」，今據改。
〔註45〕孔傳本在〈舜典〉。

故云：「君地生焉」。《左傳》僖公二十三年引公子重耳對楚子之語曰：「羽毛齒革，則君地生焉」，與此同。〈僞孔傳〉曰：「毛、旄牛尾」，則此作旄者本字。《左傳》、孔傳本作毛者借字，《史記·夏本紀》、《漢書·地理志》引〈禹貢〉，字並作旄，其或作毛者，後人所改，段玉裁曰：「〈夏本紀〉楊州字作毛，而《正義》云：『按西南夷常貢旄牛尾、《書》《詩》通謂之旄』，按〈紀〉荊州羽旄齒革，字正作旄，則楊州作毛，淺人所改也。《漢書》汲古本亦楊作毛、荊作旄，而楊州注內仍作旄，則正文亦淺人所改」，〔註46〕是也。旄从毛聲，二字古音同通用。

5. 范文子曰：「⋯⋯吾聞之：天道無親，唯德是授。」（《晉語》六）

　　輝案：此櫽括《尚書·周書》逸文。《左傳》僖公五年引《周書》曰：「皇天無親，惟德是輔」，范文子蓋櫽括彼所引《周書》逸文。

6. 昔者鮌違帝命，殛之于羽山。（《晉語》八）

　　輝案：此櫽括〈堯典〉文。〈堯典〉云：「殛鯀于羽山」。〔註47〕《廣韻》曰：「鯀、亦作鮌」〔註48〕

7. 夏禹能單平水土，以品處庶類者也；商契能和合五教，以保於百姓者也；周棄能播殖百穀蔬，以衣食民人者也。（《鄭語》）

　　輝案：此櫽括〈堯典〉云：「帝曰：『俞、咨禹，汝平水土，惟時懋哉』」，又云：「帝曰：『棄、黎民阻飢，汝后稷播時百穀』」，又云：「帝曰：『契、百姓不親，五品不遜，汝作司徒，敬敷五教在寬』」，《鄭語》約取此三句之文為之。

8. 申胥進諫曰：「⋯⋯王其盍亦鑑於人，無鑑於水。」（《吳語》）

　　輝案：此櫽括《書·酒誥》之文。〈酒誥〉云：「古人有言曰：『人無於水監，當於民監』」，監、鑑之初文。《墨子·非攻》中曰：「古者有語曰：『君子不鏡於水，而鏡於人，鏡於水，見面之容，鏡於人則知吉與凶』，亦櫽括〈酒誥〉文，文義與此相同。說詳本書319頁，第十八章第四節第二條。

9. 范蠡進諫曰：「⋯⋯臣聞之：得時無怠，時不再來，天予不取，反為之災。」（《越語》下）

〔註46〕《古文尚書撰異》。
〔註47〕孔傳本在〈舜典〉。
〔註48〕上聲二十一混。

　　輝案：此櫽括《尙書・周書》逸文。《漢書・蕭何傳》引《周書》曰：「天
予不取，反受其咎」，師古曰：「周書」者，本與《尙書》同類，蓋孔子所刪
百篇之外，劉向所奏有七十一篇」，以《漢書》所引爲《逸周書》文，今考《漢
書》所引《周書》，不見於《逸周書》，唐初，孔鼂注本已亡其二十五篇，故
師古注《漢書》云：「今之存者四十五篇矣」，師古時《逸周書》七十一篇已
不全，其謂《漢書》所引《周書》出七十一篇者，乃臆測之辭，朱右曾輯以
爲《逸周書》七十一篇逸文，〔註 49〕未允。《史記・張耳陳餘列傳》曰：「天
與不取，反受其咎」，《太公金匱》云：「天與不取，反受其咎」，〔註 50〕並引
《周書》逸文。

10. 范蠡曰：「……吾猶禽獸也，又安知是諓諓者乎？」（《越語》下）

　　輝案：此櫽括《書・秦誓》文。〈秦誓〉云：「惟截截善諞言」，《公羊傳》
文公十二年引作「惟諓諓善竫言」，說詳本書 171 頁，第六章第一條。

〔註49〕　《逸周書集訓校釋》。
〔註50〕　《意林》一。

第十二章 《戰國策》引《書》考

《漢書・藝文志》春秋家著錄《戰國策》三十三篇，劉向《戰國策・目錄敘》曰：「或曰《國事》，或曰《短長》，或曰《事語》，或曰《長書》，或曰《脩書》。臣向以爲戰國時游士，輔所用之國，爲之筴謀，宜爲《戰國策》。其事繼春秋以後，訖楚、漢之起二百四十五間之事」。案《戰國策》一書，歷代史志皆列於史部，獨晁公武《郡齋讀書志》列於子部縱橫家，而《文獻通考》因之。《四庫提要》曰：「案班固稱司馬遷作《史記》，據《左氏》、《國語》、采《世本》、《戰國策》。述楚漢春秋，接其後事，迄於天漢，則《戰國策》當爲史類，更無疑義」，今從《四庫提要》，屬之史部焉。

《戰國策》一書，凡引《書》九條，其中《秦策》一引《周書》「美女破舌」，「美男破老」，今並見於《逸周書・武稱篇》。《魏策》一引《周書》曰：「縣縣不絕，縵縵奈何？毫毛不拔，將成斧柯。前慮不定，後有大患，將奈之何」，今見於《逸周書・和寤篇》。不在本文考論之內，故列於附篇，去其三，得六條。此六條中，稱舉篇名者杳無一見，稱《書》曰者二條，所引皆逸文，篇名無可考。稱《周書》曰者二條，其中引逸書者一條，篇名無可考，其別一條所引篇名，經考定爲〈康誥篇〉。欒括《書》之文義，不舉篇名，不稱《書》曰者二條，所引篇名，經考定爲〈仲虺之誥〉、〈牧誓〉等二篇。

總計《戰國策》引《書》六條中，凡引《書》三篇，其篇名爲〈仲虺之誥〉、〈牧誓〉、〈康誥〉。其在伏生二十九篇者，計〈牧誓〉，〈康誥〉二篇。其在鄭注〈書序〉云亡之四十二篇者，計〈仲虺之誥〉一篇。

綜考《戰國策》引《書》六條，可得如下結論。

一、《戰國策》引《書》六條，皆未舉篇名，然前乎此，則《左傳》、《國

語》、《孟子》、《墨子》、《禮記》引《書》，皆稱舉篇名；後乎此，則《韓非子》、
《呂氏春秋》引《書》，亦稱舉篇名。復考《戰國策》引《詩》者九條。

 （1）《詩》曰：「普天之下，莫非王土，率土之濱，莫非王臣。」（《東周
  策》）

 （2）《詩》曰：「本實繁者披其枝。」（《秦策三》）

 （3）《詩》云：「靡不有初，鮮克有終。」（《秦策四》）

 （4）《詩》云：「大武遠宅不涉。」（《秦策四》）

  高注：「逸詩。」

 （5）《詩》云：「他人有心，予忖度之，躍躍毚兔，遇犬獲之。」（《秦策
  四》）

  高注：「《詩・巧言》之四章。」

 （6）《詩》云：「靡不有初，鮮克有終。」（《秦策五》）

 （7）《詩》云：「行百里者，半於九十。」（《秦策五》）

  高注：「逸詩。」

 （8）《詩》曰：「上天甚神，無自瘵也。」（《楚策四》）

 （9）《詩》云：「服難以勇，治亂以知，事之計也。立傅以行，教少以學，
  義之經也。」

  其第（2）（4）（7）（8）（9）等五條，所引皆逸詩。其第（1）條爲《小
雅・北山》文，第（3）（6）條爲《大雅・蕩》文，第（5）條爲《小雅・巧
言》文。今其篇見在，而《戰國策》引之，亦不舉篇名，不分《雅》、《頌》。
然《左傳》引《詩》亦舉篇名，分別《雅》、《頌》。然則戰國之世，《詩》、《書》
固有篇名，而《戰國策》但稱《詩》云、《書》曰，不舉篇名者，蓋戰國游士
引書之習例如此，所以然者，蓋戰國游士，言於時君，其設心注意，但求說
之易合，言之見用，故力求言簡而義明，其引《詩》、《書》，但稱《詩》云、
《書》曰，已足達意，不遑稱舉篇名也。

  二、《戰國策》引《書》六條，引逸書者三條；引《詩》九條，引逸《詩》
者五條，則戰國游士所授《詩》、《書》，或與孔門所授《詩》、《書》有異，故
其所引《詩》、《書》，多不見於《左傳》、《孟子》、《荀子》等書。

  三、《戰國策》引《書》六條，其篇名可考者，僅〈仲虺之誥〉、〈牧誓〉、
〈康誥〉等三篇，此與漢人稱《書》有百篇者相去甚遠，然則《書》在先秦
未必有百篇之數。

　　四、《戰國策》引《書》六條，其中引逸書者三條，引鄭注〈書序〉云亡者一條。總此四條，今皆不見於伏生二十九篇中，此可見《書》之亡逸，遠在先秦他書之上。

　　五、《戰國策》既引《書》之逸文，則《書》之亡逸，確實可信，康有爲不信逸書，亡書，謂伏生之《書》二十八篇爲備，此與漢人以《書》百篇爲備者，說並非是。

　　六、《戰國策》引《周書》，今或在《尙書‧周書》二十篇，或在《逸周書》七十一篇，而同稱《周書》，由此可知，今《尙書‧周書》各篇，以及《逸周書》若干篇，在春秋之世，初無分別，皆周王室檔案之遺，故統稱曰《周書》，《左傳》引《尙書‧周書》文，以及《逸周書》文，亦統稱《周書》、《書》曰，即其明證。

　　七、周王室之檔案，初由史宮所掌，其後王官失守，此等王室檔案乃流布民間，而孔子設科授徒，初以《詩》、《書》爲教本，則周代王室檔案流布民間，自孔子始。今《尙書‧周書》二十篇，以及《逸周書》七十一篇中若干篇，皆此類檔案之遺，然王室檔案當不止此數，故亦有不在《尙書‧周書》，或《逸周書》者，先秦典籍多引逸書，今皆不見於《尙書‧周書》及《逸周書》各篇，職是之故。清儒朱右曾、孫詒讓以此等逸書爲《逸周書》佚文。此昧於《書》之由來，致有此失。

　　八、《史記》稱蘇秦所讀《周書》、《陰符》實爲二書，故《漢志》未著錄《周書陰符》。其後學者誤讀《史記》以《周書》、《陰符》爲一書，而未見其書，因有好事者僞作《周書陰符》九卷，《隋志》不察，首著錄之，其後史志，多承其舊，遂沿誤至今。徵之《國策》所引《周書》，皆周王室之檔案，與所謂《陰符》之書，實迥然有別，與僞作《周書陰符》九卷，亦了不相關，此可正歷代史志之失。

　　以上八點，舉其大端者言，其他細節，詳具各條。

第一節　引《書》稱《書》曰

1. 《書》云：「樹德莫如滋，除害莫如盡。」（《秦策》三）

　　輝案：此引《書》逸文。《左傳》哀公元年：「樹德莫如滋，去疾莫如盡」，櫽括此所引《書》逸文。僞古文〈泰誓〉下云：「樹德務滋，除惡務本」，襲

取此引《書》逸文爲之。

2. 《書》云：「去邪無疑，任賢無貳。」（《趙策》二）

　　輝案：此引《書》逸文。僞古文〈大禹謨〉云：「任賢勿貳，去邪勿疑，疑謀勿成」，襲取此引《書》逸文爲之。

　　無，僞孔改作勿。無、勿同屬微紐，古歸明紐，古雙聲通用，《詩·東山》「勿士行枚」箋云：「勿、無也」，此以雙聲之字相訓，兼明叚借也。本字當作毋，作無、勿者、皆借字。

3. 《周書》曰：「將欲敗之，必姑輔之；將欲取之，必姑與之。」（《魏策》一）

　　輝案：此引《周書》佚文。《韓非子·說林》上引《周書》曰：「將欲敗之，必姑輔之；將欲取之，必姑予之」，與此引同。王先愼曰：「王應麟疑此爲蘇秦所讀《周書陰符》之類」。〔註1〕今考《戰國策》引《周書》者五條：

　　（1）《周書》有言：「美女破舌。」（《秦策》一）

　　（2）《周書》有言：「美男破老。」（《秦策》一）

　　（3）《周書》曰：「將欲敗之，必姑輔之；將欲取之，必姑與之。」（《魏策》一）

　　（4）《周書》曰：「緜緜不絕，縵縵奈何，毫毛不拔，將成斧柯，前慮不定，後有大患，將奈之何？」（《魏策》一）

　　（5）《周書》曰：「維命不于常。」（《魏策》三）

　　其第（1）（2）條，今見於《逸周書·武稱篇》。其第（4）條，今見於《逸周書·和寤篇》。其第（5）條，今見於《書·康誥》。獨第（3）條，《韓非子·說林》上引亦作《周書》，而不見於《尚書》，亦不見《逸周書》。又考《左傳》引《周書》者十二條：

　　（1）《周書》曰：「皇天無親，惟德是輔。」（僖公五年）

　　（2）（《周書》）又曰：「黍稷非馨，明德惟馨。」（僖公五年）

　　（3）（《周書》）又曰：「民不易物，惟德繄物。」（僖公五年）

　　　　　杜注：「《周書》、逸書。」

　　（4）《周書》有之：「乃大明服。」（僖公十二年）

　　（5）《周志》有之：「勇則害上，不登於明堂。」（文公二年）

────────────

〔註1〕　《韓非子集解》。

　　　　杜注：「《周志》、《周書》也。」

（6）《周書》曰：「殪戎殷。」（宣公六年）

　　　　杜注：「《周書》、〈康誥〉也。」

（7）《周書》所謂庸庸祇祇者。（宣公十五年）

　　　　杜注：「《周書》、〈康誥〉。」

（8）《周書》曰：「明德愼罰。」（成公二年）

　　　　杜注：「《周書》、〈康誥〉。」

（9）《周書》曰：「不敢侮鰥寡。」（成公八年）

　　　　杜注：「《周書》、〈康誥〉。」

（10）《周書》曰：「惟命不于常。」（成公十六年）

　　　　杜注：「《周書》、〈康誥〉。」

（11）《周書》數文王之德曰：「大國畏其力，小國懷其德。」（襄公三十一年）

　　　　杜注：「逸書。」

（12）《周書》曰：「惠不惠，茂不茂。」（昭公八年）

　　　　杜注：「《周書》、〈康誥〉也。」

　　以上十二條，第（1）、（2）、（3）、（11）條引《周書》逸文，今不見於《尙書·周書》各篇，亦不見於《逸周書》。其第（5）條，今見於《逸周書·大匡篇》。其第（4）、（6）、（7）、（8）、（9）、（10）、（12）條，所引係《書·康誥》文。

　　又考《墨子》引《周書》者二條：

（1）《周書》曰：「國無三年之食者，國非其國也；家無三年之食者，子非其子也。」（〈七患〉）

　　　　輝案：朱右曾以此爲《逸周書》佚文，〔註2〕非是。

（2）《周書》曰：「王道蕩蕩，不偏不黨；王道平平，不黨不偏。」（〈兼愛〉下）

　　　　輝案：孫詒讓曰：「古《詩》、《書》亦多互稱。」〔註3〕

　　其第（1）條，今不見於《尙書·周書》各篇，亦不見於《逸周書》。其第（2）條，引《書·洪範》文。又考《韓非子》引《周書》者三條：

（1）《周書》曰：「將欲敗之，必姑輔之；將欲取之，必姑予之。」（〈說林〉上）

　　〔註2〕　《逸周書集訓校釋》。
　　〔註3〕　《墨子閒詁》。

王先愼曰：「王應麟疑此爲蘇秦所讀《周書陰符》之類。」

輝案：朱右曾以此爲《逸周書》佚文，非是。

（2）此《周書》所謂下言而上用者惑也。（〈說林〉下）

孫詒讓曰：「此所引蓋《逸周書》佚文。」〔註4〕

朱右曾以此爲《逸周書》佚文，並非。

（3）《周書》曰：「毋爲虎傅翼，將飛入邑，擇人而食之。」（〈難勢〉）

其第（1）、（2）條，今皆不見於《尚書・周書》各篇，亦不見於《逸周書》。其第（3）條，今見於《逸周書・寤儆篇》。

綜上所考，先秦典籍引《周書》者可分三類，其一爲《尚書・周書》各篇，其二爲《逸周書》七十一篇，其三則《周書》逸文，不見於《尚書・周書》，亦不見於《逸周書》，然皆爲周代所遺王者命書，以及王家檔案。蓋《書》者本古代王者之命書，王家之檔案，陳夢家曰：「古代王的命書，書于簡冊，此等王命，稱之爲『命冊』、『命書』、或『書』，所以古代王命之書亦稱之爲『書』，《尚書》的主要部分，是此類命書，所以《尚書》最初稱《書》。」〔註5〕屈萬里先生曰：「《尚書》諸篇，實大部爲政府檔案，故以『書』名之。自後世書字演變爲圖書之泛稱，而漢世去古已遠，單一書字，遂有圖書泛稱之嫌，於是命之曰《尚書》。《尚書》云者，其義猶言古書耳。」〔註6〕是《尚書》先秦但稱《書》，春秋之世，此等歷代王者之命書，王家之檔案，積累漸多，乃依其所記分門別類，其記虞事者，稱《虞書》，其記夏、商、周事者，稱《夏書》、《商書》、《周書》，《左傳》引《書》稱《虞書》、《夏書》、《商書》、《周書》，是其明證。則先秦典籍所引《周書》，乃周代王室之檔案，當無可疑。此等王室檔案，初未編集成冊，其後孔子設科授徒，以《詩》、《書》爲教本，乃首取此等王家檔案，加以編次，〔註7〕有所去取，然後流布民間。孔子之後，儒者於《書》，迭加整理，其篇數時有增刪，文字亦每有變易，是以先秦各書所引《書》，文句頗有出入，所稱《書》之篇名，亦互有同異，而《墨子》所引《書》之篇名，尤異於《左傳》、《孟子》、《荀子》各書，皆其明證。《書》既迭經先秦儒者整理，而有所去取，秦漢之際，儒者又別取

〔註4〕 王先愼《韓非子集解》引。

〔註5〕 《尚書通論》第35頁。

〔註6〕 《尚書釋義》敍論。

〔註7〕 《史記・孔子世家》「孔子序書，上紀唐虞之際，下至秦繆，編次其事。」

此等王家檔案，附益戰國各家之說，此則《漢書·藝文志》所著錄《周書》
七十一篇是已。然王家所藏檔案，當不止此數，是以先秦各書所引逸書，雖
不見於今本《尚書》，然亦未必見於《逸周書》七十一篇也。師古引劉向云：
「周時誥誓號令也，蓋孔子所論百篇之餘也。」以《逸周書》七十一篇爲周
代誥誓號令，今觀《左傳》引《書》，今見於《尚書·周書》，或見於《逸周
書》者，並稱《周書》、《書》曰，初無二致，則七十一篇之中，若干篇爲周
代誥誓號令，應無可疑，若夫謂孔子所論百篇之餘，則說有未允，蓋孔子所
編次之《書》，未必有百篇也。先秦典籍所引《周書》，既爲周王室之檔案，
則其非《太公陰符》，其理甚明。復考《戰國策·秦策》云：「乃夜發書陳篋
數十，得《太公陰符之謀》，伏而誦之」，則蘇秦所誦者《太公陰符之謀》耳。
及《史記·蘇秦列傳》乃云：「於是得《周書》、《陰符》，伏而讀之」，始並
舉《周書》、《陰符》，《索隱》曰：「《戰國策》云：『得《太公陰符之謀》』，
則《陰符》是太公兵法」，但解《陰符》，而未釋《周書》，然由《索隱》之
言，未以《周書》、《陰符》連稱，則司馬貞蓋視《周書》、《陰符》爲二書也。
《戰國策·秦策》一、《史記·蘇秦列傳》並載蘇秦所引《周書》曰：「綿綿
不絕，縵縵〔註8〕奈何，毫毛〔註9〕不拔，〔註10〕將成〔註11〕斧柯，前慮不
定，後有大患，將奈之何？」梁玉繩曰：「此語亦見《姜子·守土》、《賈子·
審微》、《說苑·敬愼》、《家語·觀周》，皆與《策》、《史》小異，是爲《金
人之銘》」，〔註12〕此《金人之銘》，蓋取周室檔案所記古語，以爲後人之戒，
此猶《尚書·酒誥》引古人有言曰：「人無於水監，當於民監」，故蘇秦引稱
《周書》，實與《陰符》爲二書。《漢志》道家著錄《黃帝銘》六篇，考黃帝
之時，未有文字，其爲後人依託，至爲明顯，嚴可均以《說苑》所錄《金人
之銘》，爲黃帝六銘之一，〔註13〕未可信。《漢志》道家著錄《太公謀》八
十一篇，蓋即《國策》所謂《太公陰符之謀》，而未著錄《周書陰符》，是漢
人不以《周書》、《陰符》爲一書也。後儒見《史記》以《周書》、《陰符》相
次，誤以爲一書，因有好事者，雜取《太公金匱》、《六韜》之文，僞作《周

〔註8〕《史記》作蔓蔓。
〔註9〕《史記》作氂。
〔註10〕《史記》作伐。
〔註11〕《史記》作用。
〔註12〕日人瀧川君山《史記會注考證》引。
〔註13〕見《全上古三代文》卷一。

書陰符》九卷。《六韜・虎韜》云：「春以長矛在前，夏以大戟在前，秋以弓弩在前，冬以刀楯在前」，〔註14〕與《周書》〔註15〕云：「春爲牝陣，弓爲前行；夏爲方陣，戟爲前行；季夏圓陣，矛爲前行；秋爲牝陣，劍爲前行；冬爲伏陣，楯爲前行」，〔註16〕文辭相類。又《太公金匱》云：「武王伐紂，都洛邑，未成，海內神相謂曰：『今周王聖人，得民心乎，當防之，隨四時而風雨』陰寒雨雪十餘日，深丈餘，甲子平旦，有五丈夫乘車馬，從兩騎，止門外，欲謁武王，武王將不見，太公曰：『不可，雪深丈餘，而車騎無跡，恐是聖人』云云」，〔註17〕與《周書》云：「武王營洛邑，未成，四海之神皆會曰：『周王神聖，當知我名，若不知，水旱敗之』，明年，雨雪十餘旬，深丈餘，五丈夫乘車，從兩騎，止王門，太公曰：『車騎無跡，謂人之變』云云」，〔註18〕文辭亦相類，是其明驗。《隋書經籍志》兵家著錄《太公陰符鈐錄》一卷，又著錄《周書陰符》九卷，不知此乃後人僞作，此則《隋志》之失，後世史志承《隋志》之舊，沿誤至今。王應麟不察，乃謂任章引《周書》曰：「將欲取之，必姑輔之；將欲取之，必姑與之」，蕭何引《周書》曰：「天與不取，反受其咎」，乃蘇秦所讀《周書陰符》之類，〔註19〕以《國策》所引《周書》即《陰符》，胡應麟《筆叢》從王氏之說，謂蘇秦所讀即此書，且謂此書非僞，而託於黃帝，則李筌之僞。《四庫提要》已辨其非出於黃帝，然仍以《周書》、《陰符》爲一書，謂歷代史志皆以《周書陰符》著錄兵家，不知此書《漢志》未著錄，《史記》稱《周書》、《陰符》者，亦不以爲一書，視《周書陰符》爲一書，而著錄於史志者，自《隋志》始，其出於漢以後人所僞，斑然可辨。嚴可均輯上古三代佚文，以《太平御覽》、《初學記》、《五行大義》所引《周書》爲《陰符》佚文，云：「《戰國策》蘇秦得《太公陰符之謀》，《史記》作《周書陰符》，蓋即《漢志》之《太公陰符》，或但稱《周書》」，〔註20〕考《初學記》、《五行大義》、《太平御覽》諸書，或與《隋書》

〔註14〕《太平御覽》三百三十五、三百三十九引。

〔註15〕即《周書陰符》，說見本書241頁。

〔註16〕《太平御覽》三百一引。

〔註17〕《北堂書鈔》一百四十四、一百五十二，《藝文類聚》二，《初學記》二，《文選・雪賦》注，《開元占經》一百十三，《太平御覽》十二、八百五十九、八百八十二，《太平廣記》二百九十一並引。

〔註18〕《五行大義》第二十二篇引。

〔註19〕《困學紀聞》卷二。

〔註20〕《全上古三代文》卷七。

同時，或在《隋書》之後，皆在僞作《周書陰符》九卷已出之後，則《五行大義》、《初學記》、《太平御覽》諸書所引《周書》，今不見於《逸周書》、《尚書·周書》者，蓋或取自《周書陰符》，而稱《周書》者，蓋省詞耳，嚴氏不察，以後人僞作之《周書陰符》，即《漢志》所載《太公謀》八十一篇，以《周書》與《陰符》爲一書，強合《太公陰符》與《周書陰符》爲一，斯亦考之未審。

綜上所考，可知先秦典籍所引《周書》，與《陰符》非一書，與後世所僞《周書陰符》亦有別。而與今在《尚書·周書》二十篇者，皆爲周王室之檔案，初無分別，《左傳》引《書》，今見於《尚書·周書》，或見於《逸周書》者，皆稱《周書》、《書》曰，並無二致，是其明證。杜注《左傳》，於所引《周書》而今見於《逸周書》者，以及所引《周書》，而今不見於《尚書·周書》、《逸周書》者，並稱逸書，亦未加分別。其後〈牧誓〉以下二十篇《周書》，伏生傳之，〈書序〉錄之，此即《尚書·周書》二十篇。其秦漢之際所集《周書》七十一篇，漢人亦稱爲《周書》，《漢志》書家著錄《周書》七十一篇是已。漢以後學者，見《周書》七十一篇無別於今《尚書·周書》二十篇，因又稱七十一篇爲《逸周書》。

先秦典籍所引《周書》，與《尚書·周書》既同爲周王室之檔案，然周王室所存檔案甚夥，不必盡在今《尚書·周書》二十篇，以及《逸周書》七十一篇中，則先秦典籍與夫後世載籍所引《周書》，而不見於《尚書·周書》，以及《逸周書》者，自不足怪。朱右曾、孫詒讓等，乃以《墨子》、《韓非子》、以及《史記》、《漢書》所引《周書》，今不見於《尚書·周書》及《逸周書》者，並視爲《逸周書》佚文，其說未允。

與，《韓非子·說林》上引作予，與、予同屬喻紐，同在第五部，二字古音同通用，《方言》十三「埤、予也」注：「予猶與」，此以叚借義釋之。《詩·干旄》「何以予之」，《論衡·率性》引作「何以與之」；《論語·顏淵》「君孰與足」，《漢書·谷永傳》引作「君孰予足」，此二字互用之證。《說文》云：「予，推予也」，〔註21〕「與，黨與也」，〔註22〕則作予者本字，作與者借字也。

《老子》云：「將欲歙之，必固張之；將欲弱之，必固強之；將欲廢之，必固興之；將欲奪之，必固與之」，麗括此引《周書》逸文，王應麟曰：「任

〔註21〕 予部。
〔註22〕 舁部。

章引《周書》：『將欲敗之，必姑輔之；將欲取之，必姑與之』，……老氏之言，……皆出於此」。〔註23〕班氏曰：「道家者流，蓋出於史官」，〔註24〕《周書》爲周王室之檔案，史官所掌，老氏之學源於史官，故《老子》約取《周書》之文，此亦可證《周書》之與《太公陰符》，迥然有別。

4. 《周書》曰：「維命不于常。」（〈魏策〉三）

　　輝案：此稱《書・康誥》文。《左傳》成公十六年引《周書》、襄公二十三年引《書》曰，《禮記・大學》引〈康誥〉並作「惟命不于常」，孔傳本，《史記・三王世家》引並與《左傳》等書引同。獨此引《周書》作「維命不于常」爲異，此可見先秦《尚書》未有定本也。維惟並從隹聲，古音同通用，說見本書290頁，第十八章第一節第三條。

第二節　檃括《書》文不舉篇名不稱《書》曰

1. 願以甲子之日合戰，以正殷紂之事。（《趙策》二）

　　輝案：此檃括《書・牧誓》之文。〈牧誓〉云：「時甲子昧爽，王至于商郊牧野，乃誓。」

2. 帝者與師處，王者與友處，霸者與臣處，亡國與役處。（《燕策》一）

　　輝案：此檃括〈仲虺之誥〉文。《荀子・堯曰》引〈中蘬之言〉曰：「諸侯自爲得師者王，得友者霸，得疑者存，自爲謀而莫己若者亡」，《呂氏春秋・驕恣篇》引〈仲虺〉有言曰：「諸侯之德能自爲取師者王，能自取友者存，其所擇而莫如己者亡」，文義並與此相類，此蓋檃括〈仲虺之誥〉文。

第三節　附篇——引《書》見於《逸周書》

1. 《周書》有言：「美女破舌。」（《秦策》一）

　　輝案：此引《周書》文，今見於《逸周書・武稱篇》。

2. 《周書》有言：「美男破老。」（《秦策》一）

　　輝案：此引《周書》文，今見於《逸周書・武稱篇》。

3. 《周書》曰：「緜緜不絕，縵縵奈何？毫毛不拔，將成斧柯。前慮不定，

〔註23〕《困學紀聞》卷二。
〔註24〕《漢書藝文志・諸子略》序。

後有大患，將奈之何？」（《魏策》一）

　　輝案：此引《周書》文，今見於《逸周書・和寤篇》。今〈和寤篇〉作「緜緜不絕，蔓蔓若何？毫末不掇，將成斧柯」，無後三句，文字亦小異。奈作若，奈屬泥紐，若屬日紐，古歸泥紐，奈若古雙聲通用。縵作蔓，縵蔓並从曼聲，古同音通用。朱右曾曰：「蔓蔓，曼衍也」，〔註 25〕則作蔓者本字，作縵者借字，蔓者葛屬，〔註 26〕其物蔓生，故引申有蔓衍之義。

　　《史記・蘇秦列傳》引《周書》曰：「緜緜不絕，蔓蔓奈何？毫釐不伐，將用斧柯，前慮不定，後有大患，將奈之何？」，有後三句，與《戰國策》引同，而文字亦小異。

　　《孔子家語・觀周篇》引《金人之銘》曰：「緜緜不絕，或成網羅，毫末不札，將尋斧柯」，〔註 27〕《說苑・敬慎篇》引《金人之銘》曰：「緜緜不絕，將成網羅，青青不伐，將尋斧柯」，並檃括《國策》所引《周書》文，而彼此文字小異。

〔註 25〕　《逸周書集訓校釋》。
〔註 26〕　《說文》艸部。
〔註 27〕　取自周王室檔案，以爲後人之戒，銘於金人，故名《金人之銘》。

第十三章　《荀子》引《書》考

　　《荀子》二十卷，周荀況撰。《漢書‧藝文志》儒家著錄《孫卿子》三十三篇，師古曰：「本曰荀卿，避宣帝諱，故曰孫」，王應麟《漢藝文志考證》稱當云三十二篇，則《漢志》作三十三篇者誤也。劉向校書敘錄曰：「所校讎中《孫卿書》凡三百二十二篇以相校，除復重二百九十篇，定著三十二篇」，題曰《荀卿新書》三十二篇，爲十二卷。唐楊倞始爲之注，且更《新書》爲《荀子》，易其舊第，析爲二十卷，即今本也。清王先謙撰《荀子集解》二十卷，書名、篇第、卷數悉仍楊倞之舊。

　　《荀子》一書，凡引《書》二十七條，其中稱舉篇名者三條，所稱篇名，計〈仲虺之誥〉、〈大誓〉、〈康誥〉等三篇。其稱《書》曰〔註1〕者十三條，其中二條引《書》逸文，篇名無可考，案諸他書所引，則其中一條蓋《周書》逸文，其餘十一條中，直引原文者八條，檃括文義者三條。所引篇名，經考定爲〈洪範〉、〈康誥〉、〈呂刑〉三篇。其引《書》文而不舉篇名，不稱《書》曰者七條，其中二條所引逸文，案諸他書所引，則一條係《夏書》逸文，一條係《商書》逸文。其餘五條，所引篇名，經考定爲〈禹貢〉、〈康誥〉二篇。其檃括《書》之文義，未舉篇名，不稱《書》曰者四條，所引篇名，經考定爲〈堯典〉、〈禹貢〉二篇。

　　總計《荀子》一書引《書》二十七條中，凡引《書》七篇，其篇名爲〈堯典〉、〈禹貢〉、〈仲虺之誥〉、〈大誓〉、〈洪範〉、〈康誥〉、〈呂刑〉。其在伏生二十九篇者，計〈堯典〉、〈禹貢〉、〈洪範〉、〈康誥〉、〈呂刑〉等五篇。其在鄭

〔註 1〕 其中一條稱《傳》曰。

注〈書序〉云亡之四十二篇者，計〈仲虺之誥〉一篇。別有〈大誓〉一篇，不在鄭注亡、逸篇中，其篇蓋亡於戰國之世。

綜考《荀子》引《書》二十七條，可得如下結論：

一、引《書》二十七條中，稱舉篇名者三條，所舉篇名僅〈仲虺之誥〉、〈大誓〉、〈康誥〉三篇，與漢人所稱《書》有百篇者相去甚遠。然則先秦《尚書》未必有百篇之數。

二、引《書》二十七條中，計引逸文四條，鄭注〈書序〉云亡者一條，別有〈大誓〉一條，其篇蓋亡於戰國之世。總此六條，其文今皆不在伏生二十九篇中，此可見《書》有亡逸，確為事實，而康有為乃謂伏生所傳《書》二十八篇為備，不信亡書，逸書，〔註2〕實有未當。

三、引〈仲虺之誥〉文，而稱〈中虺之言〉，此與《左傳》引稱〈仲虺之志〉、〈仲虺〉有言，《墨子》引稱〈仲虺之告〉，《呂氏春秋》引稱〈仲虺〉有言者不同，此可見先秦《尚書》篇名未有定稱。

四、引〈康誥〉「克明德」文，重一明字作「克明明德」，此與《禮記・大學》引作「克明德」者不同；引〈禹貢〉「禹敷土」作「禹傅土」，此與《大戴禮・五帝德》引作「禹敷土」者不同；引〈仲虺之誥〉「諸侯自為得師者王，得友者霸，得疑者存，自為謀而莫已若者亡」，此與《呂氏春秋・驕恣篇》引作「諸侯之德，能自為謀師者王，能自取友者存，其所擇而莫如已者亡」者不同；引〈洪範〉「無有作惡，遵王之路」，此與《韓非子・有度篇》引作「毋或作惡，從王之路」者不同；此可見先秦《尚書》未有定本，是以同引一《書》而文字互有同異。

五、引〈康誥〉「弘覆乎天」，今本《尚書》作「弘于天」；引〈康誥〉「惟民其力懋和而有疾」，今本《尚書》作「惟民其勑懋和若有疾」；此可見漢世所傳《尚書》與先秦《尚書》，文字互有同異，此則先秦《尚書》未有定本有以致之。

六、先秦典籍引《書》有稱舉篇名，《書》曰，而實檃括其文者，《荀子》引〈康誥〉「惟文王敬忌，一人以擇」，今本《尚書》作「惟文王之敬忌，乃裕民，曰：『我惟有及』，則予一人以懌」；引〈康誥〉「義刑義殺，勿庸以即，女惟曰未有順事」，今本《尚書》作「義刑義殺，勿庸以次汝封，乃汝盡遜曰時敘，惟曰未有遜事」；彼此文字大異。此與引〈康誥〉「弘覆乎天」，增一覆

〔註 2〕見《新學偽經考・漢書藝文志辨偽》條。

字，改于作乎；引〈康誥〉「惟民其力懋和而有疾」，改勅作力，改若作而者異趣，此則櫽括其文，非直引原文，是以文字相異如此。江聲於此等櫽括《書》文者，概視爲僞孔竄亂經文，實有未當。

七、《荀子》引〈中蘬之言〉，《左傳》引稱〈仲虺之志〉，《墨子》稱〈仲虺之告〉；引〈呂刑〉「一人有慶，兆民賴之」稱《傳》曰，而《左傳》引稱《周書》，《禮記》、《孝經》引稱〈甫刑〉；此可見戰國中葉以前，書、傳、志、誥，可以互稱，其間並無分別。分別經、傳，實起於戰國末年，而所書寫之簡策，因有長短之別，陳夢家謂先秦書與傳、志，自來有別，其別在於簡策之長短，此以戰國末年之制，釋春秋舊事，其說未允。

八、唐時僞古文已大行，孔氏撰《五經正義》，楊氏注《荀子》，每據僞古文爲說，《荀子・臣道篇》所引「從命而不拂，微諫而不倦，爲上則明，爲下則遜」，實爲逸書，今見於僞古文〈伊訓篇〉，此則僞孔襲《荀子》，非《荀子》引〈伊訓〉也。而楊氏注稱《書・伊訓》文，此則過信僞古文之失。

以上八點，舉其大端者言，他如今文，古文之異，僞古文之所由出，詳具各條，不贅述。

第一節　引《書》稱舉篇名

1. 〈康誥〉曰：「弘覆乎天，若德裕乃身。」（〈富國〉）

盧文弨曰：「宋本正文并引不廢在王庭句，注無解，今依元刻去之。」（王先謙《荀子集解》引）

輝案：此引〈康誥〉文。孔傳本作「弘于天，若德裕乃身」，文字小異，乎作于，乎、于同屬第五部，古疊韻通用，說見第八章第一節第一條。

2. 〈泰誓〉曰：「獨夫紂。」（〈議兵〉）

輝案：此引〈大誓〉文，《書序》有〈大誓〉三篇，其篇蓋亡於戰國之世。泰當作大，此後人所改，說見第三章第八節第二條。

《孟子・梁惠王》下曰：「聞誅一夫紂」，此櫽括〈大誓〉「獨夫紂」之文。僞古文〈泰誓〉下曰：「獨夫受」，襲取此引〈大誓〉文爲之。《尚書正義・泰誓篇》題下引馬融《書序》曰：「《孫卿》引〈泰誓〉曰：『獨夫受』」，此後人據僞古文改，非馬氏《書序》之舊，《左傳》襄公三十一年《正義》引馬融《尚書傳序》云：「《孫卿》引〈大誓〉曰：『獨夫紂』」，則《尚書正義》所引，本

作「〈大誓〉曰獨夫紂」，今作「〈泰誓〉曰獨夫受」者，亦非孔氏之舊。

3. 其在〈中蘬之言〉也，曰：「諸侯自為得師者王，得友者霸，得疑者存，自為謀而莫已若者亡。」（〈堯問〉）

唐楊倞注：「中蘬與仲虺同，湯左相也。」

輝案：此引〈仲虺之誥〉文。〈書序〉有〈仲虺之誥〉，其篇亡於先秦，鄭注〈書序〉云：「亡」，是也。先秦典籍多引〈仲虺之誥〉文，或稱〈仲虺〉有言，或稱〈仲虺之志〉，或稱〈仲虺之告〉，皆與此稱〈中蘬之言〉者異，此可見先秦《尚書》篇名未有定稱。仲从中聲，仲中古同音通用。虺、蘬同在第十五部，古疊韻通用，說見本書 129 頁，第五章第一節第二條。

《呂氏春秋・驕恣篇》引〈仲虺〉有言曰：「諸侯之德，能自為取師者王，能自取友者存，其所擇而莫如已者亡」，亦引〈仲虺之誥〉文，而與此所引文字不同。此蓋先秦《尚書》未有定本，是以歧異如此。《戰國策・燕策》曰：「帝者與師處，王者與友處，霸者與臣處，亡國與役處」，《鶡冠子・博選篇》曰：「故帝者與師處，王者與友處，亡者與徒處」，並與此引〈仲虺之誥〉文義相同，蓋櫽括〈仲虺之誥〉文為之。偽古文〈仲虺之誥〉曰：「能自得師者王，謂人莫已若者亡」，襲取此引〈中蘬之言〉為之。

第二節　引《書》稱《書》曰

1. 《書》曰：「無有作好，遵王之道；無有作惡，遵王之路。」（〈修身〉）

唐楊倞注：「《書・洪範》之辭也。」

輝案：此引《書・洪範》文。又〈天論篇〉引《書》曰，與此引同。今孔傳本作「無有作好，遵王之道；無有作惡，遵王之路」，與《荀子》引同。

無、一作毋。《韓非子・有度篇》引〈先王之法〉曰：「臣毋或作威，毋或作利，從王之指；毋或作惡，從王之路」，此引〈洪範〉文，字作毋。《史記・宋世家》曰：「毋有作好，遵王之道；毋有作惡，遵王之路」，此亦引〈洪範〉文，字亦作毋。與《韓非子》引同。無、毋同屬微紐，古同歸明紐；韻則同在第五部，二字古同音通用，說見本書 301 頁，第十八章第一節第十四條，毋者止之詞也，〔註3〕則作毋者本字，作無者借字。

有，一作或，《呂氏春秋・貴公篇》引〈鴻範〉曰：「無或作好，遵王之

〔註 3〕 《說文》毋部。

道；無或作惡，遵王之路」。《韓非子・有度篇》引〈先王之法〉曰：「毋或作惡，從王之路」，字亦作或，而與《呂氏春秋》所引，文字又小異。有、或同在第一部，古疊韻通用。《廣雅・釋詁》一，《孟子・公孫丑》下「夫既或治之」注並云：「或、有也」；《禮記・祭儀》「庶或饗之」注云：「或猶有也」；《詩・天保》「無不爾或承」箋云：「或之言有也」，並以叚借義釋之。《書・無逸》「亦罔或克壽」，《漢書・鄭崇傳》引作「亦罔有克壽」，此二字互用之證，或訓邦，〔註4〕則作有者本字，作或者借字。

又案：同引〈洪範〉文，而或稱〈先王之法〉，或稱〈鴻範〉，並與〈書序〉作〈洪範〉者不同，此可見先秦《尚書》篇名未有定稱，先秦《尚書》與漢世所傳《尚書》，頗有同異，於此亦可見一斑。

又《荀子》引〈洪範〉文，與孔傳本同，馬鄭古文無可考，《史記・宋世家》引〈洪範〉文與孔傳本文異，則孔傳本此處或承馬鄭之舊，此先秦《尚書》同於古文《尚書》者；《韓非子》引〈洪範〉文，字作毋，與《史記・宋世家》引同，此先秦《尚書》同於今文《尚書》者；《呂氏春秋》引〈洪範〉文，字作無，與《荀子》引同，字作或，則又與《韓非子》引同；是先秦《尚書》未有定本，各書同引一《書》，而彼此文字互有同異。漢世所傳《尚書》，無論古文《尚書》、今文《尚書》，皆傳自先秦，其與先秦《尚書》互有同異，乃所必然，後儒墨守家法，見先秦《尚書》所引《書》與己同者，輒指為某書今文，某書古文，實有未當。

好，一作妞，《說文》女部引《商書》曰：「無有作妞」，此引〈洪範〉文，字作妞。段玉裁曰：「此引經說叚借也，妞本訓人姓，好惡自有眞字，而壁中古文叚妞為好」。〔註5〕好、妞同屬曉紐，同在第三部，古同音通同。

2. 《書》曰：「維齊非齊。」（〈王制〉）

　　唐楊倞注：「《書・呂刑》。」

　　輝案：此引〈呂刑〉文。維、孔傳本作惟，維、惟並从隹聲，二字古同音通用，說見本書290頁，第十八章第一節第三條。

3. 《書》曰：「乃大明服，惟民其力懋和而有疾。」（〈富國〉）

　　唐楊倞注：「《書》、〈康誥〉。」

　　盧文弨曰：「元刻作惟民其勒懋和若有疾，與今《書》同，案注則宋本為

〔註4〕《說文》戈部。
〔註5〕《說文》女部妞字注。

是，今從之。」〔註6〕

輝案：此引〈康誥〉文。《左傳》僖公二十三年引《周書》曰：「乃大明服」，與此引同。

力，孔傳本作勑，〔註7〕力、勑同在第一部，古疊韻通用。楊倞注云：「言君大明以服下，則民勉力爲和調而疾速，以明效上之急也」，則作力者本字，作勑者借字。

而，孔傳本作若。而、若同屬日紐，古同歸泥紐，雙聲通用，《管子‧山權數》「賜若大夫之服以終而身」注：「而，若也」，《老子》「寵辱若驚」，《釋文》引顧注：「若、而也」，皆以叚借義釋之。《詩‧都人士》「垂帶而厲」，《淮南子‧氾論篇》注引作「垂帶若厲」，此二字互用之證。王引之《經傳釋詞》云：「而，猶若也」，而、若作語詞用，皆無本字之叚借。

又案：《荀子》引《書‧康誥》文，所以釋上文「故君國長民者，欲趨時遂功，則和調累解速乎急疾」，故楊倞訓疾爲速。〈僞孔傳〉云；「化惡爲善，如欲去疾，治之以理，則惟民其盡棄惡修善」，訓疾爲病，徵之《荀子》本文，則楊注爲長。

4. 《書》曰：「惟文王敬忌，一人以擇。」（〈君道〉）

輝案：此櫽括《書‧康誥》文，〈康誥〉云：「惟文王之敬忌，乃裕民，曰：『我惟有及』，則予一人以懌」。擇，孔傳本作懌。擇、懌並从睪聲，古音同通用。段玉裁曰：「懌作擇，古擇澤釋懌通用，古無懌字，多用上三字，一人以擇，擇即懌也，上文所謂身佚而國治也」，〔註8〕則本字作釋，作懌者後起之俗字，《詩‧靜女》「說懌女美」箋：「說懌當作說釋」，《書‧顧命》「王不懌」，《釋文》：「馬本作不釋」，《說文》言部說字下段注云：「說釋即悅懌，說悅釋懌皆古今字」，是其證，作擇者借字。

《說苑‧君道篇》引《書》曰：「文王之敬忌」，此引〈康誥〉文，與孔傳本同。

5. 《書》曰：「先時者殺無赦，不逮時者殺無赦。」（〈君道〉）

〔註6〕 《荀子集解》引。
〔註7〕 今孔傳本作勑，盧文弨謂元刻本《荀子》引《書》作勑，與今《書》同，則孔傳本當作勑。勑者敕之俗字。勑、勅形近，俗多誤用，勑訓勞，勅訓誡，本各異字，《說文》力部勑下段注：「俗誤用爲敕字」，是也。
〔註8〕 《古文尚書撰異》。

輝案：此《周書》逸文。《韓詩外傳》引《周制》曰：「先時者死無赦，不及時者死無赦」。〔註9〕考《韓詩外傳》上下文義，與《荀子》大同，蓋《外傳》之說本之《荀子》，而稱《周制》，與《荀子》異者，或韓嬰別有所本。周廷棻謂《外傳》引《夏書》引政典之文，未得為《周制》，〔註10〕此據偽古文為說，非是。

殺、《外傳》作死，二字義近，《楚辭・國殤》「嚴殺盡兮棄原壄」注云：「殺、死也。」

逮，《外傳》作及，二字義同，《說文》辵部云：「逮，唐逮，及也。」

偽古文〈胤征〉云：「政典曰：『先時者殺無赦，不及時者殺無赦』」，襲取此引《周書》逸文為之，而稱政典者，蓋有見於《外傳》引稱《周制》，並據《外傳》改及字，故示其異於《荀子》所引耳。

6. 《書》曰：「從命而不拂，微諫而不倦，為上則明，為下則遜。」（〈臣道〉）

唐楊倞注：「《書・伊訓》也。」

盧文弨曰：「案此逸書也。」

郝懿行曰：「此逸書，楊以為〈伊訓〉異文，非是。」〔註11〕

輝案：此引《書》逸文。孫星衍曰：「案楊倞時〈伊訓〉已亡，此注或據舊說」，〔註12〕因以為〈伊訓〉逸文，非是。唐時偽古文大行，孔穎達取偽孔本以撰《尚書正義》，則楊倞時〈伊訓〉已亡，而偽古文固在，楊注《荀子》蓋據偽古文，不足信，江聲輯以為《尚書》逸文，〔註13〕是也。盧氏、郝氏皆以為逸書，並是。偽古文〈伊訓〉云：「從諫弗咈，先民時若，居上克明，為下克忠」，襲取此引《書》逸文為之。

拂、偽孔作咈、拂、咈並从弗聲，二字古音同通用，拂訓過擊，〔註14〕咈訓違（口部），則作咈者本字，作拂者借字，《詩・皇矣》「四方以無拂」《釋文》引王注云：「拂、違也」，《漢書・東方朔傳》「拂於耳」注：「拂、違戾也」，並以叚借義釋之。

〔註 9〕卷六。

〔註10〕見《韓詩外傳校注》。

〔註11〕並見《荀子集解》引。

〔註12〕《尚書今古文注疏》。

〔註13〕《尚書集注音疏》。

〔註14〕見《說文》手部。

7. 《書》曰:「義刑義殺,勿庸以即,女惟曰未有順事。」(〈致士〉)

　　唐楊倞注:「《書》、〈康誥〉。」

　　輝案:此隱括〈康誥〉文。又〈宥坐篇〉引《書》曰:「義刑義殺,勿庸以即,予維曰未有順事」,與此大同,亦隱括〈康誥〉文。〈康誥〉云:「用其義刑義殺。勿庸以次汝封,乃汝盡遜,曰時敘,惟曰未有遜事」,江聲曰:「蓋僞孔氏妄增以亂經也」,〔註15〕今考先秦典籍引《書》稱舉篇名,稱《書》曰,而實隱括其文者多見:

　　(1)〈仲虺〉有言曰:「取亂侮亡。」(《左傳》宣公十二年)

　　　　輝案:此隱括《左傳》襄公三十年引〈仲虺之志〉「亂者取之,亡者侮之」之文。

　　(2)〈大誓〉所謂商兆民離,周十人同者。(成公二年)

　　　　輝案:此隱括昭公二十四年引〈大誓〉「紂有億兆夷人,亦有離德;余有亂臣十人,同心同德」之文。

　　(3)在〈康誥〉曰:「父子兄弟,罪不相及。」(昭公二十年)

　　　　輝案:此隱括僖公三十三年引〈康誥〉「父不慈,子不祇,兄不友,弟不恭,不相及也」之文。

　　(4)〈盤庚之誥〉曰:「其有顛越不共,則劓殄,無遺育,無俾易種于茲邑。」(哀公十一年)

　　　　輝案:此隱括〈盤庚〉「乃有不吉不迪,顛越不恭,暫遇姦宄,我乃劓殄滅之,無遺育,無俾易種于茲新邑」之文。

　　(5)《商書》曰:「三人占,從二人。」(成公六年)

　　　　輝案:此隱括〈洪範〉「三人占,則從二人之言」之文。

　　(6)此聖王之道,先王之書,〈距年〉之言也,《傳》曰:「求聖君哲人,以裨輔而身。」(《墨子・尚賢》中)

　　　　輝案:此隱括〈尚賢〉下引〈豎年〉之言「晞夫聖武知人,以屏輔而身」之文。

　　(7)〈術令〉之道曰:「唯口出好興戎。」(〈尚同〉中)

　　　　輝案:此隱括〈說命〉「惟口起羞,惟甲冑起兵」之文。〔註16〕

　　(8)《書》云:「高宗三年不言,言乃讙。」(《禮記・檀弓》)

〔註15〕《尚書集注音疏》。

〔註16〕《禮記・緇衣》引〈兌命〉。

輝案：此隱括〈無逸〉「乃或亮陰，三年不言，其惟不言，言乃雍」
之文。

綜觀上述八條，則《荀子‧致士》、〈宥坐〉所引《書》，蓋亦隱括〈康誥〉
之文，段玉裁曰：「偽孔於衛賈馬鄭之本，初無大異，……偽孔方欲將偽造之
廿五篇，令天下信其眞，安敢將卅三篇啓天下疑其偽也？大爲乖異，則天下
疑其偽，而偽造之廿五篇不能依附以行矣，……況《釋文序錄》曰：『馬鄭所
有同異，今亦附之音後』，〈正義〉亦往往舉馬鄭王異孔之處，是凡有異者梗
槩略具於《釋文‧正義》中，正不得有如〈般庚〉、〈康誥〉此等大異，而《釋
文‧正義》略之也」，〔註17〕其說至爲允當，然則《釋文》，《正義》既未言馬
鄭異於孔，此處孔傳本當與馬鄭本同，江聲稱偽孔妄增以亂經，其說未允。《孔
子家語‧始誅篇》引《書》云：「義刑義殺，勿庸以即，汝心惟曰未有愼事」，
此亦隱括〈康誥〉之文，惟觀《家語》上下文義，與《荀子》大同，則《家
語》此節蓋襲取《荀子》之文爲之，《荀子》引作「未有順事」，而《家語》
作「未有愼事」，考《家語》注云：「當謹自謂未有順事」，則《家語》引《書》
本作「未有順事」，與《荀子》同，段玉裁曰：「據注文，則引經愼字亦當同
荀卿作順，轉寫之譌也」，〔註18〕段說是也。

即，孔傳本作次，即屬精紐，次屬清紐，同屬齒音，旁紐雙聲，古相通用，
《說文》坴从土次聲，古文从土即聲作聖（土部）；《爾雅‧釋宮》「柣謂之閾」，
《釋文》：「窒本或作楮，舊本作節」，窒从咨聲，咨从次聲；節从即聲，窒之作
節，坴之作聖，皆次即二字互用之證。段玉裁曰：「荀卿王肅作即，《尚書》作
次，古音次同黍，在第十二部，如次室之女，一作黍室之女，小篆坴字古文作
聖，《周禮‧巾車》故書軟字讀爲黍，皆其證」。〔註19〕〈偽孔傳〉云：「以刑殺
勿用，以就汝封之心所安」，以就訓次。楊注云：「言雖義刑義殺，亦勿即行之，
當先教後刑也」。考就字訓高，〔註20〕次者不前不精之義，〔註21〕偽孔以就訓
次，非其本義，字本當作即，即本義爲即食，〔註22〕經傳或作就食者，其借字
也，偽孔云：「以就汝封之心所安」者，謂以即汝封之心所安也。即食之義引申

〔註17〕　《古文尚書撰異》。
〔註18〕　《古文尚書撰異》。
〔註19〕　《古文尚書撰異》。
〔註20〕　《說文》京部。
〔註21〕　《說文》欠部。
〔註22〕　《說文》皂部。

之，則有立即、即時之義，楊注云：「亦勿即行之」，用其引申義也。惟徵之〈康誥〉本作「勿庸以次汝封」，則《荀子》檃括其文，以釋先教後刑者，乃斷章取義，《書》之本義，則以僞孔之義爲長。

順，孔傳本作遜。順、遜同在第十三部，古疊韻通用，《書·舜典》「五品不遜」〈僞孔傳〉：「遜、順也」，此以段借義釋之，《易，坤卦·文言》：「履霜堅冰至，蓋言順也」，《春秋繁露》引作「履霜堅冰，蓋言遜也」，此二字互用之證。本字作順，作遜者借字也。

8. 《書》曰：「無有作好，遵王之道；無有作惡，遵王之路。」（〈天論〉）

唐楊倞注：「《書》、〈洪範〉。」

輝案：此引《書·洪範》文。〈修身篇〉引《書》曰：「無有作好，遵王之道；無有作惡，遵王之路」，與此引同。說見本節第一條。

9. 《書》曰：「克明明德。」（〈正論〉）

唐楊倞注：「《書·多方》曰：『成湯至於帝乙，罔不明德愼罰。』」

輝案：此引《書·康誥》文。〈康誥〉云：「克明德愼罰」，有克字，與此同，楊注引〈多方〉文，是以此引〈多方〉「罔不明德愼罰」句，非是。《禮記·大學》引〈康誥〉曰：「克明德」，與此不同，此可見先秦《尚書》未有定本，是以同引爲一《書》，而文字互異，說見第二章第一節第三條。江聲不察，而謂《荀子》所引《尚書》逸文，非〈康誥〉「克明德」之文，〔註23〕非是。

10. 《書》曰：「刑罰世輕世重。」（〈正論〉）

唐楊倞注：「《書》、〈甫刑〉。」

輝案：此引〈呂刑〉文。《漢書·刑法志》引《書》曰：「刑罰世輕世重」，《周禮·司刑》鄭注云：「所謂刑罰世輕世重者也」，並引〈呂刑〉文，並與此所引同，與孔傳本亦同，此則先秦《尚書》同於今文、古文《尚書》者。

世、一作時，《後漢書·應劭傳》引《書》曰：「刑罰時輕時重」，字作時，皮錫瑞曰：「應引《書》作時，蓋亦本是世字，唐人作注時，避唐諱，改世爲時耳，非關今文之異」，〔註24〕皮說是也，時、世義近，《文選·北征賦》「故時會之變化兮」，李注云：「時亦世也」，故唐人以「時」易「世」。

〔註23〕 《尚書集注音疏》卷十二。
〔註24〕 《今文尚書考證》卷二十六。

11. 《書》曰：「凡人自得罪。」（〈君子〉）

　　　唐楊倞注：「言人人自得其罪，不敢隱也，與今〈康誥〉義不同，或斷章取義與。」

　　　輝案：此引〈康誥〉文。孔傳本作「凡民自得罪」，字作民，與此作人者不同，考《孟子‧萬章》引〈康誥〉曰：「凡民罔不譈」，《說文》心部引《周書》曰：「凡民罔不憝」，字並作民，孔傳本作「罔弗憝」，無凡民二字，而以上文「凡民自得罪」句下貫殺越人于貨，暋不畏死，罔弗憝三句，則孔傳本作民字，承馬鄭之舊。《孟子》引下句作民，則荀子引《書》本亦作民，與孔傳本同，今作人者，乃後人所改，皮錫瑞曰：「案《荀子》引《書》作凡人，與下凡民罔不譈作凡民不合，人字蓋楊倞唐人避諱改之」，〔註25〕是也。

12. 《傳》曰：「一人有慶，兆民賴之。」（〈君子〉）

　　　唐楊倞注：「《尚書‧甫刑》之辭。」

　　　輝案：此引〈呂刑〉文。《左傳》襄公十三年引《周書》〔註26〕曰：「一人有慶，兆民賴之」，《孝經‧天子章》、《禮記‧緇衣》引〈甫刑〉，並與《荀子》引同。《大戴禮‧保傅》引《書》曰：「一人有慶，萬民賴之」，字作萬，與此異，此可見先秦《尚書》未有定本，是以先秦典籍同引一《書》，而文字互異，名稱亦不一。閻若璩曰：「《荀子》引今文、古文《書》者十六，惟『一人有慶，兆民賴之』作《傳》曰，傳疑書字之譌」，〔註27〕今考《墨子‧兼愛》中引《傳》曰：「雖有周親，不若仁人，萬方有罪，維予一人」，《說苑‧君道篇》引《書》曰：「百姓有罪，在于一人」，同引一《書》，而或稱《書》曰，或稱《傳》曰，又〈尚賢〉中曰：「此聖王之道，先王之書，〈距年〉之言也，《傳》曰：『求聖君哲人，以裨輔而身』，〈距年〉乃《書》之篇名，〔註28〕而稱《傳》；此隳括〈尚賢〉下所引〈豎年〉之文，而〈尚賢〉下但稱〈豎年〉之言然，曰：「晞夫聖武知人，以屛輔而身」；《呂氏春秋‧聽言篇》引《周書》曰：「往者不可及，來者不可待」，《漢書‧鼂錯傳》引稱《傳》曰。是《書》曰即《傳》曰，《書》、《傳》可以互稱，故閻氏亦謂「《孟子》於《傳》有之，〔註29〕亦指《書》言」，〔註30〕《荀子》此引〈呂刑〉文而稱《傳》曰，並無

〔註25〕《今文尚書考證》卷十四。
〔註26〕今本奪周字，說見第五章第二節第二十三條。
〔註27〕《古文尚書疏證》第三十一條。
〔註28〕說見第一章第二節
〔註29〕見於〈梁惠王〉下。

不可。

　　又案：先秦《尚書》篇名未有定稱，故〈盤庚〉，《左傳》哀公十一年引稱〈盤庚之誥〉，《史記・吳世家》、〈伍子胥傳〉亦然，〈仲虺之誥〉，《左傳》宣公十二年，襄公十四年，《呂氏春秋・驕恣篇》引並稱〈仲虺〉有言，《左傳》襄公三十年引稱〈仲虺之志〉，《荀子・堯問篇》引稱〈中蘬之言〉，《墨子・非命》上、中、下引並稱〈仲虺之告〉；《左傳》文公二年引《周志》「勇則害上，不登於明堂」，今見於《逸周書・大匡篇》，《逸周書》他篇，《左傳》引稱《周書》，與今《尚書・周書》各篇無別，以此例之，《周志》即《周書》，杜注云：「《周志》，《周書》也」，是也。是春秋以訖戰國，書、傳、志、誥可以互稱，並無分別，書於簡冊，冊命王臣，故謂之《書》，陳夢家曰：「古代王的命書書于簡冊，此等王命稱之為命冊，命書，或書，所以古代王命之書亦稱之為書，《尚書》的主要部份是此類命書，所以《尚書》最初稱《書》」，〔註31〕其說是也；志以告人。故謂之志、傳、誥。陳夢家乃曰：「〈仲虺之誥〉，《左傳》、《荀子》、《呂覽》稱之為『志』，為『言』，皆不以為《書》」，〔註32〕強分書與志、傳、誥為二，且謂：「書與傳志之不同，在乎簡策之大小，……《書》與所謂六經，係用漢尺二尺四寸長策，諸子傳文記志，或一尺，或八寸，或六寸」。〔註33〕今考《儀禮・聘禮正義》引鄭玄《論語序》云：「《易》、《詩》、《書》、《禮》、《樂》、《春秋》，策皆二尺四寸，〔註34〕《孝經》謙半之，《論語》八寸策者，三分居一，又謙焉」，《左傳・杜預序・正義》引鄭玄《論語序》曰：「以〈鉤命決〉云：『《春秋》二尺四寸書之，《孝經》一尺二寸書之』」，《論衡・量知篇》云：「截竹為筒，破以為牒，……大者為經，小者為傳記」，分經與傳記為二，與陳氏之說合。然鄭玄、王充所述，乃秦漢之制，戰國中期以前，固不爾也。《荀子・勸學篇》云：「始乎誦經，終乎讀《禮》」，始以《禮》、經並舉，此所謂經，以《荀子》一書多言《詩》、《書》、《易》、《春秋》例之，則當係指《詩》、《書》之類而言，故與《禮》並舉，猶《論語》所稱「子所雅言，《詩》、《書》執《禮》」也。《莊子・天運》云：「丘治《詩》、

〔註30〕謂武王伐紂，事見於《書》也。
〔註31〕《尚書通論》第 35 頁。
〔註32〕《尚書通論》第 33 頁。
〔註33〕同書。
〔註34〕今本作尺二寸，阮元《校勘記》曰：「此云尺二寸，乃傳寫之誤，當作二尺四寸」，今據阮校改。

《書》、《禮》、《樂》、《易》、《春秋》六經」，始有六經之名，《禮記・經解》所述亦《詩》、《書》、《禮》、《樂》、《易》、《春秋》六經之義，然天運乃戰國晚年之作，〈經解〉則係西漢初年作品，〔註35〕然則《詩》、《書》、《易》、《禮》、《樂》、《春秋》稱經，起於戰國晚年，由是推之，則經與傳志之分，乃戰國晚年，儒者尊崇六經，始判然爲二，而書寫簡牒亦有長短之別。《論衡》謂「大者爲經，小者爲傳記」，但爲戰國末年以迄秦漢之制，未可盡言先秦之制皆如此也。今《書序・仲虺之誥》，《墨子》稱〈仲虺之告〉，告即誥之初文，《墨子》稱爲先王之書，則《墨子》之時，《書》、《誥》並無分別，《左傳》稱〈仲虺之誥〉爲〈仲虺之志〉，稱《周書》爲《周志》，猶在《墨子》之前，又《孟子》稱《書》爲《傳》，《荀子》稱《書》爲《傳》，則春秋以迄戰國，《書》與傳、志、誥並無分別，所謂經用二尺四寸簡，傳志用一尺、八寸或六寸策者，乃戰國末年以後之事，《後漢書・周磐傳》載磐編二尺四寸簡，寫〈堯典〉一篇；又〈曹褒傳〉載褒撰治禮制，寫以二尺四寸簡，皆以二尺四寸簡書寫《禮》、《書》，與鄭玄說合，尤爲明證。陳氏謂先秦《書》與傳志不同，在乎簡策之大小，其說未允。

13. 《書》曰：「義刑義殺，勿庸以即，予維曰未有順事。」（〈宥坐〉）

　　唐楊倞注：「《書》、〈康誥〉。」

　　輝案：此櫽括〈康誥〉文。〈致士篇〉引《書》曰：「義刑義殺，勿庸以即，女惟曰未有順事」，與此大同，說見本節第七條。

第三節　引《書》不舉篇名不稱《書》曰

1. 故禹十年水。（〈富國〉）

　　輝案：此引《夏書》逸文。《墨子・七患》引《夏書》曰：「禹七年水」。《管子・山權數》曰：「禹五年水」，此亦引《夏書》文，而或作十年，或作七年，或作五年，不同者，此蓋先秦《尚書》未有定本，是以計數互異，說見第十八章第二節第一條。

2. 湯七年旱。（〈富國〉）

　　輝案：此引《商書》逸文。《墨子・七患》引《殷書》曰：「湯五年旱」，與此不同。《管子・山權數》曰：「湯七年旱」，與此引同。《莊子・秋水》曰：

「湯之時，八年七旱」，此亦檃括《殷書》逸文，而計數互異，此則先秦《尚書》未有定本之故，說見第十八章第二節第二條。

3. 上之於下，如保赤子。（〈王霸〉）

輝案：此引《書·康誥》文。《禮記·大學》引〈康誥〉曰：「如保赤子」，與此引同。《荀子·王霸篇》凡二引「如保赤子」，〈議兵篇〉亦引作「如保赤子」，與孔傳本作「若保赤子」者不同，而《孟子·滕文公》上云：「古之人若保赤子」，字作若，則又與孔傳本同，此可見先秦《尚書》未有定本，而漢世所傳《尚書》與先秦《尚書》亦互有同異也。

4. 潢然兼覆之，養長之，如保赤子。（〈王霸〉）

輝案：此引《書·康誥》文，說見上條。

5. 時其事，輕其任，以調齊之，長養之，如保赤子。（〈議兵〉）

輝案：此引〈康誥〉文，說見第三條。

6. 君子以脩百姓寧，明德慎罰。（〈成相〉）

輝案：此引〈康誥〉文。〈康誥〉曰：「惟乃丕顯考文王，克明德慎罰」，〈多方〉云：「乃惟成湯……以至于帝乙，罔不明德慎罰」，並有「明德慎罰」句。《荀子》一書，多引〈康誥〉文，計明舉〈康誥〉篇名者一條（〈富國〉），稱《書》曰者六條，〔註36〕引〈康誥〉文而未舉篇名，未稱《書》曰者三條，〔註37〕而未見徵引〈多方〉篇之文，則此蓋亦引〈康誥〉文。《左傳》成公二年引《周書》曰：「明德慎罰」，與此引同。

7. 禹傅土。（〈成相〉）

輝案：此引《書·禹貢》文。《史記·夏本紀》曰：「禹乃遂與益，后稷奉帝命，命諸侯百姓興人徒以傅土」，此檃括〈禹貢〉文，字作傅，與《荀子》引同。《詩·長發》曰：「禹敷土下方」，《大戴禮·五帝德》曰：「使禹敷土」，並引〈禹貢〉文，字並作敷，與孔傳本同，而與此異。傅、敷並從專聲，古同音通用，《書·洪範》「用敷錫厥庶民」，《史記·宋微子世家》引作「用傅錫其庶民」；〈洪範〉「曰皇極之敷言」，《宋世家》引作「曰王極之傅言」；《詩·長發》「敷奏其勇」，《大戴禮·衛將軍文子》引作「傅奏其勇」；《書·文侯之命》「敷聞在下」，《後漢書·東平憲王傳》引作「傅聞在下」；此二字互用之證。

〔註36〕〈富國〉、〈君道〉、〈致士〉、〈正論〉、〈君子〉、〈宥坐〉。
〔註37〕〈王霸〉二條，〈議兵〉一條。

作敷者，馬本，夏侯本，此同於《長發》、《大戴禮》所引；作傳者，歐陽本，此同於《荀子》所引；此可見先秦《尚書》未有定本，而漢世所傳《尚書》，因與先秦《尚書》互有同異也。說見本書69頁，第二章第二節第六條。

第四節　檃括《書》文不舉篇名不稱《書》曰

1. **麻葛繭絲鳥獸之羽毛齒革也，固有餘足以衣人矣。**（〈富國〉）

輝案：此檃括〈禹貢〉文。《左傳》僖公二十三年曰：「羽毛齒革，則君地生焉」，《國語·晉語》四曰：「羽旄齒革，則君地生焉」，並檃括〈禹貢〉文，而《左傳》作毛，與此引同，《國語》作旄，旄从毛聲，二字古音同通用，說見第十一章第四節第四條。

2. **故諸夏之國，同服同儀，蠻夷戎狄之國，同服不同制，封內甸服，封外侯服，侯衛賓服，蠻夷要服，戎狄荒服。**（〈正論〉）

輝案：此檃括〈禹貢〉文。《國語·周語》上曰：「夫先王之制，邦內甸服，邦外侯服，侯衛賓服，蠻夷要服，戎狄荒服」，此亦檃括〈禹貢〉之文，與此同，說見本書229頁，第十一章第四節第一條。

封，《國語》作邦。封屬非紐，古歸幫紐，韻則同在第九部，二字古同音通用。《釋名·釋州國》曰：「邦、封也」，此以叚借義釋之。《論語·季氏》「且在邦域之中矣」，《釋文》：「邦、本作封」；《說文》土部封之籀文从土半聲作垄，與邦字並从丰聲；〈書序〉云：「以殷遺民邦〔註38〕康叔」，《史記·衛康叔世家》作「以武庚殷餘民封康叔爲衛君」，皆二字互用之證。段玉裁曰：「古者城郭所在曰國，曰邑，而不曰邦，邦之言封也，古邦封通用」，〔註39〕則作封者本字，作邦者借字。

3. **堯不德，舜不辭，妻以二女，任以事。**（〈成相〉）

輝案：此檃括〈堯典〉文，〈堯典〉云：「帝曰：『我其試哉』，女于時，觀厥刑于二女」。《孟子·萬章》上曰：「帝使其子九男二女，百官牛羊倉廩備，以事舜于畎畝之中」，又〈萬章〉下曰：「堯之於舜也，使其子九男事之，二女女焉，百官牛羊倉廩備，以養舜於畎畝之中，後舉而加諸上位」，與此所述，

〔註38〕今本作封，阮元《校勘記》曰：「古本封上有邦字，山井鼎曰：『邦封古或通用，案注及疏意，當作邦康叔，封字衍文』」，今據阮校改。

〔註39〕《說文》邑部邦字下。

文義大異，〈萬章〉所引蓋《虞書》逸文，篇名無可考，趙歧以爲〈舜典〉文，未允，〔註40〕此則檃括〈堯典〉文，故不同。

4. 得后稷，五穀殖；夔爲樂正，鳥獸服；契爲司徒，民知孝弟尊有德。（〈成相〉）

　　輝案：此檃括〈堯典〉文。〈堯典〉云：「帝曰：『棄，黎民阻飢，汝后稷播時百穀』」，又曰：「帝曰：『夔，命汝典樂，教胄子，……』，夔曰：『於，予擊石拊石，百獸率舞』」，又曰：「帝曰：『契，百姓不親，五品不遜，汝作司徒，敬敷五教，在寬』」，〔註41〕此則檃括〈堯典〉諸節之文爲之。

　　又案：〈堯典〉「夔曰：『於，予擊石拊石，百獸率舞』」十二字，屈萬里先生以爲此乃〈臯陶謨〉文，錯簡重見於此，〔註42〕劉原父《七經小傳》亦謂〈舜典〉末衍一簡，「擊石拊石，百獸率舞」當是衍文，〔註43〕說皆未允，說詳本書333頁，第十九章第四節第二條。

〔註40〕說見本書205頁，第九章第三節第五條。
〔註41〕以上所引，孔傳本並在〈舜典〉。
〔註42〕《尚書釋義》。
〔註43〕《困學紀聞》卷二引。

第十四章　《老子》引《書》考

　　《漢書‧藝文志》道家著錄《老子鄰氏經傳》四篇，《老子傅氏經說》三十七篇，《老子徐氏經說》六篇，而未著錄《老子道德經》，《隋志》著錄《老子道德經》二卷，漢河上公註，《老子》一書，舊題周李耳撰，前儒多疑之。宋葉適疑著《道德經》之老子，非教孔子之老聃。〔註1〕清汪中以爲孔子問禮於老聃，而著《道德經》者爲太史儋。〔註2〕近人蔣伯潛則謂《老子》非出於一人，作於一時，乃戰國時人條錄道家傳誦之格言，采自他書之精語，薈萃成書，託之於老子。〔註3〕屈萬里先生亦謂《老子》五千言，當著成於戰國之世。〔註4〕然則《老子》一書，非李耳所著，其作者雖未可知，然其書著成於戰國之世，應無可疑。

　　《老子》一書凡引《書》一條，所引爲逸書，篇名無可考，徵之《戰國策》、《韓非子》，則所引係《周書》逸文。

　　綜考《老子》引《書》一條，可得如下結論：

　　一、所引係《周書》逸文，不在伏生二十九篇中，則《書》之亡逸，確爲事實。後儒不信亡書、逸書，以伏生所授二十八篇爲備，實有未當。

　　二、所引《周書》逸文，與《戰國策》所引《周書》，文義相類，此可見《周書》自《周書》，《陰符》自《陰符》，未可混爲一談，前儒謂《國策》所引《周書》，即蘇秦所讀《周書陰符》之類，混《周書》與《陰符》爲一，其

〔註1〕《習學記言》。
〔註2〕〈老子考異〉，載《述學》。
〔註3〕《諸子通考》下編。
〔註4〕《古籍導讀》。

說非是。

1. 將欲歙之，必固張之；將欲弱之，必固將之；將欲廢之，必固興之；將欲奪之，必固與之。

　　輝案：此隰括《周書》逸文，《戰國策·魏策》一引《周書》曰：「將欲敗之，必姑輔之；將欲取之，必姑與之」，《韓非子·說林》上引《周書》曰：「將欲敗之，必姑輔之；將欲取之，必姑予之」，文義並與此相類，此蓋隰括《周書》逸文爲之。王應麟曰：「任章引《周書》曰：『將欲敗之，必姑輔之；將欲取之，必姑與之』，……老氏之言……皆出於此」，〔註5〕班氏曰：「道家者流，蓋出於史官」，〔註6〕《周書》爲周王室之檔案，〔註7〕史官所掌，老氏之學源於史官，則王應麟謂老氏之言出於《周書》，其說可信。

　　又案：王應麟謂任章引《周書》「將欲敗之，必姑輔之；將欲取之，必姑與之」，乃蘇秦所讀《周書陰符》之類，〔註8〕以《國策》所引《周書》即《陰符》，胡應麟《筆叢》說同。今以《老子》隰括《周書》逸文觀之，則《周書》與《陰符》迥然有別，未可混爲一書也。

〔註5〕《困學紀聞》卷二。
〔註6〕《漢書·藝文志·諸子略·道家序》。
〔註7〕說詳本書238頁，第十二章第一節第三條。
〔註8〕見《困學紀聞》卷二。

第十五章　《莊子》引《書》考

　　《漢書・藝文志》道家著錄《莊子》五十二篇，今本十卷三十三篇，則郭象所編次之本也。《莊子》一書，舊題周莊周撰，然自宋以來，學者多疑之，宋濂謂〈盜跖〉、〈漁父〉、〈讓王〉、疑後人所剿入；〔註1〕《四庫提要》謂《列子》一書爲傳其學者所追記，其雜記列子後事，正如《莊子》記莊子死，《管子》稱吳王、西施，《商子》稱秦孝公，此以《莊子》亦傳其學者所追記；姚際恒謂《管子》一書，眞雜以僞；〔註2〕胡適謂內七篇大致可信，但有後人加入之成分，外雜篇則不可信，〔註3〕今觀書中所記，或出於莊子之後，則其書不盡出於莊子之手，屈萬里先生曰：「《莊子》三十三篇，非一人一時所作」，〔註4〕是也。然其書雖非成於一人之手，而大抵出於先秦，當無可疑。

　　《莊子》一書，凡引《書》二條，其稱舉篇名，稱《書》曰者，杳無一見，〔註5〕其隱括《書》之文義，不舉篇名，不稱《書》曰者二條，所引篇名，經考定爲〈堯典〉者一條。其中一條所引逸文，案諸他書所引，係隱括《商書》逸文。〔註6〕總計《莊子》引《書》二條，凡引《書》一篇，其所引〈堯典〉，今在伏生二十九篇中。

〔註1〕見《諸子辨》。
〔註2〕見《古今僞書考》。
〔註3〕見《中國哲學史大綱》上卷。
〔註4〕見《古籍導讀》。
〔註5〕〈天道篇〉引故書曰：「有形有名」，〈盜跖篇〉引故書曰：「孰惡孰美，成者爲首，不成者爲尾」，不類《書》語，所引蓋古書之語，王先謙於〈天道篇〉注曰：「古書也」，是也。故不錄。
〔註6〕參見本書257頁，第十三章第三節第二條。

綜考《莊子》引《書》二條，所引篇名，〈堯典〉一篇，又《商書》逸文一條，此與漢人所稱《書》有百篇者，相去甚遠，此可見先秦《尚書》，未必有百篇之數。

1. 堯於是放驩兜於崇山，投三苗於三峗，流共工於幽都。（〈在宥〉）

　　輝案：此隱括《書·堯典》文。〈堯典〉曰：「流共工于幽洲，放驩兜于崇山，竄三苗于三危，殛鯀于羽山」。〔註7〕《大戴禮·五帝德》曰：「流共工于幽州，以變北狄；放驩兜于崇山，以變南蠻；殺三苗于三危，以變西戎；殛鯀于羽山，以變東夷」，《孟子·萬章》上曰：「舜流共工于幽州，放驩兜于崇山，殺三苗于三危，殛鯀于羽山」，《韓非子·外儲說》右上曰：「堯舉兵而誅殺鯀於羽山之郊，⋯⋯又舉兵而流共工於幽州之都」，並引《書·堯典》文，與此引相類。

　　三峗，孔傳本、《大戴禮》、《孟子》引並作三危。《說文》無峗字，《釋文》云：「峗，本亦作危」，朱駿聲曰：「危、字亦作峗」，〔註8〕則危峗蓋一字。〈禹貢〉曰：「三危既宅」，鄭玄曰：「〈河圖〉及〈地說〉云：『三危山在鳥鼠西南，與岐山相連，當岷山，則在積石之東南』，〔註9〕是三危者山名，故字或從山作。

　　幽都，孔傳本作幽洲、《大戴禮》、《孟子》引並作幽州。《韓非子》引作幽州之都。《大戴禮》曰：「流共工于幽州，以變北狄」，則其地在北，〈堯典〉曰：「宅朔方曰幽都」，是幽州即幽都，孫星衍曰：「幽都即幽州也，下文流共工於幽州，淮南作幽都」，〔註10〕是也。

2. 湯之時，八年七旱。（〈秋水〉）

　　輝案：此隱括〈殷書〉逸文，而計數與《墨子·七患》引〈殷書〉不同，參見本書 314 頁，第十八章第二節第二條。

〔註 7〕孔傳本在〈舜典〉。
〔註 8〕《說文通訓定聲》。
〔註 9〕《史記·夏本紀·索隱》，《尚書正義》並引。
〔註 10〕《尚書今古文注疏》。

第十六章　《韓非子》引《書》考

　　《韓非子》，韓非撰。《漢書・藝文志》法家著錄《韓子》五十五篇，張守節《史記正義》引阮孝緒《七錄》、《隋書經籍志》、《舊唐書經籍志》、《新唐書藝文志》、《宋史藝文志》並著錄《韓子》二十卷，與今本篇數卷數皆相符，獨王應麟《漢藝文志考證》作五十六篇，《四庫提要》曰：「殆傳寫字誤」，是也。

　　《韓非子》一書，據《史記・老莊申韓列傳》稱非數以書諫韓王，不能用，故作〈孤憤〉、〈五蠹〉、〈內外儲說〉、〈說林〉、〈說難〉十餘萬言，人或傳其書至秦，秦王見其〈孤憤〉、〈五蠹〉之書，則非著書在未入秦前，而書中或載入秦後事者，《四庫提要》云：「非所著書本各自爲篇，非歿之後，其徒收拾編次，以成一帙，故在韓、在秦之作，均爲收錄，併其私記未完之稿，亦收入書中，名爲非撰，實非非所手定也，以其本出於非，故仍題非名」。

　　《韓非子》一書，凡引《書》十一條，[註1]其中〈難勢篇〉引《周書》「毋爲虎傳翼，將飛入邑，擇人而食之」，今見於《逸周書・寤儆篇》，不在本文考論之內，故列於附篇，去其一，得十條。此十條中，明舉篇名者一條，所舉篇名爲〈酒誥〉一篇。稱〈先王之法〉者一條，所引篇名，經考定爲〈洪範〉一篇。其稱《周書》者二條，所引皆《周書》逸文，篇名無可考。其稱《書》曰者二條，所引皆逸書，篇名無可考。其檃括《書》之文義，不舉篇名，不稱《書》曰者四條，其所引篇名，經考定爲〈堯典〉一篇。

〔註 1〕　案〈解老篇〉曰：「書之所謂治人者，適動靜之節，省思慮之費也。所謂事天者，不極聰明之力，不盡智識之任」，又曰：「根者，書之所謂柢也」，又曰：「書之所謂大道也者，端道也。所謂貌施也者，邪道也。所謂徑大也者，佳麗也」，凡此三引書，皆謂《老子》，故不錄。

　　總計《韓非子》一書引《書》十條中，凡引《書》三篇，其篇名爲〈堯典〉、〈洪範〉、〈酒誥〉，皆在伏生二十九篇中。

　　綜考《韓非子》引《書》十條，可得如下結論：

　　一、所引《書》十條中，稱舉篇名者僅一條，所舉篇名僅〈酒誥〉一篇，此與漢人所稱《書》有百篇者，相去甚遠，則先秦《尚書》未必有百篇之數。

　　二、所引《書》十條中，計引《周書》逸文二條，《書》逸文二條，總此四條，今皆不在伏生二十九篇中，此可見《書》有亡逸，確實可信，後儒以伏生所傳二十八篇爲備者，實有未當。

　　三、《說林》上引〈康誥〉，其文今見於〈酒誥〉，此可見〈康誥〉初但爲泛稱，非專屬一篇之名，凡告康叔之辭，皆以〈康誥〉命篇，今〈書序〉所錄〈康誥〉、〈酒誥〉、〈梓材〉，皆誥康叔之辭，先秦蓋皆謂之〈康誥〉。其後伏生傳之，〈書序〉錄之，乃析爲三篇，而〈康誥〉遂成爲專名耳。

　　四、《儀禮・特牲饋食禮》賈疏引《大傳・酒誥》文而稱〈康誥〉，與《韓非子》引〈酒誥〉文而稱〈康誥〉之例合。至《史記・周本紀》、《衛世家》，始以〈康誥〉、〈酒誥〉、〈梓材〉三篇並舉。此可見〈酒誥〉之名，蓋定於漢初。

　　五、〈有度篇〉引〈洪範〉文，而稱〈先王之法〉，此與《呂氏春秋・貴公》引稱〈鴻範〉，《荀子・修身》，《天論》引稱《書》曰者有別，此可見先秦《尚書》篇名未有定稱。

　　六、〈有度篇〉引〈洪範〉文，與《呂氏春秋》、《荀子》所引，頗有同異，與今本《尚書》，亦有不同，此則先秦《尚書》未有定本之故，是以同引一《書》，而文句互有異同。後儒以〈有度〉所引，與今本《尚書》不同，而疑其別有所出，非引〈洪範〉之文，非是。

　　以上六點，舉其大端者言，他如王氏集解之失，朱氏輯《逸周書》佚文之誤，鄭玄《周禮序》引《尚書序》非鄭氏之舊，說詳各條，不贅述。

第一節　引《書》稱舉篇名

1. 〈康誥〉曰：「*毋彝酒*。」（〈說林〉上）

　　輝案：此引〈酒誥〉文，而稱〈康誥〉者，段玉裁曰：「此〈酒誥〉而系之〈康誥〉者，蓋周時通以〈酒誥〉、〈梓材〉爲〈康誥〉也」；〔註2〕皮錫瑞

〔註2〕《古文尚書撰異》。

曰：「據此則三篇實同一篇，韓非在焚書之前，其說可據」；〔註3〕並以先秦《尚書‧康誥》、〈酒誥〉、〈梓材〉三篇統稱〈康誥〉。屈萬里先生則謂：「《韓非子‧說林》引本篇而謂之〈康誥〉者，蓋以其爲誥康叔之書也」。〔註4〕今考《國語‧周語》上、《墨子‧兼愛》下，《論語‧堯曰》、《呂氏春秋‧順民》並引〈湯誓〉文，案諸《墨子》、《呂氏春秋》文義，則湯禱雨之誓也，與〈書序〉所錄伐桀之〈湯誓〉別篇；〔註5〕《墨子‧兼愛》下引〈禹誓〉，審其文義，則禹伐有苗之誓也，與〈明鬼〉下所引禹征有扈之〈禹誓〉別篇；〔註6〕《孟子‧滕文公》下引《大誓》，徵之《史記》、《大傳》，則文王伐于之誓也，與〈書序〉所錄武王伐紂之〈大誓〉別篇。〔註7〕又考《國語‧周語》上引湯禱雨之辭而稱〈湯誓〉，《墨子‧兼愛》下引之則稱〈湯說〉；《墨子‧明鬼》下引禹伐有扈之誓而稱〈禹誓〉，〈書序〉錄之則稱〈甘誓〉。綜上所考，可知先秦《尚書》篇名固無定稱，其稱〈湯誓〉，〈禹誓〉，〈大誓〉云者，初但爲泛稱，凡湯之所誓，皆〈湯誓〉也，故《國語》等書所引湯禱雨之誓，而謂之〈湯誓〉，〈書序〉錄湯伐桀之誓，亦謂之〈湯誓〉；凡禹之所誓，皆〈禹誓〉也，故《墨子》引禹伐有苗之誓，而謂之〈禹誓〉，引禹征有扈之誓，亦謂之〈禹誓〉；凡大會以誓眾者，皆〈大誓〉也，故《孟子》引文王伐于之誓，謂之〈大誓〉，而〈書序〉錄武王伐紂之誓，亦謂之〈大誓〉也。由是推之，則〈康誥〉初亦但爲泛稱，凡告康叔之辭，皆可謂之〈康誥〉，故康叔封於康，武王告康叔之辭，謂之〈康誥〉，則〈書序〉所錄〈康誥〉是也；〔註8〕康叔封於衛，周公以成王命告康叔之辭，亦謂之〈康誥〉，則〈書序〉所錄〈酒誥〉是也。〔註9〕《史記‧衛康叔世家》索隱：「康，畿內國名，宋忠曰：『康叔從康徙封衛，衛即殷墟定昌之地。』」康，爲畿內國名，其地當近鎬京、衛地近殷墟，則《左傳》定公四年云：「命以〈康誥〉，而封於殷墟」當係，康叔徙封衛之命辭，以《史記‧衛康叔世家》之言度之，定公四年之〈康誥〉，實即

〔註3〕 《今文尚書考證》卷十五。

〔註4〕 《尚書釋義‧酒誥》解題。

〔註5〕 說見本書287頁，第十八章第一節第二條。

〔註6〕 說見本書296頁，第十八章第一節第十一條。

〔註7〕 說見本書190頁，第九章第一節第三條。

〔註8〕 屈萬里先生曰：「本篇題曰〈康誥〉，而時王稱康叔曰弟，是知王乃武王，而本篇實康叔被封於康時之誥也」，說見《尚書釋義‧康誥》解題。

〔註9〕 屈萬里先生曰：「《史記‧衛世家》及〈書序〉，皆以本篇爲康叔封於衛時，周公以成王命誥康叔之辭」，說見《尚書釋義‧酒誥》解題。

〈酒誥〉，此亦〈酒誥〉泛稱〈康誥〉之例。又〈書序〉所錄〈梓材〉，則武王誥康叔之辭，〔註10〕先秦典籍未見引〈梓材〉文，然以《韓非子》引〈酒誥〉稱〈康誥〉例之，當亦謂之〈康誥〉也。其後伏生傳之，〈書序〉錄之，〈康誥〉遂成專名，專屬之康叔封康之誥，其篇言戒酒之事者，因謂之〈酒誥〉，其篇中引梓材爲喻者，因謂之《梓材》。考《韓非子》引〈酒誥〉文，而稱〈康誥〉，不稱〈酒誥〉；又《儀禮·特牲饋食禮》賈疏引《書傳·康誥》云：「天子有事，諸侯皆侍，尊卑之義」，此與鄭注引《書傳》曰：「宗室有事，族人皆侍終日，大宗已侍於賓奠，然後燕私」，當係同篇，而賈疏亦云：「引《尚書傳》已下者，是彼〈康誥〉傳文」，案此言燕私，則所引當係〈酒誥〉傳文，而稱〈康誥〉，則伏生《大傳》猶承先秦舊制，稱〈酒誥〉爲〈康誥〉也，孔廣林謂賈疏引《書傳》，康當爲酒，〔註11〕失之。然則〈酒誥〉之名，蓋定於漢初，《史記·周本紀》，《衛世家》，皆以〈康誥〉、〈酒誥〉、〈梓材〉並舉，是其明證。段氏、皮氏並以先秦〈酒誥〉、〈梓材〉與〈康誥〉同篇，其說近是；屈氏謂〈酒誥〉誥康叔之書，因謂之〈康誥〉，最得其實。又孫詒讓據《韓非子》引〈酒誥〉而稱〈康誥〉，因謂先秦古敘蓋云作〈康誥〉三篇，其《書》中篇目，則〈酒誥〉爲〈康誥〉中，〈梓材〉爲〈康誥〉下。〔註12〕考〈書序〉之作，蓋起於武昭之後，元帝之前。〔註13〕先秦《尚書》未必有百篇，亦不必以百篇爲備，〈書序〉非作於先秦，其理至明，則孫氏謂先秦古敘云作〈康誥〉三篇者，乃臆測之辭，未可信。又陳夢家謂揚雄所見古文家序「作〈康誥〉三篇」，故有〈酒誥〉俄空之歎，鄭玄〈周禮敘〉所述亦指古文。〔註14〕原陳氏之意，則古文家百篇小序，以〈酒誥〉、〈梓材〉屬之〈康誥〉，而云「作〈康誥〉三篇」，與今文家以〈康誥〉、〈酒誥〉、〈梓材〉並舉者不同。今考賈疏《周禮》有「序《周禮》廢興」文，中引鄭玄《周禮序》曰：「案《尚書·盤庚》、〈康誥〉、〈說命〉、〈泰誓〉之屬三篇，序皆云某作若干篇」，則古文家〈書序〉似分〈康誥〉爲三篇，一如〈盤庚〉、〈說命〉、〈泰

〔註10〕屈萬里先生曰：「《史記》謂周公以康叔齒少，爲〈梓材〉，示康叔可法則。〈書序〉說略同。蔡傳則以此爲武王誥康叔之書，按蔡氏說近是」。說見《尚書釋義·梓材》解題。

〔註11〕見陳壽祺《尚書大傳輯校》卷二引。

〔註12〕見《尚書駢枝》。

〔註13〕說見第一章第二節。

〔註14〕《尚書通論》第 96 頁。

誓〉之分爲上中下三篇者然。惟〈書序〉百篇以〈盤庚〉、〈說命〉相次，鄭玄舉其篇，當依百篇之次，云《尚書・盤庚》、〈說命〉、〈泰誓〉、〈康誥〉，而不當以〈康誥〉次〈盤庚〉之後，此可疑者一。鄭玄所舉〈盤庚〉、〈康誥〉、〈說命〉、〈泰誓〉各以一篇計，則爲四篇，而鄭玄云三篇，此可疑者二。〈書序〉後起，其說多襲《史記》，《史記》既以〈康誥〉、〈酒誥〉、〈梓材〉三篇並舉，則百篇小序自無以〈酒誥〉、〈梓材〉屬之〈康誥〉，而云作〈康誥〉三篇之理，此可疑者三。《法言・問神篇》云：「昔之說《書》者序以百，而〈酒誥〉之篇俄空焉，今亡夫」，揚雄既言〈酒誥〉俄空，則百篇小序〈酒誥〉自〈酒誥〉，〈康誥〉自〈康誥〉，未合爲一可知，豈如鄭玄所云某作若干篇者？此可疑者四。竊疑鄭玄《周禮序》本作「《尚書・盤庚》、〈說命〉、〈泰誓〉之屬三篇，序皆云某作若干篇」，〈康誥〉二字蓋後人妄屬，非鄭序之舊，陳氏據此而謂鄭玄所述，揚雄所見爲古文家序，其說未允。

　　又案：王先愼曰：「揚子《法言・問神篇》云：『昔之說《書》者序以百，〈酒誥〉俄空焉，今亡夫』，是漢時已無〈酒誥〉，而〈康誥〉亦有佚文，後人纂輯〈酒誥〉，並〈康誥〉佚句亦併錯入，當據此訂正」。〔註15〕今考《法言》之文，上言說《書》者序以百，而下言〈酒誥〉俄空，則俄空云者，蓋指序而言，段玉裁曰：「此謂〈書序〉有百篇，而〈酒誥〉則無序，非謂《尚書》闕〈酒誥〉也」，〔註16〕其說良是。王應麟謂劉向以中古文校歐陽、大小夏侯三家經文，〈酒誥〉脫簡一，俄空即簡脫之謂，〔註17〕王鳴盛謂《尚書》或有別本將〈酒誥〉混入〈康誥〉，揚子雲偶據其本，遂以爲俄空，〔註18〕說皆未允，王氏以今傳〈酒誥〉爲後人纂輯，其說尤非。徧考漢代載籍，若《史記》、《漢書》皆未引〈酒誥〉文，《論衡・語增篇》引〈酒誥〉之篇：「朝夕曰：『祀茲酒』」，《白虎通・商賈篇》引《尚書》曰：「肇牽車牛遠服賈用」，又〈京師篇〉引《尚書》：「在商邑」，《中論・貴驗篇》引《周書》有言：「人無鑒於水，鑒於人也」，《說文》水部引《周書》曰：「罔敢湎於酒」，又血部引《周書》曰：「民罔不盡傷心」，力部引《周書》曰：「劼毖殷獻臣」，手部引《周書》曰：「盡執拘」，今並見於〈酒誥〉。若謂漢時〈酒誥〉已亡，則《論

〔註15〕《韓非子集解》。
〔註16〕《古文尚書撰異》。
〔註17〕《困學紀聞》卷二。
〔註18〕《尚書後案》。

衡》、《白虎通》、《說文》、《中論》，其書皆在《法言》之後，安得徵引〈酒誥〉之文？且後人纂輯逸文，必據古書所引，今〈酒誥〉之文俱在，而未見引於漢代載籍者，其文多有，則謂〈酒誥〉後人所纂輯，於理實有未安。然則謂《說林》所引爲〈康誥〉逸文，亦非。

毋、一作無。《周禮·萍氏》注引《書·酒誥》曰：「無彝酒」，與孔傳本同，則古文《尚書》作無。陳喬樅曰：「今文《尚書》凡禁止之辭，皆作毋字，據《韓非子》引《書》，正作毋字，與今文合」。〔註19〕毋、無古同音通用，說見第十八章第一節第十四條，作毋者本字，作無者借字也。

第二節　引《書》稱《書》曰

1. 〈先王之法〉曰：「臣毋或作威，毋或作利，從王之指；毋或作惡，從王之路。」（〈有度〉）

輝案：此引〈洪範〉文。孔傳本作「無有作好，遵王之道；無有作惡，遵王之路」。《荀子·修身》、〈天論〉並引《書》曰：「無有作好，遵王之道；無有作惡，遵王之路」；《呂氏春秋·貴公》引〈鴻範〉曰：「無或作好，遵王之道；無或作惡，遵王之路」；並與此所引不同，此蓋先秦《尚書》未有定本，顧廣圻曰：「此下五句，文與〈洪範〉有異，或別有所出，非引彼也」，〔註20〕非是。

或，孔傳本作有，有或同在第一部，古疊韻通用，說見本書 248 頁，第十三章第二節第一條。

又案：《呂氏春秋》、《荀子》、《韓非子》同引〈洪範〉此文，而或稱〈鴻範〉，或稱《書》曰，或稱〈先王之法〉；又《左傳》、《墨子》引〈洪範〉文，而或稱《商書》、或稱《周詩》；此可見先秦《尚書》篇名未有定稱。〈僞孔傳〉曰：「洪、大，範、法也」，〈洪範〉一篇，記周武王勝殷後，訪於箕子，箕子所陳治國之大法，故《韓非子》引稱〈先王之法〉也。

2. 《周書》曰：「將欲敗之，必姑輔之；將欲取之，必姑予之。」（〈說林〉上）

輝案：此引《周書》逸文。《戰國策·魏策》一引《周書》曰：「將欲敗

〔註19〕《今文尚書經說考》。
〔註20〕王先慎《韓非子集解》引。

之，必姑輔之；將欲取之，必姑與之」，與此引同。王應麟疑此爲蘇秦所讀《周書陰符》之類，〔註21〕江聲亦謂此言非仁人君子之言，不敢信以爲《尚書》，〔註22〕皆考之未審。史無記實，古人非必如儒家所言，堯舜治也，其有非仁考之行之言，亦必載在史書，孔子序書傳，此等文句，或已刪去，故其書今逸也。朱右曾以此所引爲《逸周書》佚文，〔註23〕亦欠當，說見本書236頁，第十二章第一節第三條。

予，《戰國策》引《周書》作與，二字古音同通用，說並見第十二章第一節第三條。

3. 此《周書》所謂下言而上用者惑也。（〈說林〉下）

輝案：此隰括《周書》逸文。《淮南子·氾論篇》引《周書》曰：「上言者下用也，下言者上用也」，則此篇漢初猶存。江聲輯《尚書》逸文，並錄《淮南子》及此所引《周書》，而分爲二條，〔註24〕未允，屈萬里先生列爲一條，以爲《周書》逸文，〔註25〕是也。孫詒讓曰：「此所引蓋《逸周書》佚文」，〔註26〕朱右曾亦以爲《逸周書》佚文，〔註27〕皆未允，說見第十二章第一節第三條。

4. 《書》曰：「紳之束之。」（〈外儲說〉左上）

輝案：此引《書》逸文。江聲、〔註28〕屈萬里先生〔註29〕並以爲逸書，是也。朱右曾以爲《逸周書》佚文，〔註30〕未允。

5. 《書》曰：「既雕既琢，還歸其璞。」（〈外儲說〉左上）

輝案：此引《書》逸文。江聲，〔註31〕屈萬里先生〔註32〕並以爲逸書，是也。朱右曾以爲《逸周書》佚文，〔註33〕未允。

〔註21〕《困學紀聞》卷二。
〔註22〕《尚書集注音疏》。
〔註23〕《逸周書集訓校釋》。
〔註24〕《尚書集注音疏》。
〔註25〕《尚書釋義》附錄一。
〔註26〕王先愼《韓非子集解》引。
〔註27〕《逸周書集訓校釋》。
〔註28〕《尚書集注音疏》。
〔註29〕《尚書釋義》附錄一。
〔註30〕《逸周書集訓校釋》。
〔註31〕《尚書集注音疏》。
〔註32〕《尚書釋義》附錄一。
〔註33〕《逸周書集訓校釋》。

又案：王先慎曰：「上書字當作記，涉上文而誤，下書言之固然，亦當作記言之固然，經言宋人之讀書，與梁人之解記，若下不作記字，則經不分別言矣」。〔註34〕考《左傳》文公二年引《周志》有之：「勇則害上，不登於明堂」，杜注：「《周志》，《周書》」，今在《逸周書・大匡篇》。志亦記也，《呂氏春秋・貴當篇》引《志》曰：「驕惑之事，不亡奚待」，高注：「志、古記也」。書、傳、志、記古可互稱，《韓非子・外儲說》左上曰：「說在宋人之解書，與梁人之讀記也」，此避重而易書為記，乃行文之便。下文「書曰」，「書言之固然」，則文分二事，不嫌重複，故未易字，非必涉上文而誤，王氏之說未允。

第三節　櫽括《書》文不舉篇名不稱《書》曰

1. 昔者堯有天下，……其地南至交趾，北至幽都，東西至日月之所出入者，莫不賓服。（〈十過〉）

輝案：此櫽括〈堯典〉文。〈堯典〉曰：「分命羲仲，宅嵎夷曰暘谷，寅賓出日」，又曰：「申命羲叔，宅南交」，又曰：「分命和仲，宅西曰昧谷，寅餞納日」，又曰：「申命和叔，宅朔方曰幽都」，此則約取彼四句之文為之。《後漢書・東夷傳》曰：「昔堯命羲仲，宅嵎夷，曰暘谷，蓋日之所出也」，暘谷，日之所出，月之所入；昧谷，日之所入，月之所出；故此云東西至日月之所出入也。《墨子・節用》中曰：「古者堯治天下，南撫交趾，北降幽都，東西至日所出入，莫不賓服」；《大戴禮・五帝德》：「北至于幽陵，南至于交趾」；又〈少閒〉云：「朔方幽都來服，南撫交趾，出入日月，莫不率俾」；《荀子・王霸》注引《尸子》云：「堯南撫交趾，北懷幽都，東西至日月之所出入」，並櫽括〈堯典〉文，與此所引略同。

趾，一作阯，趾、阯並从止聲，古音同通用，《爾雅・釋木》注：「出交阯」，〈釋文〉：阯、本作趾」，《後漢書・光武紀》注：「阯與趾同，古字通」是其證。作趾者本字，作阯者借字。

2. 堯曰：「夔一而足矣」，使為樂正。（〈外儲說〉左下）

輝案：此櫽括〈堯典〉文，〈堯典〉曰：「帝曰：『夔、命汝典樂，教胄子』」。〔註35〕

〔註34〕《韓非子集解》。
〔註35〕孔傳本在〈舜典〉。

3. 堯……舉兵而誅殺鯀於羽山之郊。……又舉兵而流共工於幽州之都。
（〈外儲說〉右上）

王先慎曰：「各本流作誅，據《御覽》六百四十五引改，《尚書》、《孟子》並作流。」〔註36〕

輝案：此隳括〈堯典〉文。〈堯典〉曰：「流共工于幽洲，放驩兜于崇山，竄三苗于三危，殛鯀于羽山」。〔註37〕《書》以流、放、竄、殛並舉，皆非死罪，〈僞孔傳〉曰：「殛、竄、放、流，皆誅也」，是也。〈洪範〉曰：「鯀則殛死」，《呂氏春秋‧行論篇》高注引此文而釋之曰：「先殛後死也」，段玉裁曰：「〈夏本紀〉舜行視鯀之治水無狀，乃殛鯀於羽山以死，此語最爲分明，因殛而死，非訓殛爲殺也，《左氏傳》子產曰：『堯殛鯀羽山，其神化爲黃熊，以入于羽淵』，《山海經》曰：『帝命祝融殺鯀于羽郊』，此皆渾舉，不分析之詞，其實則先殛後死，高注明析，韋注《晉語》又云：『殛放而殺也』，《鄭志》答趙商云：『鯀非誅死，鯀放居東裔，至死不得反於朝』」，〔註38〕則殛非訓殺，其義甚明。此言誅殺鯀於羽山之郊者，亦渾舉不分析之詞，猶《山海經》言殺鯀于羽郊也。

4. 妻帝二女而取天下。（〈忠孝〉）

輝案：此隳括〈堯典〉文。〈堯典〉云：「女于時，觀厥刑于二女。釐降二女于嬀汭，嬪于虞」。

第四節　附篇──引《書》見於《逸周書》

1. 《周書》曰：「毋爲虎傅翼，將飛入邑，擇人而食之。」（〈難勢〉）

輝案：此引《周書》文，今見於《逸周書‧寤儆篇》。

〔註36〕 《韓非子集解》。
〔註37〕 孔傳本在〈舜典〉。
〔註38〕 《古文尚書撰異》。

第十七章　《管子》引《書》考

　　《漢書‧藝文志》道家著錄《筦子》八十六篇，今亡〈王言〉，〈正言〉、〈言昭〉、〈修身〉、〈問霸〉、〈牧民〉、〈解問〉、〈乘馬〉、〈輕重丙〉、〈輕重庚〉等十篇。《管子》一書，舊本題管仲撰，然其書龐雜重複，或影附道家以爲高〔註1〕或刻斲隱語以爲怪，〔註2〕書中且記管子臨終對桓公之語，當非管仲一人所自撰，劉恕《通鑑外紀》引《傅子》曰：「管仲之書，過半便是後之好事者所加」，葉適《水心集》曰：「《管子》非一人之筆，亦非一時之書，以其言毛嬙，西施、吳王好劍推之，當是春秋末年」，《四庫提要》亦曰：「今考其文，大抵後人附會，多於仲之本書，其他姑無論，即仲卒於桓公之前，而篇中處處稱桓公，其不出仲手，已無疑義矣」。胡適謂《管子》爲後人取戰國末年法家、儒家、道家之議論，並其他之語併爲一書，又僞造桓公與管仲問答諸篇，雜湊記管仲功業數篇，遂附會爲管仲所作，〔註3〕梁啓超、〔註4〕羅根澤，〔註5〕並以爲《管子》乃戰國至西漢時人之作品。今考其書多言春秋時事，《韓非子‧五蠹篇》稱「藏管商之法者家有之」，則其書先秦已有，其間容有後人所附益，屈萬里先生曰：「戰國時已有此書，惟篇目則未必悉同今本」，〔註6〕其說是也。

　　《管子》一書，凡引《書》四條，其稱舉篇名者一條，所稱舉篇名，爲〈大誓〉一篇。其稱《周書》者一條，所引爲《周書》逸文，篇名無可考。

〔註1〕黃震《日抄》云：「〈心術〉、〈内葉〉等篇，皆影附道家以爲高」。

〔註2〕黃震《日抄》云：「〈侈靡〉、〈宙合〉等篇，皆刻斲隱語以爲怪」。

〔註3〕見《中國哲學史大綱》上卷。

〔註4〕《諸子略考釋》。

〔註5〕《管子探源》。

〔註6〕見《古籍導讀》。

其引《書》文，而不舉篇名，不稱《書》曰者二條，所引爲逸書，篇名皆無可考。徵諸他書所引，則所引逸書二條，其爲《殷書》逸文一條，其爲《夏書》逸文一條。

總計《管子》引《書》四條中，凡引《書》一篇，其篇名爲〈大誓〉，不在伏生二十九篇中，亦不在鄭玄注〈書序〉所云亡書四十二篇，及逸書十六篇之中，其篇蓋亡於戰國末年。

綜考《管子》引《書》四條，可得如下結論：

一、引《書》四條中，稱舉篇名者僅一條，所稱篇名，僅〈大誓〉一篇，此與漢人所稱《書》有百篇者，相去甚遠，此可見先秦《尚書》未必有百篇之數。

二、引《書》四條中，計引《夏書》逸文一條，《殷書》逸文一條，《周書》逸文一條。別有〈大誓〉一條，其篇蓋亡於戰國末年。總此所引四條，今皆不在伏生二十九篇中，此可見《書》之亡逸，遠在先秦他書之上。亦可見《書》有亡逸，確實可信，後儒不信亡書，逸書，而以伏生所傳二十八篇爲備，實有未當。

三、所引〈大誓〉「紂有臣億萬人，亦有億萬之心；武王有臣三千，而一心」，與《左傳》所引「紂有億兆夷人，亦有離德；余有亂臣十人，同心同德」，文義相類，當是同引一文，而諸家輯逸書，皆析以爲二條，殆未允。

四、引《夏書》「禹五年水」，與《墨子》引作「禹七年水」，《荀子》引作「禹十年水」者不同；引《殷書》「湯七年旱」，與《墨子》引作「湯五年旱」者亦異；又引〈大誓〉文，與《左傳》所引，文句亦頗有同異之處；此可見先秦《尚書》未有定本，是以同引一《書》，而文字歧異如此。

以上四點，舉其大端者言，他如古書記數，傳聞各異，〈書序〉分〈大誓〉爲三篇，非先秦舊制，詳具各條，不贅述。

1.〈泰誓〉曰：「紂有臣億萬人，亦有億萬之心；武王有臣三千，而一心。」（〈法禁〉）

輝案：此引《書·大誓》文，字本作〈大誓〉，今作〈泰誓〉者，乃後人所改，說見本書 91 頁，第三章第八節第二條。

《左傳》昭公二十四年引〈大誓〉曰：「紂有億兆夷人，亦有離德；余有亂臣十人，同心同德」，與此所引，文字略異，其義則同，當係同一文。古人計數，每以傳聞不同，故隨文而異；《孟子·盡心》下云：「武王之伐殷也，

革車三百兩，虎賁三千人」，《逸周書・克殷篇》則云：「周車三百五十乘，陳于牧野」，《墨子・明鬼》下則云：「武王以擇車百兩，虎賁之卒四百人，……與殷人戰乎牧之野」，《風俗通・三王》引《尚書》曰：「武王戎車三百兩，虎賁八百人，禽紂于牧之野」，〈書序〉云：「武王戎車三百兩，虎賁三百人，與受戰于牧野」，同記一事，而所言革車、虎賁之數各異；《墨子・七患》引《夏書》曰：「禹七年水」，《管子・山權數》曰：「禹五年水」，《荀子・富國》云：「禹十年水」，同引《夏書》文，而所稱年數各異；《墨子・七患》引《殷書》曰：「湯五年旱」，《管子・山權數》、《荀子・富國》並云：「湯七年旱」，《莊子・秋水》云：「湯之時，八年七旱」，同引《殷書》文，而所稱年數互有同異，皆其明驗。然則《左傳》言武王有亂臣十人，而此言武王有臣三千，不同者，蓋亦傳聞異辭，所引實係一文。江聲以《左傳》所引〈大誓〉之文，為武王誓師之言，列于〈大誓〉中篇；以此所引為史臣贊美武王之辭，列于下篇，〔註7〕此則墨守〈書序〉之失。考先秦典籍每引〈大誓〉之文，皆稱〈大誓〉曰，而未析為上中下三篇；又考《孟子・滕文公》下引〈大誓〉文，則文王伐于之誓，與〈書序〉所錄武王伐紂之〈大誓〉別篇；是先秦典籍所稱〈大誓〉，非專屬一篇之名，凡大會眾以誓，皆謂之〈大誓〉，文王伐于，武王伐紂，皆大會誓眾，其辭皆稱〈大誓〉，非必如〈書序〉所言作〈大誓〉三篇，亦非必如〈書序〉之說，專屬之武王伐紂之辭也。後儒泥於〈書序〉之說，復見後得〈大誓〉有武王觀兵之文，因謂上篇記觀兵之事，中下篇記伐紂之事，失之。屈萬里先生輯〈大誓〉逸文，亦以《左傳》所引〈大誓〉，與《管子》所引析為二條，〔註8〕殆未允。偽古文〈泰誓〉上云：「受有臣億萬，惟億萬心；予有臣三千，惟一心」，襲取《管子》所引〈大誓〉為之；〈泰誓〉中云：「受有億兆夷人，離心離德；予有亂臣十人，同心同德」，襲取《左傳》所引〈大誓〉為之；亦未審二書所引〈大誓〉，實同為一文，而析為二條，分別屬之上篇，中篇，非是。

紂、偽孔作受，紂、受古通，說見第三章第八節第二條。

2. 《周書》曰：「國法。」（〈任法〉）

輝案：此引《周書》逸文。

3. 湯七年旱。（〈山權數〉）

輝案：此引《殷書》逸文。《墨子・七患》引《殷書》曰：「湯五年旱」，與此不同，蓋傳聞異辭。《荀子・富國》云：「湯七年旱」，與此引同。說見第十八章第二節第二條。

4. 禹五年水。（〈山權數〉）

輝案：此引《夏書》逸文。《墨子・七患》引《夏書》曰：「禹七年水」，《荀子・富國》云：「禹十年水」，並引《夏書》逸文，而所稱年數不同，此蓋傳聞異辭，說見本書313頁，第十八章第二節第一條。

第十八章 《墨子》引《書》考

　　《漢書・藝文志》著錄《墨子》七十一篇，內闕有題者八篇，則〈節用〉下、〈節葬〉上、〈節葬〉中、〈明鬼〉上、〈明鬼〉中、〈非樂〉中、〈非樂〉下、〈非儒〉上是也，又闕無題者十篇，今存者五十三篇而已。《漢志》班氏自注云：「名翟，爲宋大夫，在孔子後」，則以《墨子》一書，宋大夫墨翟所撰，《四庫全書總目提要》以其書多稱《子墨子》，而定爲墨子門人之言，孫詒讓亦曰：「《墨子》書，今存五十三篇，蓋多門弟子所述，不必其自著」，〔註1〕今考〈所染篇〉云：「宋康染於唐鞅、佃不禮」，蘇時學云：「宋康之亡當楚頃襄王十一年，上去楚惠王之卒一百四十三年」，〔註2〕汪中亦云：「宋康之滅，在楚惠王卒後一百五十七年，墨子蓋嘗見染絲者而歎之，爲墨之學者，增成其說耳，故本篇稱禽子，《呂氏春秋》并稱墨子」，〔註3〕其言宋康滅亡之年雖異，而謂墨子不及見之則同。又〈親士篇〉云：「吳起之裂，其事也」，蘇時學云：「墨子嘗見楚惠王，而吳起之死當悼王二十一年，上距惠王之卒已五十一年，疑墨子不及見此事，此蓋門弟子之詞也」，〔註4〕汪中亦云：「起之裂，以楚悼王二十一年，亦非墨子之所知也」，〔註5〕蘇、汪之說甚塙，孫詒讓以墨子及見吳起之死，〔註6〕說未允，辨見張純一《墨子閒詁箋・親士篇》。舉此二事，可見《墨子》一書，頗涉墨子身後學，則《四

〔註1〕見《墨子閒詁・墨子後語》上。
〔註2〕《墨子閒詁・所染篇》引。
〔註3〕《墨子序》見《墨子閒詁》附錄。
〔註4〕《墨子閒詁・親士篇》引。
〔註5〕《墨子序》。
〔註6〕說詳《墨子閒詁・親士篇》。

庫提要》及孫氏之說可信。然其書成於戰國，應無可疑。

　　《墨子》全書引《書》凡四十二條，其中〈明鬼〉下引《夏書》、《商書》，《周書》同條，合之則四十四條。此四十四條中，稱舉篇名者二十八條，所稱篇名，計〈距年〉、〈豎年〉、〈相年〉、〈湯誓〉、〈呂刑〉、〈說命〉、〔註7〕〈大誓〉、〈禹誓〉、〈甘誓〉、〔註8〕〈湯誓〉、〔註9〕〈馴天明不解〉、〈咸乂〉、〔註10〕〈湯之官刑〉、〈五子之歌〉、〔註11〕〈仲虺之誥〉、〈三代不國〉、〈召公之非執命〉、〈禹之總德〉、〈子亦〉等十九篇，其中〈距年〉、〈豎年〉、〈相年〉同篇異名，去其二，則爲十七篇。其稱《夏書》者四條，〔註12〕其中一條與〈禹誓〉連稱，去其一，則爲三條，〔註13〕中有但稱《夏書》，而未引其文者一條，其餘所引皆逸書，篇名無可考。其稱《商書》者三條，〔註14〕其中一條但稱《商書》，而未引其文，其餘所引皆逸書，篇名無可考。其稱《周書》者二條，其中但稱《周書》，而未引其文者一條，其別一條所引爲逸書，篇名無可考。其稱《傳》曰者二條，其中一條與〈距年〉連稱，去其一，則爲一條，篇名無可考，案其文意，當是《周書》逸文。其稱《周詩》者一條，其所引篇名，經考定爲〈洪範〉一篇。其引《書》文而未稱舉篇名者一條，其所引篇名，經考定爲〈距年〉一篇。其隱括《書》之文義，而未稱舉篇名，未稱《書》曰者五條，其所引篇名，經考定爲〈大誓〉、〈酒誥〉、〈堯典〉、〈甘誓〉等四篇。

　　總計《墨子》引《書》四十四條中，凡引《書》二十篇，其篇名爲〈堯典〉、〈甘誓〉、〈禹誓〉、〈距年〉、〈湯誓〉、〔註15〕〈說命〉、〔註16〕〈咸乂〉、〔註17〕〈湯之官刑〉、〈五子之歌〉、〔註18〕〈仲虺之誥〉、〈馴天明不解〉、〈三

〔註 7〕　〈術令〉。
〔註 8〕　〈禹誓〉。
〔註 9〕　〈湯說〉。
〔註 10〕　〈禽艾〉。
〔註 11〕　〈武觀〉。
〔註 12〕　或三條，其〈非命〉中引《商夏之書》，未知究爲《夏書》，抑或《商書》。
〔註 13〕　或二條。
〔註 14〕　或四條，其中一條稱《殷書》、一條稱《商夏之書》，未知其究爲《商書》或《夏書》。
〔註 15〕　〈湯說〉。
〔註 16〕　〈術令〉。
〔註 17〕　〈禽艾〉。
〔註 18〕　〈武觀〉。

代不國〉、〈召公之非執命〉、〈禹之總德〉、〈子亦〉、〈大誓〉、〈洪範〉、〈酒誥〉、〈呂刑〉。其在伏生二十九篇者，計〈堯典〉、〈湯誓〉、〈洪範〉、〈酒誥〉、〈甘誓〉、〈呂刑〉等六篇。其在鄭注〈書序〉云逸之十六篇者，計〈五子之歌〉一篇，其在鄭注〈書序〉云亡之四十二篇者，計〈說命〉、〈仲虺之誥〉、〈咸乂〉等三篇。其在〈書序〉百篇之外者，計〈距年〉、〈湯誓〉、〔註19〕〈禹誓〉、〈馴天明不解〉、〈湯之官刑〉、〈三代不國〉、〈召公之非執命〉、〈禹之總德〉、〈子亦〉等九篇。別有〈大誓〉一篇，不在鄭注亡，逸篇中，其篇蓋亡於戰國之世。〈尚賢中〉引〈湯誓〉，未能確定其為百篇之外，疑事毋質，故以為〈湯誓〉逸文。

綜考《墨子》引《書》四十四條，可得結論如下：

一、《墨子》引《書》凡二十篇，其在百篇之外者凡九篇，居二分之一，《左傳》所引《書》，雖亦有在百篇之外者，然未若《墨子》所引如此之多，此可見儒、墨所傳《書》，本各有異。又《左傳》、《墨子》多引百篇之外《書》，此可見《漢志》言孔子篡《書》百篇，且為之序，其說不可信。

二、《墨子》一書引《書》稱舉篇名者十七篇，與漢人稱《書》有百篇者，相去甚遠，此可見先秦《尚書》未必有百篇之數。又十七篇中，在百篇之外者凡九篇，此可見《書》不必以〈書序〉所列百篇為備。

三、《墨子》引《書》四十四條，其中未引其文者三條，去其三，所餘四十一條中，引《書》逸文者六條，引《書》在百篇之外者十三條，引鄭注〈書序〉云逸，而今亡者一條，引鄭注〈書序〉云亡者五條，別有〈大誓〉八條，其文蓋亡於戰國末期。總此三十三條，其文今皆不在伏生二十九篇中，此可見《書》之亡逸，遠在先秦其他典籍之上。

四、《墨子》引《書》稱《夏書》、《商書》、《周書》，〈明鬼〉下又言《尚書·夏書》、其次《商周之書》，而不數《虞書》。此與《左傳》分《書》為《虞書》、《夏書》、《商書》、《周書》四類者不同，與馬鄭以虞夏同科者亦有別。此可見馬鄭本《尚書》以虞夏同科者，非《書》之舊制，且可見孔、墨所傳《書》，本各有異。

五、《墨子》引《書》有同名而異篇者，如〈明鬼〉下、〈兼愛〉下同引〈禹誓〉、而前者見於〈甘誓〉，與後者別篇。〈尚賢〉中、〈兼愛〉下同引〈湯誓〉，而後者為湯告天禱雨之誓，與前者別篇。此可見先秦《尚書》，篇名本

〔註19〕　〈湯說〉。

無定稱，其稱〈湯誓〉、〈禹誓〉，初但泛稱湯之所誓，禹之所誓，非專屬一篇之名，其後伏生傳之，〈書序〉錄之，乃成爲專名耳。

六、《墨子》一書，數篇同引一《書》，而文字互異者，凡有四條。其中或以音同相借，或以形近致譌，或以義近通用，或以作者之意增減文字。此可見先秦《尚書》未有定本，且可見墨子之後，墨分爲相里氏、相夫氏、鄧陵氏三家，而各家所傳之本互有不同。

七、《墨子》引《書》四十四條，其中引〈呂刑〉三條，與今本〈呂刑〉，及《禮記・緇衣》所引〈甫刑〉，文句頗有出入。所引〈湯誓〉，與《論語・堯曰》所引，文句亦略有不同。所引〈甘誓〉，與今本〈甘誓〉，文句亦不盡相同，且以爲禹伐有扈誓師之辭，與今〈書序〉言啓伐有扈者亦有別，又《墨子》引《詩》十一條，除二條引《書》文而稱詩者外，其餘九條，亦與今《毛詩》有出入，此可見孔、墨所授《詩》《書》，本各有異。

八、《墨子》引《書・五子之歌》稱〈武觀〉，〈咸乂〉稱〈禽艾〉，〈說命〉稱〈術令〉，〈大誓〉或稱〈大明〉，或稱〈太子發〉，〔註20〕〈甘誓〉稱〈禹誓〉，〈洪範〉稱〈周詩〉，與〈書序〉及他書所引篇名，皆有不同，此可見先秦《尚書》，篇名未有定稱，非僅文字之歧異而已也。

以上八點，舉其大端者言，他如今古文《尚書》之異文，《詩》《書》互稱之例，秦改《尚書》之迹，詳具各條，不贅述。

第一節　引《書》稱舉篇名

1. 此聖王之道，先王之書，〈距年〉之言也，傳曰：「求聖君哲人，以裨輔而身。」（〈尚賢〉中）

孫詒讓曰：「此下篇云：『睎夫聖武知人，以屏輔爾身』，文義較詳備，此約述之，裨輔不當有聖君，君蓋亦武之譌。」

輝案：此隱括《書・距年》文。〈書序〉無〈距年〉。《墨子》一書引〈先王之書〉者十六條，其下所引皆爲篇名，其中七條所引篇名，今在〈書序〉百篇中，〔註21〕以此例之，則〈距年〉蓋亦《書》之篇名。考《墨子》所引《書》，其篇名不見於〈書序〉百篇者，凡十五條：

〔註20〕〈去發〉。
〔註21〕說見第一章第二節。

（1）〈距年〉（〈尚賢〉中）

（2）〈豎年〉（〈尚賢〉下）

（3）〈相年〉（〈尚同〉中）

（4）〈術令〉（〈尚同〉中）

（5）〈禹誓〉（〈兼愛〉下）

（6）〈湯說〉（〈兼愛〉下）

（7）〈馴天明不解〉（〈天志〉中）

（8）〈禽艾〉（〈明鬼〉下）

（9）〈湯之官刑〉（〈非樂〉上）

（10）〈武觀〉（〈非樂〉上）

（11）〈三代不國〉（〈非命〉中）

（12）〈召公之執令〉（〈非命〉中）

（13）〈禹之總德〉（〈非命〉下）

（14）〈去發〉（〈非命〉下）

（15）〈子亦〉（〈公孟〉）

其中〈術令〉，依孫詒讓說，即〈說命〉；〈禽艾〉，依陳夢家說，即〈咸艾〉；〈武觀〉，依惠棟說，即〈五子之歌〉；〈去發〉，依俞樾說，即〈太誓〉；〔註22〕其餘十一篇，皆在百篇之外，則漢人以《書》百篇爲備之說，其譌甚明。

〈尚賢〉下引〈豎年〉之言云：「晞夫聖武知人，以屛輔而身」，與此文略同，而視此詳備。距古音在第五部，豎在第四部，二字旁轉相通。則〈距年〉之言，即〈豎年〉之言，孫詒讓謂此約述下篇〈豎年〉之文，是也。僞古文〈伊訓〉云：「敷求哲人，俾輔于爾後嗣」，襲取此櫽括〈距年〉之文爲之。

2. 〈湯誓〉曰：「聿求元聖，與之勠力同心，以治天下。」（〈尚賢〉中）

輝案：此引〈湯誓〉逸文。〈書序〉有〈湯誓〉，今在伏生二十九篇中。考先秦典籍引伏生二十九篇，逸文者凡九條：

（1）〈康誥〉曰：「父不慈，子不祇，兄不友，弟不共，不相及也。」（《左傳》僖公三十三年）

（2）〈康誥〉曰：「父子兄弟，罪不相及。」（昭公二十年）

（3）《商書》曰：「惡之易也，如火之燎于原，不可鄉邇，其猶可撲滅？」

（隱公六年）

（4）《商書》所謂惡之易也，如火之燎于原，不可鄉邇，其猶可撲滅。（莊公十四年）

（5）〈湯誓〉曰：「余一人有罪，無以萬夫，萬夫有罪，在余一人。」（《國語・周語》上）

（6）雖〈湯說〉即亦猶是也，湯曰：「惟予小子履，敢用玄牡，告於上天后，曰：『今天大旱，即當朕身履，未知得罪于上下，有善不敢蔽，有罪不敢赦，簡在帝心，萬方有罪，即當朕身，朕身有罪，無及萬方。』」（《墨子・兼愛》下）

（7）曰：「予小子履，敢用玄牡，敢昭告于皇天后帝，有罪不敢赦，帝臣不蔽，簡在帝心，朕躬有罪，無以萬方，萬方有罪，罪在朕躬。」（《論語・堯曰》）

《集解》：「孔曰：『《墨子》引〈湯誓〉，其辭若此。』」

（8）昔者湯克夏而正天下，天大旱，五年不收，湯乃以身禱於桑林，曰：「余一人有罪，無及萬夫，萬夫有罪，在余一人，無以一人之不敏，使上帝鬼神傷民之命。」（《呂氏春秋・順民》）

（9）〈湯誓〉曰：「聿求元聖，與之勠力同心，以治天下。」（《墨子・尚賢》中）

以上九條，其中第（2）條乃檃括第（1）條之文；第（3）（4）條，同引〈盤庚〉逸文；第（5）（6）（7）（8）條，文字相近，第（6）條，依《論語集解》引孔安國說，亦係〈湯誓〉文，第（8）條則襲取第（5）（6）二條之文爲之。夫伏生二十九篇，其文見在，非如鄭注〈書序〉所云逸書、亡書之比，而先秦典籍乃載其逸文者，蓋先秦《尚書》，自孔子以後，屢經整理改動，是以文字每有增損，先秦尚書未有定本者，職是之故。至若改動之由，厥有四端：〔註23〕

一、文辭與當代禮俗相違而改

（1）〈堯典〉曰：「咨十有二牧」，乃秦所改。秦俗尚六，《史記・秦始皇本紀》云：「數以六爲紀，符法冠皆六寸，而輿六尺，六尺爲步，乘六馬，」皆以六爲制，或以六之倍數爲制，〈秦始皇本紀〉又曰：「分天下以爲三十六

〔註23〕錯簡及傳寫時誤衍誤奪者，非有意改動，茲不述。

郡」，又曰：「銷以爲鍾鐻金人十二」。先秦典籍但言九牧，《左傳》宣公三年引王孫滿曰：「貢金九牧，鑄鼎象物」，《逸周書‧度邑篇》云：「九牧之師見于殷郊」，是〈堯典〉本作九牧，秦乃改爲十二牧。陳夢家曰：「十二牧于先秦本作九牧，則並四岳九官適二十二人」，〔註24〕其說至允。

（2）〈堯典〉曰：「封十有二山，濬川」，亦秦所改。先秦典籍但言九山，《周語》下云：「封崇九山」，《呂氏春秋‧有始篇》云：「地有九州，土有九山」，《周禮‧職方氏》以九山分屬九州，《左傳》昭公四年亦以九山分屬九州。《史記‧封禪書》曰：「及秦并天下，令祠官所常奉天下名山大川鬼神可得而序也。于是自殽以東名山五，大川祠二，……自華以西名山七，名川四」，則秦祠官所常奉名山十二，名川六，與秦俗尚六者合。陳夢家曰：「先秦本十二牧，當作九牧，亦猶十二山之本作九山」，〔註25〕其說可信。

（3）〈堯典〉曰：「肇十有二州」，亦秦所改。先秦典籍但言九州，《左傳》襄公四年引〈虞人之箴〉曰：「芒芒禹迹，畫爲九州」，《楚辭‧大司命》云：「紛總總兮九州」，〈禹貢〉、《呂氏春秋‧有始篇》、《周禮‧職方氏》並有九州之名，而《呂氏春秋‧有始篇》又云：「天有九野，地有九州」，《周禮‧保章氏》亦云：「以星土辨九州之地」。秦俗尚六，乃改爲十二州，陳夢家曰：「十二州者，亦猶十二牧，十二山之當本作九州」，〔註26〕其說是也。

二、文辭與當代法令抵觸而改

（1）《左傳》昭公二十年引〈康誥〉曰：「父子兄弟，罪不相及」，今《尚書‧康誥》無此語。《史記‧秦本紀》云：「法初有三族之罪」，《集解》引張晏曰：「父母兄弟妻子也」。〈秦本紀〉又曰：「誅三父等而夷三族」，是秦法誅及三族，陳夢家曰：「《左傳》引〈康誥〉語，與秦法抵觸，故去之」，〔註27〕說甚允。

（2）〈甘誓〉云：「用命賞于祖，弗用命戮于社。予則孥戮汝」，末句不見于《墨子‧明鬼》下所引〈禹誓〉。《漢書‧文帝紀》元年云：「盡除收帑相坐律令」，注引應劭曰：「帑、子也。秦法一人有罪，并其室家，今除此律」。帑、孥並從奴聲，古音同通用，《書‧湯誓》「予則孥戮汝」，《史記‧殷本紀》

〔註24〕見《尚書通論》第 137 頁。
〔註25〕見《尚書通論》第 137 頁。
〔註26〕見《尚書通論》第 138 頁。
〔註27〕見《尚書通論》第 144 頁。

作「予則帑僇女」，是其證。賈誼〈過秦論〉言二世時猶未除去收帑汙穢之罪，《漢書‧王莽傳》中云：「秦為無道，……置奴婢之市，與牛馬同蘭，制於民臣，顓斷其命。……《書》曰：『予則奴戮女』，唯不用命者，然後被此皋矣」，孥從奴聲，孥、奴古音同通用。然則秦之法，一人有罪，誅及室家。陳夢家曰：「漢本末句，義與『用命戮于社』相重，是必秦儒因秦法而增」，〔註28〕其說可信。

（3）〈湯誓〉曰：「爾不從誓言，予則孥戮汝，罔有攸赦」，孫星衍曰：「《史記‧秦始皇本紀》：『二十六年，于是急法，久者不赦』，是不赦亦秦法」，〔註29〕陳夢家曰：「由《墨子》所引〈甘誓〉無『予則孥戮汝』，知此為秦儒所增，則末句亦秦儒所增」，〔註30〕說可信。

三、傳說相異而改

（1）《墨子‧七患》引《夏書》曰「禹七年水」，《荀子‧富國》引作「禹十年水」，《管子‧山權數》引作「禹五年水」，此則傳說異辭，各依傳聞而改。

（2）《墨子‧七患》又引《殷書》曰「湯五年旱」，《荀子‧富國》引作「湯七年旱」，《管子‧山權數》引同，此亦各據傳聞而改。

（3）〈書序〉云：「啟與有扈戰于甘之野，作〈甘誓〉」，《墨子‧明鬼》下引〈禹誓〉，與〈甘誓〉文同，而以為禹伐有扈時誓師之辭。《呂氏春秋‧召類》、《莊子‧人間世》並云禹攻有扈，與《墨子》說同。《呂氏春秋‧先己》則又云夏后相與有扈戰於甘澤，此亦傳說異辭，各本傳聞。

四、二篇相次，後世不察，誤合為一，且又從而附益

（1）《左傳》、《荀子》並引〈康誥〉文，而或稱〈康誥〉，或稱《周書》曰。考《左傳》引〈康誥〉文，今不在〈康誥〉，〔註31〕而今在〈康誥〉者，則《左傳》引稱《周書》，〔註32〕《荀子》引稱《書》曰。〔註33〕蓋今〈康誥〉之文，春秋之時，或分屬〈康誥〉及《周書》別篇，秦時，刪其與秦法抵觸者，因整理而合為一篇，說見本書128頁，第五章第一節第一條。

〔註28〕見《尚書通論》第145頁。
〔註29〕《尚書今古文注疏》。
〔註30〕見《尚書通論》第145頁。
〔註31〕僖公三十三年、昭公二十年。
〔註32〕僖公二十三年、宣公六年、十五年、成公二年、八年、十六年、昭公八年。
〔註33〕〈富國〉、〈君道〉、〈致士〉、〈宥坐〉。

　　（2）西周金文，每一冊命多以「王若曰」發端，冊命長者則分數節，其第二節以下，皆稱「王曰」，絕無重出「王若曰」者，〔註34〕以是例之，今伏生二十九篇中，其重出「王若曰」者，計有四篇，則〈康誥〉、〈立政〉、〈多方〉、〈多士〉是也。其〈康誥〉末節之「王若曰」，或係「王曰」之誤，〔註35〕去此不計，其餘三篇蓋皆為二篇分立之冊命，後人不察，乃誤合為一。觀〈立政〉前半乃周公誥成王之辭，故以「周公若曰」發端，後半則周公命大史、司寇、蘇公之辭，故復以「周公若曰」開端，二者於形式、內容言之，皆為兩不相屬之命書。又考〈多方〉與〈多士〉之前半，內容相似，皆言周之代殷，猶成湯之代夏；〔註36〕〈多方〉與〈多士〉之後半，內容亦相類，皆勸多士定居之辭。陳夢家因謂此二篇各為獨立之命書，〈多方〉本但有前半，其後半以「王若曰」發端者，乃後人因〈多士〉之後半而附益。〈多士〉本但有後半，其前半以「王若曰」發端者，亦後人以〈多方〉前半而附益，〔註37〕說至允當。

　　又考先秦典籍引〈湯誓〉文凡六條，其見於《國語・周語》、《墨子・兼愛》下、〈尚賢〉中、《論語・堯曰》、《呂氏春秋・順民》等五條，已如上述，皆不見於今傳〈湯誓〉，別有《孟子・梁惠王》上所引〈湯誓〉「時日害喪，予及女皆亡」一條，則見於今〈湯誓〉。夫先秦典籍所引〈湯誓〉之文，今存者少，亡逸者多，此可疑者一。《墨子》引〈湯誓〉而稱〈湯說〉，《論語・集解》引孔安國說，則以為《墨子》引〈湯誓〉，其辭若此。審之文義，則為湯禱雨之辭，與〈書序〉以為湯伐桀時誓師之辭者異，此可疑者二。《論語》引〈湯誓〉，未稱舉〈湯誓〉之名，以文意審之，則為湯之禱辭無疑，文辭與《墨子》所引〈湯說〉之辭大同小異，蓋亦湯禱雨之辭也。然《集解》引孔安國曰：「《墨子》引〈湯誓〉，其辭若此」，與今《墨子》稱〈湯說〉者異，此可疑者三。《國語・周語》引〈湯誓〉，與《墨子》、《論語》所引，雖同為責己之義，而文辭則頗有相異之處，韋昭注云：「〈湯誓〉、《商書》，伐桀之誓也，今〈湯誓〉無此言，則已散亡矣」，則以為湯伐桀之辭，而非禱雨之辭，此可

〔註34〕說本陳夢家，見《尚書通論》第 167 頁。

〔註35〕陳夢家說。

〔註36〕〈多士〉「自成湯至于帝乙，罔不明德恤祀」〈多方〉「乃惟成湯克以爾多方，簡代夏作民主，慎厥麗乃勸，厥民刑用勸，以至于帝乙，罔不明德慎罰，亦克用勸」。

〔註37〕說詳《尚書通論》第 168 頁。

疑者四。《呂氏春秋》引〈湯誓〉，未稱〈湯誓〉之名，文與《國語》所引〈湯誓〉之辭大同小異，而以爲湯禱雨之辭，與〈書序〉以爲伐桀之辭者異，此可疑者五。今文〈湯誓〉一百四十四字，首尾完好，文義連屬，應無闕逸，而《墨子》引〈湯說〉六十一字，《論語》引〈湯誓〉四十五字，今〈湯誓〉即有闕逸，亦不應多至如此，此可疑者六。考《墨子》二引〈禹誓〉文，其〈兼愛〉下所引，審諸文義，則爲禹伐苗之辭；〈明鬼〉下所引，今見於〈甘誓〉，蓋以其戰於甘之野，故以〈甘誓〉名篇，以其爲禹之誓辭，故或稱〈禹誓〉，然則〈禹誓〉云者，乃泛稱禹之所誓，非專屬一篇之名。禹之所誓，蓋亦多矣，今典籍所存者，僅此二條而已，以是推之，則〈湯誓〉蓋亦泛稱湯之所誓，非專屬一篇之名也。湯之所誓，蓋亦甚夥，今典籍所存者，僅此六條而已。其伐桀之誓，則今傳〈湯誓〉及《孟子》所引是已；其禱雨之辭，則《墨子》、《論語》、《呂氏春秋》、《國語》載其逸文。考古籍言誓之用有二，一則誓於師旅，《書・甘誓》、〈湯誓〉、〈牧誓〉、〈大誓〉皆是也；一則誓於祭祀，《禮記・郊特牲》云：「卜之日，王立於澤，親聽誓命，受教諫之義也」，鄭玄注曰：「既卜，必到澤宮，擇可與祭祀者，因誓勅之以禮也」，此祭祀之誓也。其禱雨之祭，《春秋》多見，《穀梁傳》僖公十一年云：「雩、得雨曰雩，不得雨曰旱」，定公元年注引禱雨之辭云：「方今大旱，野无生稼，寡人當死，百姓何謗，不敢煩民請命，願撫萬民，以身塞无狀」，皆責己之失，求天撫佑萬民之義，與《墨子》、《論語》、《呂氏春秋》、《國語》所引之辭相類。然則湯伐桀誓師之辭，可稱〈湯誓〉；湯禱雨告天之辭，亦可稱〈湯誓〉。孔安國云：「《墨子》引〈湯誓〉，其辭若此」，非必謂伐桀之辭，此所稱〈湯誓〉，蓋亦泛稱耳，其後湯之誓辭多亡逸，僅伐桀之誓，完好無缺，伏生傳之，〈書序〉錄之，遂以爲專名矣。以其本爲泛稱，故《墨子・兼愛》下引稱〈湯說〉，稱說者，《周禮・大祝》言大祝掌六祈以同鬼神示，六曰說，是說、誓同義，皆可用於祈神告天。阮元《論語校勘記》引孫志祖云：「今《墨子・兼愛篇》作〈湯說〉，疑說字正誓字之訛」，然誓、說二字，形不相近，無由相亂。韋昭注《國語》云：「〈湯誓〉、伐桀之誓」，王鳴盛謂〈湯誓〉所以有二篇，乃所以重言申明其義，〔註38〕毛子水先生謂〈湯誓〉乃後之擬作，故《墨子》引〈湯誓〉不見于今本，蓋擬作可有二篇、三篇，〔註39〕皆依於《書・湯誓》

〔註38〕《尚書後案》。
〔註39〕見〈湯誓講義〉，載《文史雜志》一卷八期。

爲專名而立說，未允。閻若璩以《國語》、《墨子》所引〈湯誓〉，別自爲一篇，〔註40〕陳夢家以〈湯誓〉爲湯之誓辭，非一篇之專名，〔註41〕說至允當。

今僞古文〈湯誥〉云：「聿求元聖，與之戮力」，襲取此引〈湯誓〉之文爲之。至若此〈湯誓〉之辭，爲伐桀之誓？禱雨之辭？抑或別有湯之所誓？則於文無徵，無可考知矣。

3. 先王之書，〈呂刑〉道之曰：「皇帝清問下民，有辭有苗，曰：群后之肆在下，明明不常，鰥寡不蓋，德威維威，德明維明，乃名三后，恤功於民，伯夷降典，哲民維刑，禹平水土，主名山川，稷隆播種，農殖嘉穀，三后成功，維假於民。」（〈尚賢〉中）

輝案：先秦典籍多引〈呂刑〉之文，或作〈甫刑〉，或作〈呂刑〉，呂、甫古音同通用，呂本字，甫借字，說見本書97頁，第三章第十節第一條。

《墨子》引《書》，或稱「之言」，或稱「之道」，或稱「之書」，其稱「道之」者，僅此及〈尚賢〉下「〈周頌〉道之」二見，考〈尚同〉中引〈呂刑〉稱〈呂刑〉之道，引〈周頌〉稱〈周頌〉之道，以此例之，此當本作〈呂刑〉之道，〈尚賢〉下當作〈周頌〉之道，蓋傳寫誤倒。

皇帝清問下民十字，孔傳本在鰥寡不蓋下，無曰字。與《墨子》引異。江聲云《正義》言鄭玄以皇帝哀矜庶戮之不辜，至罔有降格，皆說顓頊之事，皇帝清問以下，乃說堯事，然則鄭君之本，降假下即接皇帝清問云云，與《墨子》所引適合，自是古文如此。〔註42〕江說是也，鄭本《尚書》作〈呂刑〉，與《墨子》引同，而與今文稱〈甫刑〉者異，說見第三章第十節第一條。則孔傳本蓋據今文《尚書》改易。《孟子·盡心》下趙注引〈甫刑〉曰：「帝清問下民」，帝上無皇字，稱〈甫刑〉，與鄭本異，蓋今文《尚書》如此。「有辭」上，孔傳本有「鰥寡」二字，《墨子》引無，江聲謂此二字僞孔所增，考《三國志·鍾繇傳》引《書》云：「皇帝清問下民，鰥寡有辭于苗」，與孔傳本同，陳喬樅曰：「鍾繇時，〈僞孔傳〉尚未出，而所引有鰥寡二字，自是《尚書》原文如此」，〔註43〕是也。

有苗，孔傳本作于苗，鄭注云：「下云有辭于苗，異代別時，非一事也」，

〔註40〕《古文尚書疏證》第十九條。
〔註41〕《尚書通論》第188頁。
〔註42〕說見《尚書集注音疏》。
〔註43〕《今本尚書經說考》。

〔註44〕是鄭本作于苗，孔傳本承用之。有、于同屬爲紐，古雙聲通用。《墨子‧非命》上引〈仲虺之告〉「我聞于夏」，〈非命〉中引作「我聞有夏」，是其例。

肆，孔傳本作逮，肆、逮並从隶聲，古音同通用，逮本字，肆借字。

不，孔傳本作棐，棐不古音同屬幫紐，古相通用。棐从非聲，棐即非之借字，非不古亦通用，說見本書 100 頁，第三章第十一節第一條。孫詒讓謂棐乃匪之假字，〔註45〕未允，作不者本字，作棐者借字。

不蓋，孔傳本作無蓋，不無通用，說見本書 146 頁，第五章第二節第二十條。

「德威維威，德明維明」，《禮記‧表記》引〈甫刑〉，維作惟，與孔傳本同。維惟並从隹聲，古音同通用，《漢書‧地理志》「惟菑其道」，注云：「惟字今作維」，《詩‧烈祖》「維民所止」，《禮記‧大學》、《書‧大傳》引並作「惟民所止」，是二字互用之證。威、孔傳本作畏，威畏音同通用，說見本書 100頁，第三章第十節第三條。

名，孔傳本作命。名命同屬明紐，韻則名在第十一部，命在第十二部，旁轉相通。《廣雅釋詁》三、《國語‧魯語》「黃帝能成命百物」注、《史記‧天官書》「以其舍命國」《正義》並云：「命、名也」，皆以叚借義釋之，《左傳》桓公二年「命之曰仇」，《漢書‧五行志》中之上引作「名之曰仇」，昭公元年「余命而子曰虞」，〈地理志〉下引作「余名而子曰虞」，是二字互用之證。

伯夷降典，孔傳本同，《尚書大傳》引《書》曰：「伯夷降典禮，折民以刑」，〔註46〕典下有禮字，陳喬樅曰：「此當是歐陽《尚書》本也，《漢書‧刑法志》引《書》無禮字，折民以刑作惄民惟刑，當爲夏侯《尚書》本」。〔註47〕

哲民維刑，孔傳本作折民惟刑，馬融曰：「折、智也」，〔註48〕則馬本作折，孔傳本承用之。哲从折聲，二字古音同通用。《三國志‧步騭傳》云：「明德慎罰，哲人惟刑，《書傳》所美」，字作哲，與《墨子》引同。《尚書大傳》引《書》曰「折民以刑」，《潛夫論‧志姓氏篇》作「折民惟刑」，字並作折，與古文《尚書》同。折、一本作惄，《漢書‧刑法志》引《書》曰：「惄民惟刑」。班氏釋之曰：「言制禮以止刑，猶隄之防溢水也」，段玉裁曰：「按惄當

〔註44〕《尚書正義》引。
〔註45〕《墨子閒詁》。
〔註46〕《太平御覽》六百三十五引。
〔註47〕《今文尚書經說考》。
〔註48〕《尚書釋文》引。

作折，班意以制止訓折，正同《大傳》說，淺人用馬鄭本改折作悊，小顏又取馬鄭說注之，殊失班意」，〔註49〕段說甚允，今文《尚書》作折，與古文《尚書》同，後人見馬融訓折爲智，《墨子》引作悊。《說文》悊悊一字，〔註50〕乃改折爲悊，師古緣誤本作注，非是。折、一本作制，陶潛《四八目》引作「制民惟刑」，折制同屬照紐，韻則同在第十五部，古音同通用，《論語・顏淵》「片言可以折獄者」，鄭注：「魯讀折爲制，今從古」，《文選・羽獵賦》「不折中以泉臺」，李善注引韋昭曰：「制或爲折」，此二字互用之證，字作制者本字，作折、悊（悊）者皆借字也。維、孔傳本作惟，二字通用，說見上。惟、《大傳》引作以，惟以同屬喻紐，古雙聲通用。

隆、孔傳本作降。隆从降聲，二字同音通用，《詩・彼都人士》箋「無隆殺也」，《釋文》：「隆、俗本作降」，《禮記・喪服小記》注「以不貳降」，《釋文》：「降本作隆」，是二字互用之證。此作降者本字，隆者借字。〈非攻〉下「天命融隆火」，隆亦降之借。

假，孔傳本作段。王鳴盛曰：「疑隸變相似而誤」，〔註51〕考假从叚聲，古或即以叚爲之，叚與段形近而譌，叚譌字，段正字，王說是也。畢沅曰：「假、一本作段」，〔註52〕王應麟《漢書藝文志考證》引《墨子》作假，則宋本已譌，孫詒讓謂今本或作段，乃據孔書改，非其舊，說未允。段之譌爲叚，猶「周田」之譌作「害申」也，說見本書105頁，第三章第十一節第十三條。

4. 於先王之書，〈呂刑〉之書然，王曰：「於，來，有國有土，告女訟刑，在今而安百姓，女何擇言人，何敬不刑，何度不及。」（〈尚賢〉下）

　　輝案：於，孔傳本作吁，《釋文》引馬融本作于，云：「于、於也」。吁从于聲，于屬爲紐，與於古同歸影紐，韻則同在第五部，古音同通用，《說文》、《詩・采蘩》「于沼于沚」傳，《爾雅・釋詁》、馬融《書注》並云：「于，於也」，皆以叚借義釋之，《書・召誥》「攻位于洛汭」，《周禮・天官》序官注引作「攻位於雒汭」，《禮記・喪大記》「遷尸于堂」，《儀禮・士喪禮》注引作「遷尸於堂」，此二字互用之證，作于者本字，作吁者後起俗字，作於者借字。《史記・周本紀》作「吁、來」，與孔傳本同。

〔註49〕《古文尚書撰異》。
〔註50〕見口部。
〔註51〕《尚書後案》。
〔註52〕《墨子閒詁》引。

國、孔傳本作邦，《說文》云：「邦、國也」，〈周本紀〉亦作「有國有土」，與《墨子》引同。

告女訟刑，孔傳本作「告爾祥刑」，女爾古通，說見第三章第八節第一條。《後漢書・劉愷傳》「非先王詳刑之意也」，注云：「《尚書》周穆王曰：『有邦有土，告爾詳刑』，鄭玄注云：『詳、審察之也』」，是鄭本作詳。《文選》王仲宣〈從軍詩〉「司典告詳刑」，李善注引《尚書》曰：「王曰：『有邦有土，告爾詳刑』」，則孔傳本亦本作詳，段玉裁曰：「古文、今文、鄭本、孔本皆作從言之詳，顏籀、李善之注可證也。古祥詳多通用，蓋偽孔本亦作詳，而讀爲祥，後徑改作祥，非也。《史記・周本紀》作祥者淺人所改也，〔註53〕《易・履》「視履考祥」，《釋文》：「祥本亦作詳」，《荀子・成相》「百家之說誠不詳」，注：「詳或爲祥」，此二字古通之證，《偽孔傳》云：「告汝以善用刑之道」，以善訓詳，此讀詳爲祥也，後世遂改詳爲祥，並據改《史記》，段說是也。訟、詳同屬邪紐，古歸心紐，韻則訟在第九部，詳在第十部，旁轉相通。王鳴盛曰：「《墨子》作訟，從詳而傳寫誤」，〔註54〕訟、詳形不相近，無由譌亂，說未允。

而，孔傳本作爾。而、爾同屬日紐，古歸泥紐，古雙聲通用。古書用而、爾、女、汝、若、乃爲人稱，皆叚借義，今作你，則後起本字，與而、爾等字同屬泥紐。

言人，孔傳本作非人。王引之曰：「言當爲否，篆書否字作𠤬，言字作𠱾，二形相似。……故否誤爲言，否與不古字通」，〔註55〕否从不聲，不本字，否後起俗字，不、否、非古同屬幫紐，故相通用。《漢書・蕭望之傳》集注引服虔曰：「非、不也」，以叚借義釋之。《儀禮・士相見禮》「主人對曰：『某不敢爲儀』」，注：「今文不爲非」，此二字互用之例。段玉裁曰：「言人當是吉人之譌，……承上苗民罔擇吉人言之」，〔註56〕考先秦典籍引《書》，文字相異者凡有四例，一曰音同借用，二曰義近互用，三曰形近而譌，四曰增損文字，〔註57〕漢世所傳《書》，雖有孔氏古文與三家今文之分，其文字則大同小異，至其相異之處，蓋亦不外此四例，以其《書》，雖云或出之口授，或出之壁中，而皆傳自先秦故也，然則《墨子》所引《書》，與漢世所

〔註53〕《古文尚書撰異》。
〔註54〕《尚書後案》。
〔註55〕《墨子閒詁》引。
〔註56〕《古文尚書撰異》。
〔註57〕說詳第三章第十一節第十三條。

傳《書》，其文字相異者，亦不外此四例。段氏以言人爲吉人之譌，於義雖可通，然與今傳《尚書》作非者，則兩不相涉矣，仍以王氏之說爲長。《潛夫論・本政》引《書》曰「何擇非人」，字作非，與孔傳本同。〈周本紀〉作「何擇非其人」，亦作非，是今古文《尚書》無異。

　　不刑，孔傳本作非刑，非不通用，說見上。《史記・周本紀》作「何敬非其刑」，字作非，與孔傳本同。

　　何度不及，孔傳本作「何度非及」。〈周本紀〉作「何居非其宜與」，度、居同屬第五部，古疊韻通用，《周禮・縫人》注引《書》曰「分命和仲度西曰柳穀」，《正義》：「度亦居也」，此以段借義釋之。馬融曰：「度、造謀也」，〔註58〕是馬本作度，與《墨子》引同，孔傳本承用之，今文《尚書》作居，度者本字，居者借字。

5. 於先王之書，〈豎年〉之言然，曰：「晞夫聖武知人，以屏輔而身。」（〈尚賢〉下）

　　輝案：此引《書・豎年》文。〈尚賢〉中引〈距年〉之言云：「求聖君哲人，以裨輔而身」，檃括此文爲之，豎距音近通用。說見本節第一條。

6. 是以先王之書，〈呂刑〉之道曰：「苗民否用練，折則刑，唯作五殺之刑曰法。」（〈尚同〉中）

　　輝案：否用練，孔傳本作弗用靈，《禮記・緇衣》引作匪用命。弗、匪、否通用，否者不之後起字，弗匪皆不之借字。靈、練、命通用，靈爲本字，作練命者借字，說見第三章第十一節第一條。

　　折則刑，孔傳本、〈緇衣〉引並作制以刑。制折通用，制本字，折借字，說見第三條。則、以同屬第一部，古疊韻通用。以、本字，則、借字。

　　唯、孔傳本、〈緇衣〉引並作惟，唯惟並從隹聲，古同音通用，《荀子・大略》「惟惟而亡者誹也」注：「惟讀爲唯」，是其例。

　　五殺之刑，孔傳本、〈緇衣〉引並作五虐之刑，《左傳》昭公十四年疏云：「虐是殺害之名」，虐殺義近，《墨子》蓋用訓故字也。

7. 是以先王之書，〈術令〉之道曰：「唯口出好興戎。」（〈尚同〉中）

　　孫詒讓曰：「〈術令〉當是〈說命〉之段字，《禮記・緇衣》云：『〈兌命〉曰：「唯口起羞，惟甲冑起兵，惟衣裳在笥，惟干戈省厥躬」』，鄭注云：『兌

當為說，謂殷高宗之臣傅說也，作《書》以命高宗，《尚書》篇名也』。案此文與彼引〈兌命〉，辭義相類，術說、令命音並相近，必一書也。」〔註59〕

輝案：此櫽括《書‧說命》文。〈書序〉有〈說命〉三篇，戰國之世已亡，《禮記‧緇衣》引其佚文，此則櫽括其文耳。僞古文〈大禹謨〉云：「惟口出好興戎」，襲取此引〈術令〉文為之，又襲取〈緇衣〉所引〈說命〉文，以僞〈說命〉中，不知二者實出一書，疏謬殊甚。術說同屬第十五部，古疊韻通用。《釋名‧釋言語》：「說、述也」，此以叚借義釋之。《詩‧定之方中‧釋文》引《鄭志》：「說、或曰述」，術述並从朮聲，術之通說，猶述之通說。命、令同音轉注，說見第三章第十一節第一條。〈術令〉即〈說命〉，孫說是也。

8. 是以先王之書，〈相年〉之道曰：「夫建國設都，乃作后王君公，否用泰也；輕大夫師長，否用佚也，維辯使治天均。」（〈尚同〉中）

畢沅曰：「〈相年〉當為〈距年〉。」〔註60〕

輝案：此引《書‧距年》之文。相、拒形近而譌。拒、距並从巨聲，古相通用，《論語‧子張》「其不可者拒之」，漢石經、皇侃《義疏》並作「其不可者距之」，《釋文》：「距、本作拒」，是其例。距借作拒，又譌作相，然則〈相年〉即〈距年〉，畢說是也。〈尚同〉下云：「故古者建國設都，乃立后王君公，奉以卿士師長，此非欲用說也，唯辯而使助治天明也」，此亦引〈距年〉文，而字微異。

考《墨子》引《書》，有數篇同引，而文字不盡相同者，凡四條：

（1）〈相年〉

〈尚同〉中：「〈相年〉之道曰：『夫建國設都，乃作后王君公，否用泰也；輕大夫師長，否用佚也，維辯使治天均。』」

〈尚同〉下：「故古者建國設都，乃立后王君公，奉以卿士師長，此非欲用說也，唯辯而使助治天明也。」

（2）〈大誓〉

〈兼愛〉中：「昔者文王之治西土，若日若月，乍光于四方，于西土，不為大國侮小國，不為眾庶侮鰥寡，不為暴勢奪穡人黍稷狗彘，天屑臨文王慈。」

〈兼愛〉下：「〈泰誓〉曰：『文王若日若月，乍照光于四方，于西土。』」

〔註59〕《墨子閒詁》。
〔註60〕《墨子閒詁》引。

（3）〈大誓〉

〈天志〉中：「〈大誓〉之道之曰：『紂越厥夷居，不肎事上帝，棄厥先神祇不祀，乃曰：「吾有命，無廖僔務」，天下，天亦縱棄紂而不葆。』」

〈非命〉上：「於〈太誓〉曰：『紂夷處，不肎事上帝鬼神，禍厥先神禔不祀，乃曰：「吾民有命、無廖排漏」，天亦縱棄之而弗葆。』」

〈非命〉中：「先王之書，〈太誓〉之言然，曰：『紂夷之居，而不肎事上帝，棄厥其先神而不祀也，曰：「我民有命，毋僇其務」，天不亦棄縱而不葆。』」

（4）〈仲虺之誥〉

〈非命〉上：「於〈仲虺之告〉曰：『我聞于夏，人矯天命、布命于下，帝伐之惡，襲喪厥師。』」

〈非命〉中：「於先王之書，〈仲虺之告〉曰：『我聞有夏，人矯天命，布命于下，帝式是惡，用闕師。』」

〈非命〉下：「〈仲虺之告〉曰：『我聞有夏，人矯天命，于下帝式是增，用爽厥師。』」

其中或以音同相借，〈尚同〉中「輕大夫師長」，〈尚同〉下作「卿士師長」，輕、卿同屬溪紐，韻則輕在第十一部，卿在第十部，旁轉相通，是其例；或以形近而誤，〈非命〉上「辛伐之惡」，〈非命〉中作「帝式是惡」，伐、式形近而譌，是其例；或以義近通用，〈尚同〉中「乃作后王君公」，〈尚同〉下作「乃立后王君公」，作、立義近，此其例；或以己意增減文字，〈兼愛〉下「乍照光于四方」，〈兼愛〉中作「乍光于四方」，刪照字，是其例。先秦典籍引《書》，每有文字歧異者，蓋亦不外此四例，〔註61〕今《墨子》各篇同引一《書》，其文字歧異如此，此可見先秦《尚書》未有定本。又考《墨子》一書，〈尚賢〉、〈尚同〉、〈兼愛〉、〈非攻〉、〈節用〉、〈節葬〉、〈天志〉、〈明鬼〉、〈非樂〉、〈非命〉等十篇，皆分上中下三篇，三篇之間，雖互有詳略，字句亦微有不同，然其大旨無殊，此與他書以篇幅過多，歧爲上下篇者有別，與本書《經》、《經說》分爲上下，而文句未有重出，文義互不相類者亦有不同，〔註62〕俞樾曰：「墨子死，而墨分爲三，有相里氏之墨，有相夫氏之墨，有鄧陵氏之墨，今觀〈尚賢〉、〈尚同〉、〈兼愛〉、〈非攻〉、〈節用〉、〈節葬〉、〈天志〉、〈明鬼〉、〈非樂〉、〈非命〉，

〔註61〕說見第三章第十一節第十三條。

〔註62〕〈非儒〉亦分上下，上篇今闕，無從考知其分篇之由。

皆分上中下三篇，字句小異，而大旨無殊，意者此乃相里、相夫、鄧陵三家相傳之本不同，後人合以成書，故一篇而有三乎」，〔註63〕今觀〈尚同〉中下同引〈相年〉，〈兼愛〉中下，〈非命〉上中同引〈大誓〉，〈非命〉上中下同引〈仲虺之告〉，而文句小異，引《書》之旨則同，俞氏之說可信。

9. 於先王之書也，〈大誓〉之言然，曰：「小人見姦巧，乃聞不言也，發罪鈞。」（〈尚同〉下）

　　輝案：此引《書·大誓》文，〈書序〉有〈大誓〉三篇，戰國之世已亡，此其遺文也。偽古文有〈泰誓〉三篇，則摭取先秦典籍所引〈大誓〉為之，獨此條未見於偽古文〈泰誓〉，蓋偽作古文者偶疏而未引。

10. 〈泰誓〉曰：「文王若日若月，乍照光于四方，于西土。」（〈兼愛〉下）

　　輝案：此引《書·大誓》文，先秦典籍引〈大誓〉，字皆作大，今《孟子·萬章》上、《墨子·兼愛》下，《國語·鄭語》、《荀子·議兵》、《管子·法禁》引作〈泰誓〉者，皆後人所改。孫詒讓曰：「〈尚同〉下篇，〈天志〉中篇，〈非命〉上中下篇並作〈大誓〉，此作泰，與今偽孔本同，疑後人所改」，〔註64〕孫說是也，說詳本書87頁，第三章第八節第二條。

　　中篇引此文，文王下有「之治西土」四字，彼蓋檃括〈大誓〉文，以意增之。乍照光于四方，中篇作「乍光于四方」，無照字，蓋亦以意刪之。

　　偽古文〈泰誓〉下云：「嗚呼，惟我文考，若日月之照臨，光于四方，顯于西土」，襲取此引〈大誓〉文為之。

11. 雖〈禹誓〉即亦猶是也，禹曰：「濟濟有眾，咸聽朕言，非惟小子，敢行稱亂，蠢茲有苗，用天之罰，若予既率爾群對諸群，以征有苗。」（〈兼愛〉下）

　　輝案：此引《書·禹誓》文。先秦典籍引〈禹誓〉者，凡二條，別一條見於《墨子·明鬼》下。彼所引〈禹誓〉文，今見於《書·甘誓》，審諸文義，則禹伐有扈誓師之辭。此文云「以征有苗」，則禹征有苗誓師之辭，二者不相屬。考先秦典籍引〈湯誓〉文凡六條，或為湯伐桀誓師之辭，或為湯禱雨之辭，內容互異；或稱〈湯誓〉、或稱〈湯說〉，名稱非一。詳考諸所引〈湯誓〉之文，然後知〈湯誓〉非專屬一篇之名，乃泛指湯之所誓。〔註65〕然則此所

〔註63〕《墨子閒詁》序。
〔註64〕《墨子閒詁》。
〔註65〕說見本節第二條。

引〈禹誓〉，蓋亦泛稱禹之所誓，非專屬一篇之名，故伐有扈之誓辭，可稱〈禹誓〉，伐有苗之誓辭，亦可稱〈禹誓〉也。禹之所誓，當不僅此二事，今皆亡逸，載籍所存者僅此二條而已。

〈湯誓〉云：「非台小子，敢行稱亂，有夏多罪，天命殛之」，與此略同，蓋古文誓辭如此，故文相仿佛也。

僞古文〈大禹謨〉云：「禹乃會群后，誓于師曰：『濟濟有眾，咸聽朕命，蠢茲有苗』」，襲取此引〈禹誓〉文爲之。

12. 雖〈湯說〉命即亦猶是也，湯曰：「惟予小子履，敢用玄牡，告於上天后，曰：『今天大旱，即當朕身履，未知得罪于上下，有善不敢蔽，有罪不敢赦，簡在帝心，萬方有罪，即當朕身，朕身有罪，無及萬方。』」（〈兼愛〉下）

輝案：此引〈湯誓〉文。《論語・堯曰》云：「予小子履，敢用玄牡，敢昭告于皇皇后帝，有罪不敢赦，帝臣不蔽，簡在帝心，朕躬有罪，無以萬方，萬方有罪，罪在朕躬」，《集解》引孔安國曰：「《墨子》引〈湯誓〉，其辭若此」。此引稱〈湯說〉，而孔安國謂《墨子》引〈湯誓〉，二者不同者，〈湯說〉、〈湯誓〉皆非專屬一篇之名，泛稱湯之所誓，謂之〈湯誓〉，泛指湯之禱辭，謂之〈湯說〉，先秦《尚書》篇名未有定稱，此又一證。審諸文義，此乃湯禱雨之辭，〈書序〉云：「伊尹相湯伐桀，升自陑，遂與桀戰于鳴條之野，作〈湯誓〉」，則伐桀之誓與此禱雨之誓別篇，同爲湯之所誓，故並稱〈湯誓〉，其後伐桀之辭，伏生傳之，〈書序〉錄之，遂以爲專名。

《墨子》此引〈湯誓〉文，與《論語・堯曰》所引，文句略有不同。考《墨子》一書所引《書》，多在百篇之外者，其引百篇之文，與今傳《尚書》，及他書引《書》之文，亦頗有出入，〈尚同〉中引〈呂刑〉文，與孔傳本不同，與《禮記・緇衣》所引亦有異；〈尚賢〉中、〈尚賢〉下所引〈呂刑〉文亦然。〈明鬼〉下引〈甘誓〉文，與孔傳本不同，且以爲禹伐有扈，與〈書序〉言啟伐有扈者亦有別。他書引《書》，雖亦間有文字改異，文句變動之處，然未若《墨子》改動之多，且所引《書》文，與今傳《尚書》文字相同者，杳無一見。不僅此也，即所引《詩》，亦復如此，《墨子》引《詩》凡十一條：

（1）《詩》曰：「必擇所堪，必謹所堪」者，此之謂也。（〈所染〉）

蘇時學曰：「此蓋逸詩。」（《墨子閒詁》引）

（2）《詩》曰：「告女憂卹，誨女予爵，孰能執熱，鮮不用濯。」（〈尚賢〉

中）

　　輝案：此引《大雅・桑柔》文。今〈桑柔〉云：「告爾憂恤，誨爾序
爵，誰能執熱，逝不以濯」，文字多異。

（3）《周頌》道之曰：「聖人之德，若天之高，若地之普，其有昭於天下
也。若地之固，若山之承，不坼不崩，若日之光，若月之明，與天
地同常。」（〈尚賢〉下）

　　輝案：今《周頌》無此語，蓋逸《詩》也。

（4）《周頌》之道之曰：「載來見辟王，聿求厥章。」（〈尚同〉中）

　　輝案：此引《周頌・載見》文。今〈載見〉云：「載見辟王，曰求厥
章」，文字多異。

（5）《詩》曰：「我馬維駱，六轡沃若。載馳載驅，周爰咨度。」

又曰：「我馬維騏，六轡若絲，載馳載驅，周爰咨謀。」（〈尚同〉中）

　　輝案：此引《小雅・皇皇者華》文，今〈皇皇者華〉云：「我馬維騏，
六轡如絲，載馳載驅，周爰咨謀。我馬維駱，六轡沃若，載馳載驅，
周爰咨度」，如、《墨子》作若。又先言「我馬維駱」章，次言「我
馬維騏」章，似墨子所見此《詩》章次，與今《毛詩》亦有不同。

（6）《周詩》曰：「王道蕩蕩，不偏不黨；王道平平，不黨不偏。」（〈兼
愛〉下）

　　輝案：此引《書・洪範》文。孫詒讓曰：「古《詩》、《書》亦多互稱。」
（《墨子閒詁》）

（7）《大雅》之所道曰：「無言而不讎，無德而不報，投我以桃，報之以
李。」（〈兼愛〉下）

　　輝案：此引《大雅・抑》文。今〈抑〉云：「無言不讎，無德不報」，
又云：「投我以桃，報之以李」，分屬二章，《墨子》所引則四句銜接，
似在一章，與今《毛詩》不同。

（8）《詩》曰：「魚水不務，陸將何及乎。」（〈非攻〉中）

　　蘇時學曰：「此蓋逸詩。」（《墨子閒詁》引）

（9）於先王之書，〈大夏〉之道然：「帝謂文王，予懷明德，毋大聲以色，
毋長夏以革，不識不知，順帝之則。」（〈天志〉下）

　　輝案：此引《詩・大雅・皇矣》文。俞樾曰：「《大夏》即《大雅》
也，雅夏古字通」（《墨子閒詁》引），今〈皇矣〉云：「帝謂文王，

予懷明德，不大聲以色，不長夏以革，不識不知，順帝之則」，不，《墨子》引作毋。

（10）〈大雅〉曰：「文王在上，於昭于天，周雖舊邦，其命維新，有周不顯，帝命不時，文王陟降，在帝左右。穆穆文王，令問不已。」（〈明鬼〉下）

輝案：此引《大雅·文王》文。今〈文王〉云：「文王在上，於昭于天，周雖舊邦，其命維新。有周不顯，帝命不時，文王陟降，在帝左右。亹亹文王，令聞不已」，亹亹、《墨子》引作穆穆，聞，引作問。

（11）在於商夏之《詩》、《書》曰：「命者暴王作之。」（〈非命〉下）

輝案：今《詩》、《書》皆無此語

上述十一條中，其第（6）條所引係《書·洪範》文，第（11）條所引，亦不類《詩》。其餘九條，或為逸詩，或文字與今《詩》有別，或章次與今詩不同，其與今《詩》文字全同者，亦杳無一見。《淮南子·主術篇》云：「孔墨皆脩先聖之術，通六藝之論」，今觀《墨子》一書，多引《詩》、《書》、《春秋》，淮南此言誠不虛。惟所引《詩》多在三百篇之外，《書》多在百篇之外，即在三百、百篇之中，文字亦多與今傳《詩》、《書》不同，則儒墨所授《詩》《書》，本或有異。孔子刪《詩》、《書》之說雖未可信，然儒家所授六經之本，經孔子及其後儒家學者整理，應無可疑，故《孟子》、《荀子》等書所引《詩》、《書》，與今傳《詩》、《書》同者多而異者鮮也。墨家所授《詩》、《書》，未經整理，是以《墨子》所引《詩》、《書》，與今本《詩》、《書》異者多而同者少，非必《墨子》作者臨文而改易也。

《論語·堯曰》所引〈湯誓〉之文，與此所引，不盡相同，而《論語》所引，文辭較《墨子》所引流暢順適，此蓋儒家所授《書》，經孔子及孔門學者整理修飾所致。《群書治要》引《尸子·綽子篇》云：「湯曰：『朕身有罪，無及萬方；萬方有罪，朕身受之』，《國語·周語》上引〈湯誓〉曰：「余一人有罪，無以萬夫；萬夫有罪，在余一人」，《呂氏春秋·順民篇》云：「余一人有罪，無及萬夫，萬夫有罪，在余一人，無以一人之不敏，使上帝鬼神傷民之命」，《太平御覽》八十三引《帝王世紀》云：「唯予小子履，敢用玄牡，告于上天后土曰：『萬方有罪，罪在朕躬，朕躬有罪，無及萬方，無以一人之不敏，使上帝鬼神傷民之命』」，皆引〈湯誓〉之文，《尸子》、《國語》、《呂氏春秋》則櫽括其文義，《帝王世紀》則約取《論語》及《呂氏春秋》所引〈湯誓〉

文爲之，故大旨不殊，而文句略有不同。僞古文〈湯誥〉云：「肆台小子，將天命明威，不敢赦，敢用玄牡，敢昭告于上天神后，……爾有善，朕弗敢蔽，罪當朕躬，弗敢自赦，惟簡在上帝之心，其爾萬方有罪，在予一人，予一人有罪，無以爾萬方」，襲取此引〈湯說〉文爲之。

13. 又以先王之書，〈馴天明不解〉之道也知之，曰：「明哲維天，臨君下土。」（〈天志〉中）

　　輝案：此引《書·馴天明不解》文。〈書序〉無〈馴天明不解〉篇，《墨子》引先王之書者十六條，其中七條所引篇名，今在〈書序〉百篇中，以此例之，則〈馴天明不解〉，蓋亦《書》之篇名。〔註66〕其篇蓋亡於戰國之世。

14. 〈大誓〉之道之曰：「紂越厥夷居，不肎事上帝，棄厥先神祇不祀，乃曰：『吾有命，無廖僇務』，天下，天亦縱棄紂而不葆。」（〈天志〉中）

　　孫詒讓曰：「誓，《道藏》本、吳鈔本並作明，……案此文〈非命〉上中二篇，並作〈大誓〉，明塙爲譌字，蓋誓省爲折，明即隸古折字之譌。」〔註67〕

　　輝案：此引〈大誓〉文。《道藏》本、吳鈔本，唐堯臣本，明刻本並作《大明》，明、盟之初文，〈大明〉即〈大盟〉，亦即〈大誓〉，蓋《墨子》此引本作〈大明〉，後人見〈非命〉上、中所引〈大誓〉文，與此同，因改爲〈大誓〉，陳夢家曰：「《道藏》本、明吳寬鈔本、唐堯臣本、明刻本，並作〈大明〉，孫詒讓以爲明是誓之誤字，非是」，〔註68〕說至允當。〈大誓〉，或稱〈大明〉，此可見先秦《尚書》篇名，未有定稱，猶〈盤庚〉或稱〈盤庚之誥〉也。

　　〈非命〉上引〈大誓〉曰：「紂夷處，不肎事上帝鬼神，禍厥先神禔不祀，乃曰：『吾民有命，無廖排漏』，天亦縱棄之而弗葆」，〈非命〉中引〈大誓〉云：「紂夷之居，而不肎事上帝，棄闕其先神而不祀也，曰：『我民有命，毋廖其務』，天不亦棄縱而不葆」，文句略有不同。《墨子》一書，數篇同引一《書》，而文字歧異者，凡有四條，此蓋墨子之後，墨分爲三，而各家所傳之本不同，說見本節第八條。居，〈非命〉中同，〈非命〉上作處，居處同屬第五部，古疊韻通用，《易·繫辭》「則居可知矣」《釋文》云：「居、處也」，此以叚借義釋之，《禮記·中庸》「君子居易以俟命」，《論衡·幸偶》引作「君子處易以俟命」，《孟子·滕文公》下「居於陵」，《論衡·刺孟》引作「處於

〔註66〕說詳第一章第二節。
〔註67〕《墨子閒詁》。
〔註68〕《尚書通論》第94頁。

陵」，此二字互用之證，劉師培《墨子拾補》云：「據此，則〈天志〉中篇『付越厥夷居』；居乃居處之居，非倨傲之倨。」張純一云：「夷居，夷處，均謂倨傲以居也。《荀子‧修身篇》云：『不由禮則夷固僻違庸眾而野』，楊注云：『夷、倨也。』，〔註69〕並以居為居處之居，夷乃有倨義，江聲云：「夷居、倨嫚也」〔註70〕以夷居同為倨義，是亦考之未審。此句以此所引「紂越厥夷居」為近於《書》之句法，或原文如此，〈非命〉上作「紂夷處」，易居為處，並以意刪越厥二字。〈非命〉中作「紂夷之居」，疑當作「紂之夷居」，傳寫誤倒，之猶厥也。

不帛事上帝，〈非命〉中同，〈非命〉上作「不帛事上帝鬼神」，鬼神二字以意屬。

棄、〈非命〉中同，〈非命〉上作禍，禍棄義近。厥、〈非命〉上同，〈非命〉中作闕，闕厥並从欮聲，古音同通用，《論語‧憲問》「闕黨童子」，《漢書‧古今人表》作「厥黨童子」，是其例。厥闕皆訓其，〈非命〉中云：「棄闕其先神而不祀也」，其字蓋後人傳寫所誤屬。祇、〈非命〉上作褆，祇从氏聲，褆从是聲，是氏同屬第十六部，古疊韻通用，《詩‧何人斯》「俾我祇也」箋：「祇、安也」，祇本訓地祇，〔註71〕此訓安，則褆之叚借，《易‧坎》九五「祇既平」，《釋文》：「祇，京作褆」，此二字互用之證。祇本字，褆借字。〈非命〉中但作先神，無祇字，則以神祇同意而刪。

乃曰吾有命，〈非命〉上作「乃曰吾民有命」，此無民字，蓋傳寫譌奪，〈非命〉中作「曰我民有命」，則刪語詞乃。

無廖儌務，〈非命〉上作「無廖排漏」，〈非命〉中作「毋僇其務」。無毋同屬微紐，古歸明紐，韻則同在第五部，二字音同通用，《禮記‧檀弓》下「其毋以嘗巧者乎」注云：「毋、無也」，此以叚借義釋之，《詩‧白駒》「毋金玉爾音」《釋文》：「毋本作無」，《考工記‧梓人》「毋或若女不寧侯」，《儀禮‧大射禮》注引作「無或若女不寧侯」，此二字互用之證。畢沅曰：「據孔書〈泰誓〉云：『罔懲其侮』，則知無罔音義同，廖僇皆懲字之譌，儌則其字之譌，務音同侮」，孫星衍曰：「當作無廖其務，言不戮力其事，或孔書侮字反是務假音，未可知也」，江聲云：「僇讀為戮力之勠，言己有命，不畏鬼神，毋為

〔註69〕《墨子集解》卷九。
〔註70〕《墨子閒詁》引。
〔註71〕見《說文》示部。

戮力於鬼神之務」，〔註72〕孫詒讓曰：「毋僇當爲侮僇，二字平列，言紂惟陵侮僇辱民是務也。《荀子·強國篇》云：『無僇乎族黨，而抑卑其後世』，無毋侮古通，無毋侮與抑卑文相儷，與此毋僇義亦正同」，〔註73〕畢沅據僞古文爲說，不足取。審諸文義，上言不祀神祇，下言不保其民，互文足義，孫詒讓說爲侮僇是務，於義爲長。然則無，毋皆借字，本字當作侮，無毋侮古音同屬明紐，雙聲通用。僇，〈非命〉上同，〈非命〉中作僇，僇僇並从翏聲，二字古音同通用。僇僇並爲辱之借字，僇僇辱同屬第三部，古疊韻相通，《史記·楚世家》「僇越大夫常壽過」《索隱》云：「僇、辱也」，此以叚借義釋之。儁从鼻聲，自則鼻之初文，其古文作**𦣹**，〔註74〕自篆文作**𦣻**，形近而譌。其譌作自，自又譌作儁。〈非命〉上作排，排从非聲，非篆文作𢁗，與其字形亦相近，〈非命〉中作其者正字也，作儁排者皆譌字也。務〈非命〉中同，〈非命〉上作漏，務在第三部，漏在第四部，旁轉相通。

天下，畢沅云：「二字疑衍，即下天亦二字重文」，〔註75〕是也。蓋傳寫者誤衍，非原文如此。

天亦縱棄紂而不葆，〈非命〉上作「天亦縱棄之而弗葆」，「紂」作「之」，以意改，不弗通用，說見第三章第十一節第一條。〈非命〉中作「天不亦棄縱而不葆」，棄縱互易，並易平敘句爲反問句。校之三篇所引〈大誓〉文，試擬〈大誓〉原文如下：「紂越厥夷居，不肎事上帝，棄厥先神祇不祀，乃曰：『吾民有命，無僇其務』，天亦縱棄紂而不葆」，然則，〈天志〉中所引蓋近其原文。

僞古文〈泰誓〉上云：「惟受罔有悛心，乃夷居，弗事上帝神祇，遺厥先宗廟弗祀，犧牲棄盛，既于凶盜，乃曰：『吾有民有命，罔懲其侮』」，襲取此引〈大誓〉文爲之。

15. 然則姑嘗上觀乎《夏書》，〈禹誓〉曰：「大戰于甘，王乃命左右六人，下聽誓于中軍，曰：『有扈氏威侮五行，怠棄三正，天用勦絕其命』，有曰：『日中今予與有扈氏爭一日之命，且爾卿大夫庶人，予非爾田野葆士之欲也，予共行天之罰也，左不共于左，右不共于右，若不共命，御非爾馬之政，若不共命，是以賞于祖而僇于社』。」（〈明鬼〉下）

〔註72〕並見《墨子閒詁·天志》中篇引。
〔註73〕《墨子閒詁·非命》中。
〔註74〕見《說文》箅部。
〔註75〕《墨子閒詁》引。

　　輝案：此引《書‧甘誓》文。〈甘誓〉云：「大戰于甘，乃召六卿，王曰：『嗟，六事之人，予誓告汝，有扈氏威侮五行，怠棄三正，天用勦絕其命，今予惟恭行天之罰，左不攻于左，汝不恭命，右不攻於右，汝不恭命，御非爾馬之正，汝不恭命，用命賞于祖，弗用命戮于社』」，與《墨子》所引，文句微有不同。

　　〈書序〉云：「啓與有扈戰于甘之野，作〈甘誓〉」。《呂氏春秋‧召類》、《莊子‧人間世》並云禹攻有扈，與《墨子》說同。《呂氏春秋‧先己》又云夏后相與有扈戰於甘澤。同一〈甘誓〉，而或屬之啓，或屬之禹，或屬之相，此蓋傳聞異辭，各本所聞爲說，說見第二條。今《書》稱〈甘誓〉，此稱〈禹誓〉者，蓋泛稱禹之所誓，先秦《尚書》篇名未有定稱，此又一證，說見本節第十一條。

　　王乃命左右六人，孔傳本作「乃召六卿」，鄭玄曰：「六卿者六軍之將」，〔註76〕是鄭本《尚書》作六卿，孔傳本承用之。《史記‧夏本紀》云：「乃召六卿申之」，是今古文《尚書》並作「乃召六卿」，《墨子》稱左右六人，則隳括其意，下云「下聽誓于中軍」，亦以意屬。

　　「日中今予與有扈氏爭一日之命，且爾卿大夫庶人，予非爾田野葆士之欲也」等三十字，今傳《尚書》無，蓋亦《墨子》以意增。今傳《尚書》經孔子及孔門儒者整理修飾，是以文字較《墨子》所引《書》爲精練，儒墨所授《詩》《書》，本或有異，於此可見一斑，說詳本節第十二條。

　　共行天之罰，孔傳本作恭，恭从共聲，古音同通用。《書‧大傳》「若是共禦」注：「共讀曰恭」，《荀子‧王霸》「天子共己而已」注：「共讀爲恭」，《詩‧巧言》「匪其止共」，《韓詩》作「匪其止恭」，《禮記‧表記》「靖共爾位」，《釋文》：「共本作恭」，此二字互用之證。《史記‧夏本紀》云：「今予維共行天之罰」，《漢書‧王莽傳》、〈翟義傳〉並云：「共行天罰」，字作共，與《墨子》引同。《白虎通‧三軍篇》引《尚書》曰：「今予惟恭行天之罰」，字作恭，與孔傳本同。段玉裁曰：「其共作恭者後人所改也」，又曰：「《尚書》恭敬字不作共，共奉字不作恭，漢石經之存於今者，〈無逸〉一篇中，嚴恭作恭，懿共、維正之共。皆作共，可知二字之不相混」，〔註77〕按諸《史記》、《漢書》、漢石經，皆恭敬字作恭，共奉字作共，不相混用，段說是也，僞孔不察漢人恭

〔註76〕《詩‧棫樸》疏引〈甘誓〉注。
〔註77〕《古文尚書撰異》。

共之用有別，乃作「恭行天之罰」，而《傳》云：「恭、奉也」，馬鄭本蓋作共，不作恭。《白虎通》本當作共，與《漢書》同。今作恭者，後人據孔傳本改，共，一作龔，《漢書・敘傳》云：「龔行天罰」，《後漢書・班固傳》引〈東都賦〉、高誘注《呂氏春秋・先己篇》引《書》曰、《文選》鍾士季〈檄蜀文〉李善注引《尚書》、《後漢書・班固傳》李賢注引《尚書》、《三國志・三嗣主傳》裴注引孫盛曰並同。皮錫瑞以爲作龔者，蓋三家異文，〔註78〕是也。龔从共聲，龔共古音同通用，《漢書・百官公卿表》集注：「共讀曰龔」，《禮記・祭法》「共工氏」，《家語・五帝德》作「龔工氏」，《左傳》成公七年「楚共王」，《呂氏春秋・權勳》作「楚龔王」，此二字互用之證，作龔者本字，作恭、共者皆借字也。

左不共于左，孔傳本作攻，下「右不共于右」，孔傳本亦作攻。《史記・夏本紀》作「左不攻于左，右不攻于右，女不共命」，字作攻，與孔傳本同，而不重「女不共命」句。《墨子》此引〈甘誓〉文，亦不重「若不共命」句，蓋古本如此，馬鄭本當亦不重此句，蓋僞孔所竄入。攻、共同屬見紐，第九部。古音同通用，《書・皋陶謨》「洪水滔天」，《史記・夏本紀》作「鴻水滔天」，洪从共聲，鴻从江聲，江攻並从工聲，然則共之通攻，猶洪之通鴻矣。此作攻者本字，作共者借字。

若不共命，孔傳本作汝不恭命，《史記・夏本紀》作女不共命，若女汝通用，說見本節第四條。

御非爾馬之政，孔傳本作御非其馬之正。《史記・夏本紀》作「御非其馬之政」，字作其與孔傳本同，作政則又與《墨子》引同。其猶爾也，其爾於此作指稱詞用，皆叚借義。政从正聲，二字古音同通用，《禮記・文王世子》「庶子之正於公族者」注：「正者政也」，《廣雅・釋詁》一、《說文》並云：「政、正也」，此以叚借義釋之，《書・湯誓》「舍我穡事而割正夏」，《殷本紀》作「舍我嗇事而割政」，《左傳》文公六年「棄時政也」，《漢書・律歷志》上作「棄時正也」，此二字互用之證。此作政者本字，作正者借字也。

是以賞于祖而僇于社，孔傳本作「用命賞于祖，弗用命戮于社」，《墨子》蓋檃括其義，僇、孔傳本作戮，二字並从翏聲，古音同通用，說見第四節第四條。

又今傳《尚書・甘誓》，末句有「予則孥戮汝」，而《墨子》引〈禹誓〉

無此句，此蓋秦儒因秦法而增，古文無此句，說見本節第二條。

16. 且〈禽艾〉之道之曰：「得璣無小，滅宗無大。」（〈明鬼〉下）

　　蘇時學曰：「〈禽艾〉蓋逸書篇名。《呂覽・報更篇》云：『此《書》之所謂德幾無小者也』，德璣與德幾，古字通用。」

　　孫詒讓曰：「《說苑・復恩篇》云：『此《書》之所謂德無小者也』，疑即本此。」〔註79〕

　　輝案：陳夢家曰：「古音禽咸完全相同，艾即乂，〈禽艾〉即〈咸乂〉」，〔註80〕考禽屬群紐，咸屬匣紐，同屬淺喉音，〔註81〕在韻則同屬第七部，《說文》、《廣雅・釋言》二並云：「鹹、銜也」此以音近之字相訓，鹹从咸聲，銜从金聲，金禽並从今聲。然則陳氏之說可信，《墨子》此引蓋〈咸乂〉之逸文，〈書序〉有〈咸乂〉、〈大傳〉未引其篇，《史記・殷本紀》引〈咸艾〉篇名，而未引其文，蓋其篇亡於先秦，鄭注〈書序〉云：「亡」，是也。《呂氏春秋・報更篇》云：「此《書》之所謂德幾無小者也」，亦引〈咸乂〉文，得德同屬端紐，第一部，古音同通用，《廣雅・釋詁》三，《釋名・釋言語》並云：「德、得也」，此以叚借義釋之，《詩・碩鼠》「莫我肯德」，《呂氏春秋・舉難篇》作「莫我肯得」；《易・升卦》「以順德」，《釋文》：「德，姚本作得」，此二字互用之證。璣从幾聲，二字古音同通用，《易・略例》「璇璣」，《釋文》：「璣、本作機，又作幾」，此二字互用之例。蘇氏之說是也。《說苑》引《書》「德無小」，漢時〈咸乂〉已亡，此蓋據《墨子》或《呂氏春秋》所引〈咸乂〉逸文為之，德下疑有奪文。偽古文〈伊訓〉云：「爾惟德罔小」，襲取此引〈咸乂〉逸文為之。

　　無，偽孔改作罔，無、罔古通，說見第三章第十節第二條。

17. 先王之書，〈湯之官刑〉有之，曰：「其恒舞于宮，是謂巫風，其刑，君子出絲二衛，小人否，似二伯黃徑。」（〈非樂〉上）

　　輝案：此引《書・湯之官刑》文，〈書序〉無〈湯之官刑〉篇，《墨子》引先王之書者十六條，其中七條所引篇名，今在〈書序〉百篇中，以是例之，則〈湯之官刑〉，蓋亦《書》之篇名。〔註82〕偽古文〈伊訓〉云：「敢有恒舞

〔註79〕《墨子閒詁》。
〔註80〕《尚書通論》第93頁。
〔註81〕見錢玄同先生著《文字學音篇》第二章。
〔註82〕說詳第一章第二節。

于宮，酣歌于室，時謂巫風」，襲取此引〈湯之官刑〉文爲之。

《左傳》昭公六年云：「夏有亂政，而作〈禹刑〉；商有亂政，而作〈湯刑〉；周有亂政，而作〈九刑〉」，彼蓋記其逸事，此則述其遺文，陳夢家曰：「〈湯刑〉似是《墨子》所引〈湯之官刑〉」，〔註83〕是也。〈湯之官刑〉，或稱〈湯刑〉者，先秦《尚書》固未有定稱也。〔註84〕

是，僞孔改作時，是、時古通，說見本書86頁，第三章第八節第一條。

18. 於〈武觀〉曰：「**啟乃淫溢康樂，野于飲食，將將銘莧磬以力，湛濁于酒，渝食于野，萬舞翼翼，章聞于大，天用弗式。**」（〈非樂〉上）

惠棟曰：「此逸書敘武觀之事，即〈書序〉之五子也。《周書‧嘗麥》曰：『其在夏之五子，忘伯禹之命，假國無正，用胥興作亂，遂凶厥國，皇天哀禹，賜以彭壽，思正夏略』，五子者武觀也，彭壽者彭伯也。汲郡古文云：『帝啓十一年，放王季子武觀于西河，十五年，武觀以西河畔，彭伯壽帥師征西河，武觀來歸』，注云：『武觀即五觀也』，《楚語》士娓曰：『啓有五觀』，《春秋傳》曰：『夏有觀扈』，〈五子之歌〉、《墨子》述其遺文，《周書》載其逸事，與內外傳所稱無殊，且孔氏逸書本有是篇，漢儒習聞其事，故韋昭注《國語》，王符撰《潛夫論》，皆依以爲說。」〔註85〕

輝案：此引〈五子之歌〉文，〈書序〉有〈五子之歌〉，《大傳》未引其篇，《史記‧夏本紀》有〈五子之歌〉，而未引其文。鄭玄注〈書序〉云：「逸」，蓋本劉向《別錄》，〔註86〕或《別錄》稱逸，故鄭亦云逸，其《書》或劉向之時尚存。

惠棟以〈武觀〉即〈五子之歌〉，考五武同屬第五部，古疊韻通用。又考《國語‧楚語》云：「堯有丹朱，舜有商均，啓有五觀，湯有太甲，文王有管蔡，是五王者，皆有元德也，而有姦子」，《韓非子‧說疑篇》云：「其在記曰：『堯有丹朱，而舜有商均，啓有五觀，商有太甲，武王有管蔡』，五王之所誅者，皆父子兄弟之親也」。字作五觀，並以爲啓子。《史記‧夏本紀》云：「帝啓崩，子帝太康立，帝太康失國，昆弟五人，須于洛汭，作〈五子之歌〉」，則以五子爲太康昆弟五人。王符《潛夫論‧五德志》云：「啓子太

〔註83〕《尚書通論》第93頁。
〔註84〕參見本書132頁，第五章第一節第八條。
〔註85〕《古文尚書考》。
〔註86〕《尚書正義》曰：「鄭依賈氏所奏《別錄》爲次」。

康，仲康更立，兄弟五人皆有昏德，不堪帝事，降須洛汭，是謂五觀」，則以太康兄弟五人爲五觀，《漢書·古今人表》有太康，班氏自注云：「啓子，昆弟五人，號五觀」，然則《楚語》、《韓非子》、《潛夫論》所稱「五觀」，即〈夏本紀〉之五子，亦即《墨子》之五觀，惠氏之說是也。陳夢家曰：「啓季子武觀，或作五觀，遂誤爲五子，……〈離騷〉和〈嘗麥〉的五子，只指一人」，〔註87〕今考《楚語》、《韓非子》所稱丹朱、商均、太甲雖爲一人，然又云「武王有管蔡」，則爲二人，以是推之，則五觀非必指一人矣。又〈離騷〉云：「五子用失乎家巷」，王逸注云：「言夏王太康，不遵禹啓之樂，而更作淫聲，放縱情慾，以自娛樂，不顧患難，不謀後世，卒以失國，兄弟五人，皆居於閭巷，失尊位也。是以五子爲五人。《逸周書·嘗麥篇》云：「其在啓之五子」，〔註88〕朱右曾曰：「五子、五觀也，亦曰武觀，啓子太康昆弟國于觀」，亦以五子非一人，陳氏以五子爲一人，說未允。惠棟又以《左傳》昭公元年所稱「夏有觀扈」即五觀，顧頡剛則謂扈五音近，五觀即觀扈之倒文。〔註89〕考《左傳》以三苗、姺邳、觀扈、徐奄同舉，杜注姺邳云：「二國商諸侯」，注徐奄云：「二國皆嬴姓，〈書序〉曰：『成王伐淮夷，遂踐奄』，徐即淮夷」，《說文》云：「姺、殷諸侯，爲亂，疑姓也」〔註90〕又云：「邳，奚仲之後，湯左相仲虺所封國」，〔註91〕則三苗、姺、邳、徐、奄皆王朝異姓諸侯而爲亂者，以是推之，則觀、扈亦係異姓，故〈書序〉曰：「啓與有扈戰于甘之野，作〈甘誓〉」觀、扈非啓之子甚明，與《楚語》、《韓非子》、《潛夫論》所稱五觀，《墨子》所稱武觀無涉。陳夢家曰：「《左傳》之文，夏之有觀扈，猶周之有徐奄，皆異姓相伐之事，而《楚語》、《韓非子》並稱啓有五觀，本無涉于扈」，〔註92〕其說甚允，然以五子非五觀，則又見理未瑩，惠氏以觀扈爲五觀，顧氏以五觀爲觀扈，說皆未允。崔適《史記探原》云：「作〈五子之歌〉，此東晉古文《尚書》序語也。……漢時〈書序〉『須于洛汭』下當有『作〈五觀〉』句，晉時觀字始以聲轉爲歌，……晚出古文《尚書》讀歌如字，增作〈五子之歌〉，而作歌五章以當之，復改漢時〈書

〔註87〕《尚書通論》第93頁。

〔註88〕原作殷，朱右曾等俱謂其譌，當作啓。惠棟引作夏，亦通。

〔註89〕說見《夏史三論》，載《史學年報》二卷三期。

〔註90〕女部。

〔註91〕邑部。

〔註92〕《尚書通論》第181頁。

序〉『作〈五觀〉』爲『作〈五子之歌〉』，後人又依既改之〈書序〉竄入《史記》，乃成太史公錄東晉人語矣」，其言今〈五子之歌〉係東晉僞作，則甚允，至謂〈書序〉本作「作〈五觀〉」，僞古文讀觀爲歌，因作〈五子之歌〉，並改〈書序〉爲「作〈五子之歌〉」，則全出臆測，考王逸《楚詞章句》引〈尚書序〉曰：「太康失國，昆弟五人，須于洛汭，作〈五子之歌〉」，蔡邕〈述行賦〉亦云：「悼太康之失位兮，愍五子之歌聲」，是僞古文之前，〈書序〉已作「作〈五子之歌〉」，不作「作〈五觀〉」，崔氏之說非是。顧頡剛則謂〈五子之歌〉乃西漢末古文家所造逸《尚書》十六篇之一，序當是據逸書而作，〔註93〕然《史記》漢初之作，而〈夏本紀〉已言「帝太康失國，昆弟五人，須于洛汭，作〈五子之歌〉」，且先秦典籍多引逸書十六篇之文，其以〈五子之歌〉西漢末古文家所造，則近人已斥其非，〔註94〕顧氏之說亦未允，今仍從惠氏之說。

　　朱右曾《逸周書・集訓校釋》引《墨子》云：「武觀淫溢康樂，野于飲食，萬舞奕奕，章聞于天，此隳括《墨子》之文，《墨子》云：「啓乃淫溢康樂」，惠棟云：「啓乃當作啓子，〔註95〕朱氏從之，故言武觀淫溢康樂也。《墨子》云：「萬舞翼翼」，朱氏引作奕奕，《文選・東京賦》云：「萬舞奕奕」，李善注引《詩・商頌・那》「萬舞有奕」作「萬舞奕奕」，奕、翼同屬喻紐，古雙聲通用，然未知朱氏所見本作奕，抑或據《文選》而改。章聞于大，惠棟云：「大當作天」，朱氏引作天，據惠說改。

　　考食、力、食，〔註96〕翼、式古音同在第一部，同部相叶，則其爲詩歌形式無疑，故《史記》作〈五子之歌〉，實有所本，崔適言觀聲轉作歌，僞古文因增作〈五子之歌〉，其譌甚明。

　　〈五子之歌〉，或稱〈武觀〉，此亦先秦《尚書》篇名未有定稱之證。

19. 於〈仲虺之告〉曰：「我聞于夏，人矯天命，布命于天，帝伐之惡，龔喪厥師。」（〈非命〉上）

　　輝案：此引《書・仲虺之告》文，〈書序〉有〈仲虺之告〉，《大傳》未引其篇，《史記・殷本紀》作〈中𤳹之誥〉，而未引其文，其篇蓋亡於先秦，鄭

〔註93〕　說見〈夏史三論〉，載《史學年報》二卷三期。
〔註94〕　說詳錢穆先生著〈劉向歆父子年譜〉自序。
〔註95〕　《古文尚書考》。
〔註96〕　渝食于野句，疑本作野于渝食，與上文野于飲食句相類，以上句湛濁于酒而誤倒。

注〈書序〉云：「亡」，是也。

〈非命〉中引〈仲虺之告〉云：「我聞有夏，人矯天命，布命于下，帝式是惡，用闕師」，〈非命〉下引〈仲虺之告〉曰：「我聞有夏，人矯天命于下，帝式是增，用爽厥師」，文句略有不同，《墨子》一書，數篇同引一《書》，而文字每多歧異，此蓋墨子之後，墨分爲三，各家所傳之本不同，說見本節第八條。于夏，〈非命〉中、下並作有夏，有于同屬爲紐，古雙聲通用，說見本節第三條。

布命于下，〈非命〉中同，〈非命〉下但作「于下」，當係傳寫誤奪，非原文如此。

帝伐之惡，〈非命〉中作帝式是惡，下篇作帝式是增。畢沅曰：「式伐形相近」，〔註97〕是也，中下篇並作式，當是本作式，作伐者形近而譌。《爾雅‧釋言》：「式、用也」，帝式之惡者，帝用是惡也。之，中下篇並作是，之屬照紐，古歸端紐；是屬禪紐，古歸定紐，同屬舌音，古相通用，《書‧無逸》「惟耽樂之從」，《漢書‧鄭崇傳》作「惟耽樂是從」；《詩‧殷武》「四方之極」，《後漢書‧王充傳》、《潛夫論‧浮侈篇》並作「四方是極」，此二字互用之證。之、是於此用作指稱詞，皆無本字之叚借。惡，中篇同，下篇作增，增當作憎，《說文》心部云：「憎、惡也」，惡、憎義同互用，憎又譌作增。

龔喪厥師，中篇作用闕師，下篇作用爽厥師。龔、中下篇並作用，龔用同屬第九部，古疊韻通用。作用者本字，作龔者借字。喪，中篇蓋奪喪字，下篇作爽。喪屬心紐，爽屬疏紐，古歸心紐，韻則同在第十部，古同音通用，爽本訓明，〔註98〕《老子》「五味令人口爽」，王注：「爽、差失也」，《國語‧周語》「實有爽德」注：「爽、亡也」，此以叚借義釋之，並謂爽爲喪之叚借也，段玉裁注《說文》爽字云：「爽本訓明，明之至而差生焉，故引伸訓差也」，此誤以叚借義爲引伸義，失之。厥，下篇同，中篇作闕，厥闕並从欮聲，古同音通用，說見本節第十四條。

校之三篇所引〈仲虺之告〉文，試擬〈仲虺之誥〉原文如下：「我聞有夏，人矯天命，布命于下，帝式是惡，用喪厥師」。三篇所引皆各有改動。僞古文〈仲虺之誥〉云：「夏王有罪，矯誣上天，以布命于下，帝用不臧，式商受命，用爽厥師」，襲取此引〈仲虺之告〉文爲之。

〔註97〕《墨子閒詁》引。
〔註98〕見《說文》㸚部。

20. 於〈太誓〉曰:「紂夷處,不肎事上帝鬼神,禍厥先神禔不祀,乃曰: 『吾民有命,無廖排漏』,天亦縱棄之而弗葆。」(〈非命〉上)

　　輝案:此引《書‧大誓》文。大、今作太,後人所改,說見本書 87 頁, 第三章第八節第二條。

　　　〈天志〉中,〈非命〉中並引此文,而文句略有不同,說見本節第十四條。

21. 於先王之書,〈仲虺之告〉曰:「我聞有夏,人矯天命,布命于下,帝 式是惡,用闕師」(〈非命〉中)

　　輝案:此引《書‧仲虺之誥》文。〈非命〉上,下,並引此文,而文句略 有不同,說見本節第十九條。

22. 先王之書,〈太誓〉之言然,曰:「紂夷之居,而不肎事上帝,棄闕其 先神而不祀也,曰:『我民有命,毋僇其務』,天不亦棄縱而不葆?」(〈非 命〉中)

　　輝案:此引《書‧大誓》文,字作太,亦後人所改,本當作大,〈天志〉 中、〈非命〉上並引此文,而文句略異,說見本節第十四條。

23. 有於〈三代不國〉有之曰:「女毋崇天之有命也」。(〈非命〉中)

　　蘇時學曰:「所引蓋古逸書,不字疑誤。」

　　孫詒讓曰:「不疑當作百,《三代百國》或皆古史記之名,《隋書‧李德林 傳》引《墨子》云:『吾見百國春秋』」〔註99〕

　　輝案:《墨子》云:「先王之書,〈大誓〉之言然,曰:『紂夷之居,而不 肎事上帝,棄闕其先神而不祀也,曰:「我民有命,毋僇其務」,天不亦棄縱 而不葆?』,……有於〈三代不國〉有之曰……」,孫詒讓曰:「上有字當讀爲 又」,則上文先王之書,當下貫〈三代不國〉,謂先王之書又於〈三代不國〉 有之也。《墨子》引先王之書者十六條,其中七條所引篇名,今在〈書序〉百 篇中,以是例之,則〈三代不國〉蓋亦《書》之篇名,〔註100〕至若不字是否 百字之誤,文獻不足,無可考定,存疑可也。〈三代不國〉,〈書序〉未錄,蓋 亡於先秦。

24. 於〈召公之執令〉於然且:「敬哉無天命,惟予二人,而無造言,不自 降天之哉得之。」(〈非命〉中)

〔註99〕《墨子閒詁》。
〔註100〕說詳第一章第二節。

孫詒讓曰：「此有挩誤，疑當作於〈召公之非執命〉亦然，召公蓋即召公奭，亦《周書》佚篇之文。上篇云：『此言湯之所以非桀之執有命也』，又云：『此言武王所以非紂執有命也』，是其證。」〔註101〕

畢沅曰：「且當爲曰。」〔註102〕

輝案：〈書序〉無〈召公之執令〉篇。《墨子》云：「先王之書，〈大誓〉之言然，曰：……。有於〈三代不國〉有之曰……。於〈召公之執令〉於然且……」，有於即又於，於然且當作亦然曰，上文先王之書當下貫〈召公之執令〉，謂先王之書又於〈三代不國〉有之曰，先王之書於〈召公之執令〉亦然。《墨子》引先王之書十六條，其中七條所引篇名，今在〈書序〉百篇中，以是例之，則〈召公之執令〉，蓋亦《書》之篇名。〔註103〕今〈書序〉未錄，蓋亡於先秦。

又案：〈非命〉上云：「此言湯之所以非桀之執有命也」，又云：「此言武王所以非紂執有命也」，又云：「執有命者之言，不可不非」，此篇引〈大誓〉而釋之曰：「此言紂之執有命也，武王以〈大誓〉非之」，引〈召公之執令〉、商夏之《詩》、《書》，而釋之曰：「執有命者，此天下之厚害也，是故子墨子非之〔註104〕也」，皆重言非字，孫氏言當作〈召公之非執命〉，是也。此蓋言召公非紂之執有命也。

不自降天之哉得之句不可讀，孫詒讓曰：「疑當作不自天降，自我得之」，降天誤倒，之涉下文之字而誤，哉我形近而誤，孫說甚允。

25. 〈禹之總德〉有之曰：「允不著，惟天命不而葆，既防凶心，天加之咎，不慎厥德，天命焉葆。」（〈非命〉下）

蘇時學曰：「《總德》。蓋逸書篇名。」〔註105〕

輝案：此引《書·禹之總德》文，〈書序〉無〈禹之總德〉篇，蘇氏以爲逸書篇名，是也。以〈仲虺之誥〉、〈湯之官刑〉、〈召公之非執命〉例之，此亦當作〈禹之總德〉，非但稱〈總德〉也。

26. 〈仲虺之告〉曰：「我聞有夏，人矯天命，于下，帝式是增，用爽厥師。」

〔註101〕《墨子閒詁》。
〔註102〕《墨子閒詁》引。
〔註103〕說詳第一章第二節。
〔註104〕本無之字，依孫詒讓說補。
〔註105〕《墨子閒詁》引。

（〈非命〉下）

輝案：此引《書‧仲虺之誥》文，〈非命〉上、中並引此文，而文句略有不同，說見本節第十九條。

27. 〈太誓〉之言也，於〈去發〉曰：「惡乎君子，天有顯德，其行甚章，為鑑不遠，在彼殷王，謂人有命，謂敬不可行，謂祭無益，謂暴無傷，上帝不常，九有以亡，上帝不順，祝降其喪，惟我有周，受之大帝。」

（〈非命〉下）

孫星衍曰：「或太子發三字之誤。」

莊述祖曰：「去發當為太子發。」

俞樾曰：「古人作書，或合二字為一，如石鼓文小魚作鯊，散氏銅盤銘小子作宎，是也。此文大子字或合書作奆，其下闕壞，則似去字，因誤為厺耳。《詩‧思文篇正義》引〈大誓〉曰：『惟四月，太子發上祭于畢，下至于孟津之上』，又云：『太子發升舟，中流，白魚入于王舟，王跪取出涘以燎之』……疑古〈太誓〉三篇，其上篇以太子發上祭于畢發端，至中下兩篇則作于得魚瑞之後，無不稱王矣，故學者相承〈泰誓〉上篇為〈太子發〉，以別中下兩篇，亦猶古詩以篇首字命名之例也。」〔註106〕

輝案：《墨子》云：「〈太誓〉之言也，於〈去發〉曰」，又云：「武王為〈太誓〉〈去發〉以非之」，以〈太誓〉、〈去發〉連稱，則〈去發〉為篇名無疑，孫星衍、莊述祖、俞樾並以去發為太子發之誤，說甚允。俞氏又引《詩‧思文正義》所引〈大誓〉文為說，則所引乃今文〈大誓〉之文，非先秦〈大誓〉，此其小疵。惟今文〈大誓〉乃據先秦所遺說〈大誓〉作意，敘〈大誓〉行事之語為之，〔註107〕則與〈大誓〉本文，必有相因之處，今文〈大誓〉「惟四月，太子發上祭于畢，下至于孟津之上」等語，即本於先秦所遺解說〈大誓〉之語。又考《孟子‧滕文公》下所引〈大誓〉，係文王伐于之誓，與《書序》所錄武王伐紂之誓異篇，然則先秦〈大誓〉，雖未必如《書序》所言，分上中下三篇，而其非止一篇，當無可疑。由是觀之，則俞氏謂其篇以「太子發」發端，學者相承以〈太子發〉名篇，猶古詩以篇首字命名之例，其說可信。《墨子》以〈大誓〉、〈太子發〉（〈去發〉）連稱者，猶《書畢命》，《漢書‧律歷志》稱〈畢命豐刑〉也。又〈大誓〉初但為泛稱，凡大會諸侯以誓者，皆可以〈大

〔註106〕《墨子閒詁》引。

〔註107〕說詳第一章第二節；本書 87 頁，第三章第八節第二條。

誓〉名篇，[註108] 朱彝尊曰：「〈去發〉也，〈大明〉也，皆〈太誓〉之篇分而名之者也。……《墨子》所述秦火以前之《書》，〈太誓〉、〈大明〉、〈去發〉、初不相紊也，[註109] 其以〈去發〉爲〈大誓〉之篇，甚允，謂〈太誓〉，〈大明〉、〈去發〉初不相紊，則亦見理未瑩。

〈太誓〉、當本作〈大誓〉，作太者，後人所改，說見第三章第八節第二條。

〈非樂〉上引〈大誓〉曰：[註110]「嗚乎！舞佯佯，黃言孔章，上帝弗常，九有以亡，上帝不順，降之百殃，其家必壞喪」，與此文句略同，蓋櫽括此引〈大誓〉文爲之。僞古文〈泰誓〉下云：「嗚呼！我西土君子，天有顯道，厥類惟彰」，〈泰誓〉中云：「厥監惟不遠，在彼夏王」，又云：「謂己有天命，謂敬不足行，謂祭無益，謂暴無傷」，〈泰誓〉下又云：「上帝弗順，祝降時喪」，〈咸有一德〉云：「厥德匪常，九有以亡」，〈泰誓〉下又云：「惟我有周，誕受多方」，並襲取此引〈大誓〉之文爲之。

鑑、僞孔改作監，監、鑑之初文，說見第四節第二條。

不常，僞孔作匪常，不、匪古通。不順，改作弗順。不、弗古通。說並見本書100頁，第三章第十一節第一條。

28. 故先王之書，〈子亦〉有之曰：「亓傲也，出於子不祥。」（〈公孟〉）

戴望曰：「〈子亦〉疑當作〈亓子〉，亓古其字，〈其子〉即〈箕子〉，《周書》有〈箕子篇〉，今亡，孔晁作注時，當尚在也。」[註111]

輝案：此引《書·子亦》文。〈書序〉無〈子亦〉篇，其篇蓋亡於先秦。《墨子》引先王之書者十六條，其中七條所引篇名，今在〈書序〉百篇之中，以是例之，則〈子亦〉蓋亦《書》之篇名，[註112] 戴氏以爲〈子亦〉即〈箕子〉之譌，今《逸周書·箕子篇》已亡，此所引〈子亦〉文，則又片言殘句，無以考知全文之旨，存疑可也。

第二節　引《書》稱《書》曰

1. 《夏書》曰：「禹七年水。」（〈七患〉）

［註108］說見本書190頁，第九章第一節第三條。
［註109］〈經義考〉卷二百六十引《書》逸經。
［註110］今誤作乃言曰。
［註111］《墨子閒詁》引。
［註112］說詳第一章第二節。

輝案：此引《夏書》逸文。《管子‧山權數》曰：「禹五年水」，《荀子‧富國》云：「禹十年水」，此蓋亦引《夏書》文，而所稱年數不同，此可見先秦《尚書》未有定本。古書計數、每以傳聞不同，故隨文而異。《孟子‧盡心》下云：「武王之伐殷也，革車三百兩，虎賁三千人」，《逸周書‧克殷篇》則云：「周車三百五十乘，陳于牧野」，《墨子‧明鬼》下則云：「武王以擇車百兩，虎賁之卒四百人，……與殷人戰乎牧之野」，《風俗通‧三王》引《尚書》云：「武王戎車三百兩，虎賁八百人，禽紂于牧之野」，〈書序〉云：「武王戎車三百兩，虎賁三百人，與受戰于牧野」，所言數並差異，亦以傳聞各異之故。賈誼《新書‧憂民》云：「禹有十年之蓄，故免九年之水」，亦櫽括《夏書》逸文。

2. 《殷書》曰：「湯五年旱」（〈七患〉）

輝案：《管子‧山權數》，《荀子‧富國》並云：「湯七年旱」，此蓋亦引《殷書》逸文，而與此不同，《莊子‧秋水》云：「湯之時，八年七旱」，此亦櫽括《殷書》逸文，而計數又與諸書有別。又賈誼《新書‧憂民》云：「湯有十年之積，故勝七年之旱」，《淮南子‧主術篇》云：「湯之時，七年旱」，亦引《殷書》逸文，而與《管子》、《荀子》說同。《呂氏春秋‧順民》云：「昔者湯克夏而正天下，天大旱，五年不收」，則與《墨子》此說同。

3. 《周書》曰：「國無三年之食者，國非其國也；家無三年之食者，子非其子也。」（〈七患〉）

輝案：此引《周書》逸文。《逸周書‧文傳》引《夏箴》曰：「小人無兼年之食，遇天饑，妻子非其有也；大夫無兼年之食，遇天饑，臣妾與馬非其有也；國無兼年之食，遇天饑，百姓非其有也」。《慎子》引《夏箴》曰：「小人無兼年之食，遇天饑，妻子非其有也；大夫無兼年之食，遇天饑，臣妾與馬非其有也」，〔註113〕文辭相同，則《夏箴》文本如此。《墨子》所引《周書》，蓋櫽括《夏箴》之文爲之，故與《逸周書》、《慎子》所引《夏箴》之文，義相近而文辭不同。《穀梁傳》莊公二十八年云：「國無三年之畜，曰國非其國也」，與《墨子》所引《周書》文略同，則又櫽括《墨子》所引《周書》逸文爲之。以其文出《周書》，故《墨子》引但稱《周書》而不稱《夏箴》，而《穀梁傳》同引此文，亦不稱《夏箴》也。《墨子‧非攻》中云：「君子不鏡於水，而鏡於人」，此櫽括〈酒誥〉所引古人之言：「人無於水監，當爲民監」，亦不

〔註113〕清錢熙祚嘗輯《慎子》逸文一卷。錢氏所輯此條，未注明出處，未知所本。

稱古人有言，不稱舉〈酒誥〉篇名，與此例同。後人見《逸周書・文傳》引《夏箴》文，與《墨子》引《周書》文相類，因謂《墨子》稱《夏箴》之辭如如此，〔註114〕孫詒讓乃據以謂此書當稱《夏箴》，《逸周書》同，今本挩之，〔註115〕說皆未允。

又案：《墨子》此引《周書》逸文，與《逸周書・文傳》引《夏箴》文，雖同出《夏箴》，而文辭有別，則此《周書》非《逸周書・文傳篇》可知。又先秦典籍多引《周書》逸文，今未必在《逸周書》中，則朱右曾以《墨子》此引《周書》，爲《逸周書》佚文，〔註116〕說亦未允。

4. 《傳》曰：「泰山，有道曾孫周王有事，大事既獲，仁人尚作，以祇商夏，蠻夷醜貉。雖有周親，不若仁人，萬方有罪，維予一人」。（〈兼愛〉中）

輝案：《說苑・君道篇》引《書》曰：「百姓有罪，在予一人」，《論語・堯曰篇》云：「雖有周親，不如仁人，百姓有過，在予一人」，則此所引蓋《書》之逸文。稱《傳》曰者，猶《荀子・君子》引《書・呂刑》「一人有慶，兆民賴之」，而稱《傳》曰之比。

僞古文〈武成〉云：「惟有道曾孫周王發」，襲取此文爲之。又云：「予小子既獲仁人，敢祇承上帝，以遏亂略，華夏蠻貊，罔不率俾」，亦襲取此文而略加改動者。僞古文〈泰誓〉中云：「雖有周親，不如仁人」，又云：「百姓有過，在予一人」，則襲取《論語・堯曰》引《周書》逸文爲之。不知《墨子》此引亦《周書》逸文，而或以竄入〈武成〉，或以竄入〈泰誓〉，其僞作之迹甚明。

《尸子》曰：「苟有仁人，何必周親」，《說苑・貴德篇》曰：「無變舊新，惟仁是親，百姓有過，在予一人」，並檃括《周書》逸文。

5. 《周詩》即亦猶是也，《周詩》曰：「王道蕩蕩，不偏不黨；王道平平，不黨不偏。」（〈兼愛〉下）

輝案：此引《書・洪範》之文。〈洪範〉云：「無偏無黨，王道蕩蕩；無黨無偏，王道平平」，文句微有不同。不，孔傳本作無，不無字通，說見本書146頁，第五章第二節第二十條。

〔註114〕《太平御覽》五百八十八引胡廣《百官箴敍》云：「《墨子》著書稱《夏箴》之辭，蓋即指此」。
〔註115〕《墨子閒詁》。
〔註116〕《逸周書集訓校釋》。

引《書》文而稱《周詩》者，孫詒讓曰：「古《詩》《書》亦多互稱，《戰國策・秦策》引《詩》云：『大武遠宅不涉』，即《逸周書・大武篇》所云『遠宅不薄』，可以互證」，〔註 117〕考〈尚同〉中引《周頌・載見》文而稱先王之書；〈兼愛〉下引《大雅・抑》文，而謂先王之所書；〔註 118〕《天志》下引《大雅・皇矣》文，而稱先王之書；〈明鬼〉下引《大雅・文王》文，而稱《周書》有之，〔註 119〕是《墨子》引《詩》、《書》有互稱之例。又《呂氏春秋・慎大篇》引《周書》曰：「若臨深淵，若履薄冰」，此引《詩・小雅・小旻》「如臨深淵，如履薄冰」之文，而稱《周書》者，是亦《詩》、《書》互稱之例，朱右曾以《呂氏春秋》所引爲《逸周書》佚文，〔註 120〕江聲、屈萬里先生並以爲《周書》逸文，〔註 121〕皆未允，然則孫氏謂古《詩》、《書》多互稱，其說是也。

《墨子》引〈洪範〉文，而稱《周詩》，則墨家所授《尚書》，〈洪範〉在《周書》，與馬鄭同，而與《左傳》引〈洪範〉文而稱《商書》者異，此可見先秦《尚書》未有定本，非僅篇名無定稱，文字歧異，即序次亦互有同異也。〔註 122〕

平，一作便。《史記・宋世家》曰：「毋偏毋黨，王道蕩蕩；毋黨毋偏，王道平平」，字作平，與《墨子》引同，孔傳本亦作平。又《史記・張釋之馮唐傳贊》引《書》曰：「不偏不黨，王道蕩蕩；不黨不偏，王道便便」，此引〈洪範〉文，字作便。平、便同屬奉紐，古歸並紐，韻則同在第十一部，古音同通用，《詩・采菽》「平平左右」，《釋文》引《韓詩》作「便便左右」，《左傳》襄公十一年引作「便蕃左右」；《書・堯典》「平章百姓」，《史記・五帝紀》作「便章百姓」；又〈堯典〉「平秩東作」，《史記・五帝紀》作「便程東作」；此二字互用之證。

平、一作辨。《史記・張釋之馮唐傳・集解》引徐廣曰：「便，一作辨」。辨、辦之俗字，段玉裁曰：「辦從刀，俗作辨，爲辨別字」。〔註 123〕平、便同屬奉紐，古歸並紐，辨屬並紐；韻則平便同在第十一部，辨在第十二部，韻

〔註 117〕《墨子閒詁》。
〔註 118〕孫詒讓曰：「所字疑衍」。
〔註 119〕今本《周書》下有《大雅》二字，吳鈔本無之。
〔註 120〕《逸周書・集訓校釋》。
〔註 121〕《尚書集注音疏》卷十二，《尚書釋義》附錄一。
〔註 122〕說見本書 142 頁，第五章第二節第十條。
〔註 123〕《說文》刀部辦字下注。

部相近，三字古音近通用，《書·堯典》「平秩東作」，《史記·五帝紀》作「便程東作」，《周禮·馮相氏》注引作「辨秩東作」，《詩·采菽正義》曰：「〈堯典〉云：『平章百姓』，《書傳》作『辨章』，則平辨義同而古今之異耳」，《癸辛雜識》前集引《尚書大傳》曰：「辨章百姓」，班固〈典引〉曰：「惇睦辨章之化洽」，〈答賓戲〉曰：「辨章舊聞」，此並引《書·堯典》「平章百姓」文，並作辨，段玉裁曰：「便、古與平辨通用，如《史記》『便章百姓』，古文《尚書》作平，今文《尚書》作辨」，〔註124〕其說是也，此平、便、辨三字互用之證。孔傳本作平平，《釋文》、《正義》未言馬鄭之異，則偽孔蓋承馬鄭之舊，是古文《尚書》作平。《史記·宋世家》作平，〔註125〕並與《墨子》引同，此則先秦《尚書》同於今文、古文者。又〈張釋之馮唐傳贊〉引作便便，是今文《尚書》一作便便，與《墨子》引異，此可見先秦《尚書》與漢世所傳《尚書》，互有同異，不盡相同。《偽孔傳》曰：「平平、言辯治」，《詩·采菽》「平平左右」傳亦云：「平平，辯治也」，則本字當作辯，字作平、便、辨者，皆借字也，辯、辨同屬並紐，同在第十二部，二字音同，故得借用也。

6. 然則姑嘗上觀乎《商書》曰：「嗚呼，古者有夏，方未有禍之時，百獸貞蟲，允及飛鳥，莫不比方，矧佳人面，胡敢異心，山川鬼神，亦莫敢不寧，若能共允，佳天下之合，下土之葆。」（〈明鬼〉下）

　　輝案：此引《商書》逸文，其篇蓋亡於秦漢之際。《鹽鐵論·未通篇》云：「矧惟人面，含仁保德」，〈繇役篇〉云：「普天之下，惟人面之倫，莫不引領而歸其義」，《後漢書·章帝紀》云：「訖惟人面，靡不率俾」，〈和帝紀〉云：「戒惟人面，無思不服」，並檃括《墨子》所引《商書》逸文。偽古文〈伊訓〉云：「嗚呼，古有夏先后，方懋厥德，罔有天災，山川鬼神，亦莫不寧」，襲取此引《商書》逸文爲之。

7. 故尚書《夏書》，其次商周之《書》。（〈明鬼〉下）

　　王引之曰：「尚書夏書，文不成義，尚與上同，書當爲者，言上者則《夏

〔註124〕《說文》人部便字下注。

〔註125〕陳喬樅謂平平，〈張釋之馮唐傳贊〉引作便便，則〈宋世家〉載〈洪範〉文當同作便便，其作平平者，乃後轉寫改之耳。說見《今文尚書經說考》。其說未允，案《漢書·儒林傳》曰：「遷書載〈堯典〉、〈禹貢〉、〈洪範〉、〈微子〉、〈金縢〉諸篇，多古文說」，〈宋世家〉作平平，與古文《尚書》作平平者同，非必後人所改。

書》，其次則商周之《書》也，此涉上下文書字而誤。」〔註 126〕

　　輝案：此但引《夏書》、《商書》、《周書》之名，而未引其文。據《墨子》所言，則分《書》爲《夏書》、《商書》、《周書》三類，與《左傳》分爲虞、夏、商、周四類者不同，與馬鄭分爲《虞夏書》、《商書》、《周書》者亦有別，儒墨所授《書》，本各有異，於此又得一證。

　　陳夢家以墨子此處明言尙書之名目指夏書，至漢，并商周書亦曰《尙書》，〔註 127〕今考先秦典籍但名曰《書》，無稱《尙書》者，《墨子》此言「尙書」，意謂上古之書，乃泛稱，非專名，與後世稱《書》爲《尙書》者有別，蓋《墨子》歷述《周書》、《商書》、《夏書》言鬼神之語，而結之云：「故尙書《夏書》，其次商周之《書》，語數鬼神之有也」，尙者上古之謂，與下文「其次」相對之詞，屈萬里先生謂《墨子‧明鬼》下尙書一辭，形容《夏書》，意謂上古之書，乃泛語，非專名〔註 128〕說至允當。王氏以書爲者字之誤，乃臆測之辭，孫詒讓乃據以改《墨子》本文，非是。陳氏以《尙書》爲專名，專屬《夏書》，與先秦典籍稱《尙書》爲《書》之例不合，亦非。

8. 在於商夏之《詩》《書》曰：「命者暴王作之。」（〈非命〉中）

　　輝案：先秦典籍引《書》，或稱《尙書》，或稱《夏書》，未有商夏連稱者。又先秦典籍或引《書》，或引《詩》，未有《詩》《書》連稱者。又《墨子》一書，固有《詩》《書》互用之例，引《書‧洪範》而稱《周詩》，〔註 129〕引《詩‧周頌》，《大雅》而稱先王之書，〔註 130〕然亦未有《詩》、《書》並稱之例，此疑有衍文，或作《商書》、或作《夏書》，審之文辭，不類《詩》句，當非《商詩》、《夏詩》也。其《書》今亡，莫辨其爲《商書》，抑或《夏書》矣。

第三節　引《書》不舉篇名不稱《書》曰

1. 故古者建國設都，乃立后王君公，奉以卿士師長，此非欲用說也，唯辯而使助治天明也。（〈尙同〉下）

〔註 126〕《墨子閒詁》引。案孫氏據《讀書雜志》七之三「尚書」條，《讀書雜志》「王引之曰」作「念孫案」。

〔註 127〕見《尚書通論》第 25 頁。

〔註 128〕見《尚書釋義》敘論。

〔註 129〕〈兼愛〉下。

〔註 130〕〈尚同〉中、〈兼愛〉下。

輝案：此亦引〈距年〉文，而與中篇所引，文字微異。立、中篇作「作」，《詩‧天作》疏：「作者造立之言」，立作義近互用。中篇「君公」下有「否用泰也」句，下篇無者，蓋傳寫譌奪。

非欲用說，中篇作否用佚，非否通用，說見第一節第四條。說、佚同屬喻紐，古雙聲通用，作佚者本字，說者借字。

卿、中篇作輕，二字音同通用，說見第一節第八條。

唯，中篇作維，二字並从隹聲，古音同通用，說見第一節第六條。天明，中篇作天均，明謂明察下民，均謂待民公允，二者相因，均明義近通用。

第四節　檃括《書》文不舉篇名不稱《書》曰

1. 昔者文王之治西土，若日若月，乍光于四方，于西土，不爲大國侮小國，不爲眾庶侮鰥寡，不爲暴勢奪穡人黍稷狗彘，天屑臨文王慈。(〈兼愛〉中)

輝案：下篇引〈泰誓〉曰：「文王若日若月，乍照光于四方，于西土」，與此文句相同，則此亦引〈大誓〉文。不爲大國侮小國以下四句，孫詒讓曰：「疑並出古〈泰誓〉，今僞古文止采下篇，故無之」，〔註131〕今案此檃括〈大誓〉文，故下篇云「文王若日若月」，而此則云「昔者文王之治西土，若日若月」，治西土等字，蓋以意增屬者。然則不爲大國侮小國以下四句，蓋亦《墨子》釋《書》之語，未必〈大誓〉本文也。

2. 古者有語曰：「君子不鏡於水，而鏡於人，鏡於水，見面之容，鏡於人，則知吉與凶。」(〈非攻〉中)

輝案：此檃括《書‧酒誥》之文。〈酒誥〉云：「古人有言曰：『人無於水監，當於民監』」，監、鑑之初文，監鏡同屬見紐，二字古通用，《廣雅‧釋器》云：「鑑謂之鏡」，《左傳》莊公二十一年：「王以后之鞶鑑予之」，《釋文》云：「鑑，鏡也」，並以叚借義釋之，鏡本字，監借字，監本爲大盆，或以銅爲之，故字或从金，周代銅器有吳王大差監，〔註132〕字正作監，不从金。《說文》臥部云：「監，臨下也」，此監之引申義，本義當訓大盆，與鑑爲一字。《國語‧吳語》云：「申胥曰：『王蓋亦鑑於人，無鑑於水』」，亦檃括〈酒誥〉之文，

〔註131〕《墨子閒詁》。
〔註132〕見《三代》十八卷4頁。

而字作鑑。《太公金匱陰謀》有武王鏡銘云：「以鏡自照者見形容，以人自照者見吉凶」，〔註133〕與此所引「鏡於水，見面之容；鏡於人，則知吉與凶」，文義相類，蓋後人襲取《墨子》隳括《書・酒誥》之文，而託於武王者。

3. 古者堯治天下，南撫交阯，北降幽都，東西至日所出入，莫不賓服。（〈節用〉中）

　　輝案：此隳括〈堯典〉文。〈堯典〉曰：「分命羲仲，宅嵎夷曰暘谷，寅賓出日」，又云：「申命羲叔，宅南交」，又云：「分命和仲，宅西曰昧谷，寅餞納日」，又云：「申命和叔，宅朔方曰幽都」，此則約取彼四句之文爲之。《後漢書・東夷傳》云：「昔堯命羲仲，宅嵎夷，曰暘谷，蓋日之所出也」，暘谷，日之所出，《說文》云：「叒、日初出東方湯谷所登榑桑。桑也」，〔註134〕湯谷即暘谷。昧谷，日之所入，故此云東西至日所出入。《大傳》云：「堯南撫交阯」，〔註135〕《韓非子・十過》云：「其地南至交阯，北至幽都，東西至日月之所出入者，莫不賓服」，《大戴禮・五帝德》云：『北至于幽陵，南至于交阯』，又〈少閒〉云：「朔方幽都來服，南撫交阯，出入日月，莫不率俾」，《荀子・王霸》楊注引《尸子》云：「堯南撫交阯，北懷幽都，東西至日月之所出入」，並隳括〈堯典〉文，與《墨子》此所引文略同。又《淮南子・脩務篇》云：「北撫幽都，南道交阯」，《說苑・反質》云：「臣聞堯有天下，其地南至交阯，北至幽都，東西至日所出入」，賈誼《新書・脩政語》上云：「堯撫交阯，北中幽都」，亦隳括〈堯典〉之文。

4. 故聖王其賞也必於祖，其僇也必於社。（〈明鬼〉下）

　　輝案：此隳括《書・甘誓》文。〈甘誓〉云：「用命賞于祖，弗用命戮于社」，戮，此引作僇，戮僇並从翏聲，古音同通用，《書・湯誓》「予則孥戮汝」，《史記・殷本紀》作「予則帑僇汝」，《禮記・表記》「則刑戮之民」，《釋文》：「戮，本作僇」，此二字互用之證。〈明鬼〉下引〈禹誓〉曰：「是以賞于祖而僇于社」，〈夏本紀〉引〈甘誓〉作「不用命僇于社」，字並作僇，與此所引同。戮、本字，作僇者借字也。

　　《周禮・秋官・大司寇》云：「大軍旅、涖戮于社」，與此說合，是賞祖僇社，古禮如此。

〔註133〕《後漢書・朱穆傳》注引。
〔註134〕叒部。
〔註135〕《水經注》引。

5. 乃言曰：「嗚乎，舞佯佯，黃言孔章，上帝弗常，九有以亡，上帝不順，降之百殃，其家必壞喪。」〈〈非樂〉上〉

　　輝案：此隱括書〈大誓〉。〈非命〉下引〈大誓〉曰：「惡乎君子，天有顯德，其行甚章，爲鑑不遠，在彼殷王，謂人有命，謂敬不可行，謂祭無益，謂暴無傷，上帝不常，九有以亡，上帝不順，祝降其喪，惟我有周，受之大帝。」弗常，此作不常，弗不通用，說見第三章第十一節第一條。餘則隱括文義爲之。孫詒讓曰：「後數句〈非命〉下篇別爲〈大誓〉文，疑當作〈大誓〉曰」，〔註136〕此所言與上文〈湯之官刑〉本不相蒙，其後傳寫錯亂，遂不可讀，後人因混淆二文爲一，而以「乃言曰」三字承上啓下，孫說可信。僞古文〈伊訓〉云：「聖謨洋洋，嘉言孔彰，惟上帝不常，作善降之百祥，作不善降之百殃」，襲取此引〈大誓〉文爲之，以《墨子》原文譌亂不可讀，僞孔不察，遂以此竄入〈伊訓〉篇，閻氏已斥其非，說詳《古文尙書疏證》第六條。

　　章，僞孔改作彰，彰從章聲，二字古音同通用，《書・皋陶謨》「彰厥有常」，《史記・夏本紀》作「章其有常」，此二字互用之證。樂竟曰章，〔註137〕引申有章明之義，作章者本字。作彰者借字。

　　殃、僞孔作殃，《說文》無殃字，字當從歹羊聲，羊、央同在第十部，古疊韻通用。則殃蓋殃之或體。朱駿聲云：「殃字亦作祆，作殃」，〔註138〕是也。

〔註136〕《墨子閒詁》。
〔註137〕《說文》音部。
〔註138〕《說文通訓定聲》壯部第十八。

第十九章 《呂氏春秋》引《書》考

　　《呂氏春秋》，舊題呂不韋撰，考《史記・呂不韋傳》稱不韋使其客，人人著所聞，集論以為八覽、六論、十二紀，二十餘萬言，號曰《呂氏春秋》，則此書非不韋所自著，實其賓客之所集也。其書不成於一人，不能以一家名，是以《漢書・藝文志》著之雜家，《四庫提要》著之子部雜家類，承《漢志》之舊。

　　《漢書・藝文志》著錄《呂氏春秋》二十六篇，自《漢志》以下皆同，庚仲容《子鈔》、陳振孫《書錄解題》、《史記・索隱》作三十六者，三蓋二之誤，《文獻通考》作二十者，蓋奪六字也。今本凡十二紀、八覽、六論、《紀》所統子目六十一，《覽》所統子目六十三，《論》所統子目三十六、凡一百六十篇，與《漢志》言二十六篇者異，呂思勉曰：「此書篇數實止二十六，今諸《覽》、《論》、《紀》各分若干篇，非不韋書本然也」。〔註1〕

　　此書《史記》本傳稱《呂氏春秋》，《漢志》亦稱《呂氏春秋》，世或稱《呂覽》者，呂思勉曰：「編次當如梁玉繩初說，先《覽》後《論》，而終之以《紀》，世稱《呂覽》，蓋舉其居首者言之，《序意》在十二《紀》後，尤其明證」，〔註2〕今從《史記》，題稱《呂氏春秋》。

　　《呂氏春秋》一書，凡引《書》二十五條，其中〈慎大篇〉引《周書》曰：「若臨深淵，若履薄冰」，此引《詩小雅・小旻》「如臨深淵，如履薄冰」之文，古《詩》、《書》可以互稱，〔註3〕朱右曾以為《逸周書》佚文，〔註4〕江聲、〔註5〕屈萬里先生，〔註6〕並以為《尚書・周書》逸文，說皆未允。去

〔註1〕《經子解題》。
〔註2〕《經子解題》。
〔註3〕說詳本書315頁，第十八章第二節第五條。
〔註4〕《逸周書集訓校釋》。
〔註5〕《尚書集注著疏》卷十二。
〔註6〕《尚書釋義》附錄一。

其一，得二十四條。此二十四條中，其稱舉篇名者三條，所稱篇名，計〈仲虺之誥〉、〈洪範〉等二篇。其稱《夏書》者一條，所引爲逸書，篇名無可考。其稱《商書》者二條，所引皆逸書，篇名無可考。其稱《周書》者三條，所引皆逸書，篇名無可考。其稱《書》者一條，所引篇名，經考定爲〈咸乂〉一篇。其引《書》不舉篇名，不稱《書》曰者三條，其中一條，經考定爲《商書》逸文，篇名無可考；所餘二條，所引篇名，經考定爲〈湯誓〉、〈洪範〉二篇。其櫽括《書》之意，未舉篇名，未稱《書》曰者十一條，其中一條，經考定爲《殷書》逸文，又一條經考定爲《虞書》逸文，篇名皆無可考；所餘九條，所引篇名，經考定爲〈堯典〉、〈皋陶謨〉、〈牧誓〉、〈無逸〉等四篇。

總計《呂氏春秋》引《書》二十四條中，凡引《書》八篇，其篇名爲：〈堯典〉、〈皋陶謨〉、〈仲虺之誥〉、〈湯誓〉、〈咸乂〉、〈牧誓〉、〈洪範〉、〈無逸〉。其在伏生二十九篇者，計〈堯典〉、〈皋陶謨〉、〈牧誓〉、〈洪範〉、〈無逸〉等五篇。其在鄭注〈書序〉云亡之四十二篇者，計〈仲虺之誥〉、〈咸乂〉等二篇。其在百篇之外者，計〈湯誓〉一篇。

綜考《呂氏春秋》引《書》二十四條，可得如下結論：

一、所引《書》二十四條中，稱舉篇名者僅三條，所舉篇名僅〈仲虺之誥〉、〈洪範〉二篇。與漢人所稱《書》有百篇者，相去甚遠，此可見先秦《尚書》未必有百篇之數。

二、所引《書》二十四條中，計《虞書》逸文一條，《夏書》逸文一條，《商書》逸文四條，《周書》逸文三條，鄭注〈書序〉云亡者二條，百篇之外者一條。總此十二條，其文今皆不在伏生二十九篇中，此可見《書》之亡逸，遠在先秦其他典籍之上。亦可見《書》有亡逸，確實可信。康有爲不信亡書、逸書，以伏生所傳二十八篇爲備，〔註7〕實有未當。

三、引《書‧湯誓》文，乃湯禱雨之辭，與〈書序〉所錄伐桀之〈湯誓〉別篇，則在百篇之外矣。此可見先秦《尚書》非僅未必有百篇，抑且未必以〈書序〉所錄百篇爲備也。

四、〈順民篇〉所引湯禱雨之辭，與《國語‧周語》上所引〈湯誓〉之文，最爲相近，則《國語》所引〈湯誓〉，乃湯禱雨之誓，與〈書序〉所錄伐桀之〈湯誓〉別篇，此可證韋昭注《國語》，以《國語》所引〈湯誓〉爲湯伐桀之誓，其說非是。

〔註7〕《新學僞經考‧漢書藝文志辨僞》條。

五、先秦典籍多引〈洪範〉文，而或稱《商書》，〔註8〕或稱《周詩》，〔註9〕或稱《書》，〔註10〕或稱〈先王之法〉，〔註11〕皆不稱〈洪範〉。〈洪範〉之名，始見於《呂氏春秋》。此可見〈洪範〉之文，其來甚古，蓋周初已有，其後迭經整理，或屬之《商書》，或屬之《周書》，至戰國末年，〈洪範〉之名，始成定稱。

六、〈貴公篇〉所引〈洪範〉文，與《墨子‧兼愛》下，《荀子‧修身》、〈天論〉、《韓非子‧有度》所引，雖同出一《書》，而彼此文字頗有同異；〈驕恣篇〉所引〈仲虺之誥〉文，與《荀子‧堯問》所引，亦不盡相同。此可見先秦《尚書》未有定本，是以同引一《書》，而文句每多歧異。

七、〈貴公篇〉所引〈洪範〉，文句次第與今本《尚書》不同，則漢世所傳《尚書》，無論孔氏古文、三家今文，雖皆傳自先秦，然傳寫口誦之際，既經改易，重以先秦《尚書》無有定本，故與先秦《尚書》不盡相同。

八、〈順民篇〉曰：「余一人有罪，無及萬夫；萬夫有罪，在余一人」，《墨子‧兼愛》下引稱〈湯說〉；〈報更篇〉曰：「此《書》之所謂德幾無小者也」，《墨子‧明鬼》下引稱〈禽艾〉；又〈順民〉曰：「昔者湯克夏而正天下，天大旱，五年不收」，《墨子‧七患》引稱《殷書》，《史記‧呂不韋傳》稱不韋門下食客三千，其中當有墨家學者，〈順民〉等篇或出於墨者之手，是以篇中所引《書》，每與《墨子》一書互見。

九、《書》「夔曰：『於，予擊石拊石，百獸率舞』」之文，並見於〈堯典〉。〔註12〕〈皋陶謨〉，〔註13〕學者或以此為〈皋陶謨〉文，錯簡而重見於〈堯典〉者，今以〈古樂篇〉隱括〈堯典〉文，而云「乃拊石擊石，……以致舞百獸」觀之，則〈堯典〉本有夔曰以下十二字，非〈皋陶謨〉文錯簡重見於〈堯典〉也。

以上九點，舉其大端者言，他如今文古文之異，皮氏說今文《尚書》之失，《大傳》「亢才」之語，非出於〈大誓〉，若夫偽古文之所由出，詳具各條，不贅述。

〔註8〕左傳文公五年，成公六年，襄公三年。
〔註9〕《墨子‧兼愛》下。
〔註10〕《荀子‧修身》、〈天論〉。
〔註11〕《韓非子‧有度》。
〔註12〕孔傳本在〈舜典〉。
〔註13〕孔傳本在〈益稷〉。

－325－

第一節　引《書》稱舉篇名

1. 〈鴻範〉曰：「無偏無黨，王道蕩蕩；無偏無頗，遵王之義；無或作好，遵王之道；無或作惡，遵王之路。」（〈貴公〉）

　　輝案：此引〈洪範〉文。孔傳本作「無偏無陂，遵王之義；無有作好，遵王之道；無有作惡，遵王之路；無偏無黨，王道蕩蕩」，文句與此所引略有不同。《史記・宋世家》曰：「毋偏毋頗，遵王之義；毋有作好，遵王之道；毋有作惡，遵王之路；毋偏毋黨，王道蕩蕩」，毋無小異，而文句次序則與孔傳本同，與《呂氏春秋》所引異，此可見漢世所傳《尚書》，無論古文、今文，與先秦《尚書》不盡相同。又《墨子・兼愛》下引作「王道蕩蕩，不偏不黨；王道平平，不黨不偏」，以「王道蕩蕩」，「王道平平」二句相次，與孔傳本、《史記・宋世家》、《張釋之馮唐傳》贊所引同，而《呂氏春秋》所引，則以「王道蕩蕩」句移前，與「遵王之義」句相次，與《墨子》引異，此可見先秦《尚書》未有定本，是以同引一《書》，而文句互有同異。

　　《左傳》襄公三年引「無偏無黨，王道蕩蕩」，而稱《商書》；《墨子・兼愛》下引「王道蕩蕩，不偏不黨；王道平平，不黨不偏」，而稱《周詩》；《荀子・修身》、《天論》並引「無有作好，遵王之道；無有作惡，遵王之路」，而並稱《書》曰；《韓非子・有度》引「毋或作惡，從王之路」，而稱〈先王之法〉；與此同引〈洪範〉文，而皆不稱〈洪範〉。不惟是也，《左傳》文公五年引《商書》曰：「沈漸剛克，高明柔克」；成公六年引《商書》曰：「三人占，從二人」；並引〈鴻範〉文，而不稱〈洪範〉。獨《呂氏春秋》此引「無偏無黨」四句，及〈君守〉引「惟天陰騭下民」，稱〈鴻範〉曰。然則〈洪範〉之文，周初已有，其後以其文述箕子陳洪範九疇，箕子商之舊臣，因以爲《商書》；或以其文述箕子對武王之辭，因以爲《周書》；至戰國末年，始以〈洪範〉命篇，故《呂氏春秋》引稱〈洪範〉，《左傳》、《墨子》則引稱《商書》、《周詩》也。

　　〈鴻範〉，《大傳》、《史記》、〈書序〉並作〈洪範〉。〔註14〕洪、鴻同屬匣紐，同在第九部，古音同通用，《書・皐陶謨》「洪水滔天」，《史記・夏本紀》

〔註14〕皮錫瑞曰：「今文洪作鴻」，引《大傳》「〈鴻範〉可以觀度」爲證，見《今文尚書考證》卷十一。今考陳壽祺《尚書大傳輯校》卷三云：「〈洪範〉可以觀度」，字仍作洪，皮氏考之未審。惟〈洪範〉「天乃錫禹洪範九疇」，《史記・宋微子世家》作「天乃錫禹鴻範九等」；又「不畀洪範九疇」，〈宋世家〉作「不從鴻範九等」；《後漢書・質帝紀》云：「鴻範九疇，休咎有象」，此亦引〈洪範〉文，字作鴻，則皮氏謂今文作〈鴻範〉，其說是也。

作「鴻水滔天」；〈洪範〉「鯀陻洪水」，〈宋世家〉作「鯀陻鴻水」；《禮記‧緇衣》注「深淵鴻波」，《釋文》：「鴻，本作洪」；此二字互用之證。大水曰洪，大鳥曰鴻，〔註15〕二字義亦相近，故《爾雅‧釋詁》訓洪，《呂氏春秋‧愛類篇》「名曰洪水」注訓鴻，並云大也。

頗，今《尚書》作陂，《釋文》云：「陂，舊本作頗」，阮元曰：「《唐書‧藝文志》開元十四年，玄宗以〈洪範〉無頗聲不協，詔改爲無偏無陂。《困學紀聞》宣和六年，詔〈洪範〉復從舊文，以陂爲頗。然監本未嘗復舊也。顧炎武曰：『《呂氏春秋》引此正作頗，而下文有人用側頗僻之語，況以古音求之，作頗爲協』，〔註16〕則作陂者，玄宗所詔改，孔傳本固作頗，與《呂氏春秋》引同，《史記‧宋世家》曰：「毋偏毋頗，遵王之義」，字亦作頗，是今文、古文並與先秦《尚書》同。

無偏無黨，《史記‧宋世家》，熹平石經並作「毋偏毋黨」，無毋音同通用。《史記‧張釋之馮唐傳贊》引《書》曰。《說苑‧至公》引《書》曰、《漢書‧東方朔傳》引《書》曰、並作「不偏不黨」，不、無同屬脣音，旁紐雙聲，古相通用，說見本書146頁，第五章第二節第二十條。

無偏無頗，〈宋世家〉作「毋偏毋頗」，毋無音同通用。

無或作好二句，《荀子‧修身》、〈天論〉引並作「無有作好」、「無有作惡」；《韓非子‧有度》引作「毋或作惡，從王之路」；《史記‧宋世家》作「毋有作好」，「毋有作惡」。有、或疊韻通用，無、毋音同通用，說見本書248頁，第十三章第二節第一條。

2.〈鴻範〉曰：「惟天陰騭下民。」（〈君守〉）

輝案：此引《書‧洪範》文。孔傳本、《漢書‧五行志》、蔡邕《司空文烈侯楊公碑》，並作「惟天陰騭下民」，與此引同。《釋文》云：「騭，之逸反，馬云升也」，則馬本作騭，孔傳本承用之。則今文、古文並與先秦《尚書》同。《史記‧宋世家》作「維天陰定下民」，皮錫瑞曰：「騭作定，故訓字。……段玉裁云：『騭不訓定，疑今文《尚書》本作質』，非也。」〔註17〕考《尚書正義》引王肅注：「陰，深也，言天深定下民，與之五常之性」，《漢書‧五行志》師古注：「騭音質，騭，定也」，並與《史記》合，孫星衍曰：「《釋詁》騭格

〔註15〕《文選‧嘯賦》注：「大曰鴻，小曰鷹」。
〔註16〕《尚書注疏校勘記》卷十二。
〔註17〕《今文尚書考證》卷十一。

同詁，格者，趙岐注《孟子》云：「『正也』，《齊語》云：『正卒伍』，《漢書·刑法志》作定卒伍，〈堯典〉以閏月定四時，《史記》作正四時，《論語》云：『就有道而正焉』，正定通字，故騭爲定也」，〔註18〕則定乃騭之故訓字，段氏謂今文《尙書》作質，未允。

惟，《史記·宋世家》作維，惟、維並从佳聲，古音同通用，說見本書290頁，第十八章第一節第三條。

3. 王曰「〈仲虺〉有言，不穀說之。曰：『諸侯之德能自為取師者王，能自取友者存，其所擇而莫如己者亡。』」（〈驕恣〉）

　　輝案：此引《書·仲虺之誥》文。〈書序〉有〈仲虺之誥〉，其篇亡於先秦，鄭注〈書序〉云：「亡」，是也。《荀子·堯問》引〈中蘬之言〉曰：「諸侯自爲得師者王，得友者霸，得疑者存，自爲謀而莫己若者亡」，亦引〈仲虺之誥〉文，而稱〈中蘬之言〉，與此稱〈仲虺〉者異，所引文字，與此亦頗有出入，此可見先秦《尙書》未有定本，是以篇名未有定稱，文字亦互有同異也，說見本書248頁，第十三章第一節第三條。

第二節　引《書》稱《書》曰

1. 《周書》曰：「往者不可及，來者不可待，賢明其世，謂之天子。」（〈聽言〉）

　　輝案：此引《周書》逸文，《漢書·鼂錯傳》引《傳》曰：「往者不可及，來者猶可待，能明其世者，謂之天子」，亦引《周書》逸文，而稱《傳》曰，是《書》、《傳》可以互稱，說見本書255頁，第十三章第二節第十二條。

　　朱右曾以爲《逸周書》佚文，〔註19〕非是，江聲以爲《尙書》逸文，〔註20〕是也。

2. 《夏書》曰：「天子之德廣運，乃神乃武乃文。」（〈諭大〉）

　　高注：「逸書也。」

　　輝案：此引《夏書》逸文。僞古文〈大禹謨〉曰：「帝德廣運，乃聖乃神，乃武乃文」，襲取此引《夏書》逸文爲之。

〔註18〕　《尚書今古文注疏》。
〔註19〕　《逸周書集訓校釋》。
〔註20〕　《尚書集注音疏》。

德，高注云：「一作惠，一作位」，德、惠義近，故《呂氏春秋》「張儀所德于天下者」，高注云；「德猶恩也」，《文選・東京賦》「惠風廣被」，薛注：「惠、恩也」。一作位者，惠、位同在第十五部，音近而誤，德惠可言廣運，謂天子之惠、之德廣大流布於天下萬民也，若天子之位，則不可言廣運，一作位者，乃因惠音近位而譌。

3. 《商書》曰：「五世之廟可以觀怪，萬夫之長可以生謀。」（〈諭大〉）

　　高注：「逸書也。」

　　輝案：此引《商書》逸文。偽古文〈咸有一德〉曰：「七世之廟，可以觀德；萬夫之長，可以觀政」，襲取此引《商書》逸文爲之。

4. 《商書》曰：「刑三百，罪莫重於不孝。」（〈孝行〉）

　　高注：「商湯所制法也。」

　　輝案：此引《商書》逸文。《孝經・五刑章》曰：「五刑之屬三千，而罪莫大於不孝」，前句引〈呂刑〉文，後句則引《商書》逸文。《孝經》之作在《呂氏春秋》之前，《呂氏春秋・察微篇》引《孝經》文，即其明證，則《孝經》所引，非襲《呂氏春秋》之文，乃《商書》本有此文，《呂氏春秋》引其全句，明稱《商書》，而《孝經》則節引其半，不稱《書》曰。

5. 此《書》之所謂德幾無小者也。（〈報更〉）

　　輝案：此引〈咸乂〉逸文。《墨子・明鬼》下引〈禽艾之道〉曰：「得璣無小，滅宗無大」，陳夢家謂〈禽艾〉即〈咸乂〉，[註21] 德、得，幾、璣，並音同通用，則此所引亦〈咸乂〉逸文也。《說苑・復恩篇》曰：「此《書》之所謂德無小者也」，此亦引〈咸乂〉逸文，德下蓋奪幾字，說見本書305頁，第十八章第一節第十六條。

6. 《周書》曰：「民善之則畜也，不善則讎也。」（〈適威〉）

　　高注：「《周書》，周公所作。」

　　輝案：此引《周書》逸文。江聲以爲《書》之逸文，[註22] 是也。朱右曾以爲《逸周書》佚文，[註23] 未允。

7. 　《周書》曰：「允哉允哉。」（〈貴信〉）

〔註21〕《尚書通論》第93頁。
〔註22〕《尚書集注音疏》。
〔註23〕《逸周書集訓校釋》。

高注：「《周書》，逸書也。」

輝案：此引《周書》逸文。《太平御覽》一百四十六引《尚書大傳》曰：「唯四月，太子發上祭于畢，下至於盟津之上，乃告于司馬、司徒、司空諸節：『亢才，予無知，以先祖先父之有德之臣左右小子予，受先公，戮力賞罰，以定厥功，明于先祖之遺』」，《史記‧周本紀》曰：「武王自稱太子發，言奉文王以伐，不敢自專，乃告司馬、司徒、司空諸節：『齊栗信哉，予無知，以先祖有德臣，小子受先功，畢立賞罰，以定其功』」，王引之謂《尚書大傳》引〈大誓〉「亢才」，即「允哉」，才哉古通，亢允形近之譌，司馬子長以訓故改經文，故作信哉，〔註24〕考哉从𢦏聲，𢦏从才聲，哉才古音同通用，《說文》曰：「哉、言之閒也」，〔註25〕又曰：「才，艸木之初也」，〔註26〕艸木之初，引申爲凡始之稱，則《爾雅‧釋詁》、《詩‧文王》「陳錫哉周」箋並云：「哉、始也」，此謂哉者才之叚借，段玉裁曰：「《釋詁》曰：『初、哉、始也』，哉即才，故哉生明亦作才生明；〔註27〕《爾雅‧釋詁》注「茂哉茂哉」，《釋文》：「哉、本作才」，此二字互用之證，王氏謂「亢才」即「允哉」，其說是也。

又案：《大傳》、《史記》所引，漢儒皆以爲〈大誓〉文。今考《國語‧周語》下引〈大誓〉故曰：「朕夢協朕卜，襲于休祥，戎商必克」，故者故訓也，此所引非〈大誓〉本文，乃先秦說〈大誓〉之辭。〔註28〕又考《墨子‧非攻》下云：「赤鳥銜珪，降周之歧社曰：『天命周文王伐殷有國』」，《呂氏春秋‧名類篇》亦曰：「及文王之時，天先見火，赤鳥銜丹書集于周社」；而《大傳》曰：「武王伐紂，觀兵于孟津，有火流于王屋，化爲赤鳥，三足」，〔註29〕又曰：「周將興之時，有大赤鳥銜穀之種，而集王屋之上者，武王喜，諸大夫皆喜，〔註30〕《史記‧周本紀》曰：「武王既渡，有火自上復于下，至于王屋，流爲鳥，其色赤，其聲魄云」，《馬融‧書序》引〈泰誓〉云：「火復于上，至于王屋，流爲雕，五至以穀俱來」；〔註31〕凡此漢世載籍所引所謂今文〈大誓〉者，並與《墨子》、《呂氏春秋》所言相類。然則漢世所謂今文〈大誓〉，並非

〔註24〕說見《經義述聞》卷三、亢才條。
〔註25〕口部。
〔註26〕才部。
〔註27〕《說文》才部才字下注。
〔註28〕說詳本書221頁，第十一章第一節第四條。
〔註29〕《太平御覽》百八十一引。
〔註30〕《春秋繁露‧同類相動篇》、《禮記‧祭統正義》並引。
〔註31〕《尚書‧泰誓正義》引。

先秦〈大誓〉，乃先秦所遺說〈大誓〉之辭，《國語》所引〈大誓〉故，其先
導者也。戰國末年，先秦〈大誓〉已亡，而此類說〈大誓〉之辭，流傳未亡，
伏生、史遷並見其文，各取以載入《大傳》，《史記》，而詳略不同，故《史記》、
《大傳》所言，互有出入，而皆非〈大誓〉之文。至漢武末，乃有好事者，
復取此先秦所遺說〈大誓〉之辭，蓋以杜撰之辭，託諸河內女子，此即漢世
所行今文〈大誓〉也，其辭不經，馬融已疑其非。

　　由上所論，則《大傳》「亢才」之語，非〈大誓〉之文，蓋伏生襲取《周
書》「允哉」之文為之，其後傳寫誤作「亢才」耳。

第三節　引《書》不舉篇名不稱《書》曰

1. 昔者湯克夏而正天下，天大旱，五年不收，湯乃以身禱於桑林，曰：「余
　一人有罪，無及萬夫；萬夫有罪，在余一人，無以一人之不敏，使上帝
　鬼神傷民之命」。（〈順民〉）

　　輝案：此引〈湯誓〉文。《論語・堯曰》云：「朕躬有罪，無以萬方；萬
方有罪，罪在朕躬」，《集解》引孔安國曰：「《墨子》引〈湯誓〉，其辭若此」；
《墨子・兼愛》下引〈湯說〉曰：「萬方有罪，即當朕身；朕身有罪，無及萬
方」；《國語・周語》上引〈湯誓〉曰：「余一人有罪，無以萬夫；萬夫有罪，
在余一人」；並與此所引湯之禱辭相類。又案之《墨子》所引〈湯說〉，則湯
禱雨之辭，與此以為湯禱雨之辭者相同，然則此所引當係〈湯誓〉之文。

　　又案：〈書序〉云：「伊尹相湯伐桀，升自陑，遂與桀戰于鳴條之野，作
〈湯誓〉」，此則湯伐桀之誓；《呂氏春秋》所引〈湯誓〉之文，則湯禱雨之誓，
與《國語》所引〈湯誓〉，文辭大同，以是推之，則《國語》所引〈湯誓〉，
自是湯禱雨之辭，韋注云：「〈湯誓〉、《商書》，伐桀之誓也，今〈湯誓〉無此
語，則散亡矣」，此墨守〈書序〉百篇之說，失之。

　　又案：《論語》、《墨子》、《國語》、《呂氏春秋》同引〈湯誓〉之文，而《呂
氏春秋》所引與《國語》所引，文辭最為相近，二書所據〈湯誓〉，或同出一
源。《墨子》、《論語》所引，與《國語》、《呂氏春秋》所引，文句頗有同異，
此則先秦《尚書》未有定本，各書所據《書》不同，是以文字互有出入。

2. 高宗乃言曰：「以余一人正四方，余唯恐言之不類也，茲故不言。」（〈重
　言〉）

輝案：此引《商書》逸文。《國語・楚語》上曰：「武丁於是作《書》曰：『以余正四方，余恐德之不類，茲故不言』，亦引《商書》逸文，文字與此小異者，此蓋先秦《尚書》未有定本之故，說見本書 227 頁，第十一章第二節第十二條。

3. 士不偏不黨。（〈士容〉）

輝案：此引《書・洪範》文。今孔傳本作「無偏無黨」。不、無字通，說見本書 146 頁，第五章第二節第二十條。《墨子・兼愛》下引《周詩》曰：「王道蕩蕩，不偏不黨；王道平平，不黨不偏」，此亦引《書・洪範》文，字作不，與此引同。

第四節　檃括《書》文不舉篇名不稱《書》曰

1. 日夜分則同度量，鈞衡石，角斗桶，正權概。（〈二月紀〉）

輝案：此檃括〈堯典〉文。〈堯典〉云：「同律度量衡」。〔註 32〕《禮記・月令》云：「仲春之月，……日夜分，則同度量，鈞衡石，角斗甬，正權概」，又云：「仲秋之月，……日夜分，則同度量，平權衡，正鈞石，角斗甬」，又《呂氏春秋・八月紀》云：「日夜分，則一度量，平權衡，正鈞石，齊升角」，並檃括〈堯典〉文。〈月令〉作甬，此作桶，桶从甬聲，古同音通用。《說文》曰：「桶，木方受六升」，〔註 33〕又曰：「甬，艸木穹甬甬然也」，〔註 34〕則作桶者本字，作甬者借字。

2. 帝堯立，乃命質為樂，質乃效山林谿谷之音以歌，乃以麋鞈置缶而鼓之，乃拊石擊石，以象上帝玉磬之音，以致舞百獸。（〈古樂〉）

高注：「質當為夔。」

輝案：此檃括〈堯典〉文。〈堯典〉云：「帝曰：『夔，命汝典樂』……夔曰：『於，予擊石拊石，百獸率舞』」。〔註 35〕

夔，此引作質，夔屬群紐，第十五部，質屬照紐，第十二部，二字聲韻乖違，無由通借。質篆文作𧼁，夔篆文作𧋏，形體近似，蓋傳寫而譌，高注

〔註 32〕孔傳本在〈舜典〉。
〔註 33〕木部。
〔註 34〕㔾部。
〔註 35〕孔傳本在〈舜典〉。

云：「質當爲夔」，是也。《呂氏春秋》本作夔，〈察傳篇〉曰：「令重黎舉夔」，是其證。

又案：〈堯典〉「夔曰於予擊石拊石百獸率舞」十二字，屈萬里先生以爲乃〈皋陶謨〉文，因簡亂而重見於此，〔註36〕劉原父《七經小傳》謂〈舜典〉之末衍一簡，擊石拊石，百獸率舞當係衍文。〔註37〕皮錫瑞則謂〈皋陶謨〉「夔曰於予擊石拊石」八字，今文《尚書》無。〔註38〕今考《史記·五帝本紀》曰：「以夔爲典樂，教稺子，……，夔曰：『於，予擊石拊石，百獸率舞』」，此引〈堯典〉文，則史遷所見《尚書》，與今本《尚書》同，〈堯典〉本有夔曰以下十二字，此其一。《呂氏春秋·古樂篇》曰：「帝堯立，乃命質爲樂，……乃拊石擊石，……以致舞百獸」，此隱括〈堯典〉文，所言「帝堯乃命質爲樂」者，此隱括〈堯典〉「帝曰：『夔，命汝典樂』」之文，所言「乃拊石擊石，……以致舞百獸」者，此隱括〈堯典〉「夔曰：『於，予拊石擊石，百獸率舞』」之文，是先秦《尚書》與今本《尚書》同，〈堯典〉本有夔曰以下十二字，此其二。《荀子·成相篇》曰：「夔爲樂正，鳥獸服」，此亦隱括〈堯典〉之文，所言「夔爲樂正」者，即約取〈堯典〉「帝曰：『夔，命汝典樂』」之文，所言「鳥獸服」者，即約取〈堯典〉「百獸率舞」之文，是荀子所見《尚書》，亦與今本《尚書》同，〈堯典〉有此夔曰以下十二字，此其三。《列子·黃帝篇》曰：「堯使夔典樂，擊石拊石，百獸率舞，簫韶九成，鳳皇來儀」，所言「堯使夔典樂」，即約取〈堯典〉「帝曰：『夔，命汝典樂』」之文；所言「擊石拊石，百獸率舞」，即〈堯典〉「夔曰：『於、予擊石拊石，百獸率舞』」之文，所言「簫韶九成，鳳皇來儀」，則引〈皋陶謨〉文，〔註39〕知者，〈皋陶謨〉先言「簫韶九成，鳳皇來儀」，次言「夔曰：『於，予擊石拊石，百獸率舞』」，與《列子》先言「擊石拊石，百獸率舞」，次言「簫韶九成，鳳皇來儀」者不同。又〈堯典〉先言帝命夔典樂，次言襲擊石拊石，百獸率舞，與《列子》先言堯使夔典樂，次言擊石拊石，百獸率舞者相合。又《列子》云「堯使夔典樂」，此與〈堯典〉曰：「帝曰：『夔、命汝典樂』」之文相合，而不見於〈皋陶謨〉，以是觀之，則《列子》「堯使夔典樂、擊石拊石，百獸率舞」，實引〈堯典〉文，非引〈皋陶謨〉文。然則列子所見《尚書》，亦

〔註36〕說見《尚書釋義》。
〔註37〕《困學紀聞》卷二引。
〔註38〕《今文尚書考證》卷二。
〔註39〕孔傳本在〈益稷〉。

與今本《尚書》同，〈堯典〉有此夔曰以下十二字也，此其四。綜上所述四點觀之，則劉氏以「擊石拊石，百獸率舞」，爲〈堯典〉衍文，屈氏以夔曰以下十二字爲〈皋陶謨〉文錯簡重出，說皆未允。

又考《後漢書・崔寔傳》曰：「樂作而鳳皇儀，擊石而百獸舞」，此隱括〈皋陶謨〉文，所言「樂作而鳳皇儀」者，即約取〈皋陶謨〉「簫韶九成，鳳皇來儀」之文，所言「擊石而百獸舞」者，即約取〈皋陶謨〉「夔曰：『於，予擊石拊石，百獸率舞』」之文，是今文《尚書》本有夔曰以下八字，皮錫瑞謂〈崔寔傳〉所引擊石字，乃用〈堯典〉文，〔註40〕未允，此其一。《帝王世紀》曰：「簫韶九成，鳳皇來儀，擊石拊石，百獸率舞」，此隱括〈皋陶謨〉文，而云「擊石拊石」，皮錫瑞謂皇甫謐亦從今文《尚書》，蓋今文《尚書》本無此八字，此考之未審，今文《尚書・皋陶謨》本有夔曰以下八字，此其二。或謂《史記・夏本紀》引〈皋陶謨〉文，無夔曰以下八字，因謂今文《尚書》本無此八字，〔註41〕是亦不然。古人引書，本有隱括文義之例，不必直引原文，《史記・夏本紀》乃約取〈皋陶謨〉文，〈皋陶謨〉「夔曰：『戛擊鳴球，搏拊琴瑟以詠』」，《史記》作「於是夔行樂」，是其證，《史記》既約取其文，則無此夔曰以下八字，亦不足以證今文《尚書》無此八字，孫星衍曰：「史公無夔曰者，以禹、伯夷、皋陶相與語君前，時本無夔，此文又已見〈堯典〉，不應重出也」，〔註42〕說亦未允，此其三。《漢書・劉向傳》曰：「故簫韶九成，而鳳皇來儀，擊石拊石，百獸率舞」，此引〈皋陶謨〉文，班氏撰《漢書》用夏侯《尚書》，而云「擊石拊石」，則今文《尚書》本有此八字，此其四。皮氏又謂《漢書・宣帝紀》獲嘉瑞詔曰：「《書》不云虖：『鳳皇來儀，庶尹允諧』」，《後漢書・明帝紀》詔引《書》曰：「鳳皇來儀，百獸率舞」，皆無夔曰八字，《左氏》莊三十二年《傳・正義》引服虔曰：「虞舜祖考來格，鳳皇來儀，百獸率舞」，子愼習今文，其所引亦以鳳皇來儀，百獸率舞連文，無夔曰八字，漢《修西嶽廟記》亦曰：「鳥獸率舞，鳳皇來儀」。是亦不然。《漢書・宣帝紀》、《後漢書・明帝紀》、《左傳正義》引服虔語、漢《修西嶽廟記》，亦隱括〈皋陶謨〉文，故並無夔曰以下八字，若以此證今文《尚書》本無夔曰以下八字，則《漢書・宣帝紀》所引〈皋陶謨〉，以「鳳皇來儀，庶尹允諧」連文，並「百

〔註40〕《今文尚書考證》卷二。
〔註41〕皮錫瑞《今文尚書考證》卷二。
〔註42〕《尚書今古文注疏》。

獸率舞」句亦無；服虔引〈皋陶謨〉，以「祖考來格，鳳皇來儀」連文，並「虞賓在位」以下七句亦無；豈其然乎？此其五。綜合上述五點，則皮氏謂今文《尚書‧皋陶謨》無夔曰以下八字，其說亦非。

3. 日夜分，則一度量，平權衡，正鈞石，齊升角。（〈八月紀〉）

輝案：此櫽括〈堯典〉文，說見第一條。

4. 武王虎賁三千人，簡車三百乘，以要甲子之事於牧野，而紂為禽。（〈簡選〉）

輝案：此櫽括〈牧誓〉文，〈牧誓〉云：「甲子昧爽，王朝至于商郊牧野乃誓」。又〈貴因篇〉云：「故選車三百，虎賁三千，朝要甲子之期，而紂爲禽」，亦櫽括〈牧誓〉之文。

又案：〈書序〉云：「武王戎車三百兩，虎賁三百人，與受戰于牧野，作〈牧誓〉」，與此云「武王虎賁三千人，簡車三百乘」相類，此則後出〈書序〉之所本，惟〈書序〉云虎賁三百，此云三千，不同者，蓋傳聞異辭，說見本書 313 頁，第十八章第二節第一條。

5. 昔者湯克夏而正天下，天大旱，五年不收。（〈順民〉）

輝案：此櫽括《殷書》逸文。《墨子‧七患》引《殷書》曰：「湯五年旱」，與此引同，《管子‧山權數》、《荀子‧富國》並云；「湯七年旱」，此亦引《殷書》逸文，而云七年，與此不同者，此蓋傳聞異辭，說見第十八章第二節第二條。

6. 故選車三百，虎賁三千，朝要甲子之期，而紂為禽。（〈貴因〉）

輝案：此櫽括《書‧牧誓》文，說見第四條。

7. 水用舟，陸用車，塗用輴，沙用鳩，山用樏。（〈慎勢〉）

輝案：此櫽括《書‧皋陶謨》文。〈皋陶謨〉云：「予乘四載」，〔註43〕《說文》木部引《虞書》曰：「予乘四載：水行乘舟，陸行乘車，山行乘樏，澤行乘軜」，今〈皋陶謨〉無「水行乘舟」四句，屈萬里先生以此四句亦〈皋陶謨〉文，謂古人不應虛言四載，疑僞孔刪之，故以示異於眞古文，〔註44〕今考《史記‧夏本紀》曰：「予陸行乘車，水行乘舟，泥行乘橇，山行乘檋」，此約取〈皋陶謨〉文，故無「予乘四載」句，而但引「陸行乘車」四句，與《說文》所引《虞書》文大同。又《史記‧河渠書》引《夏書》曰：「陸行載車，水行

載舟，泥行蹈毳，山行即橋」，《漢書・溝洫志》引《夏書》曰：「陸行載車，水行乘舟，泥行乘毳，山行則桐」，並引四載之文，〈僞孔傳〉曰：「所載者四，謂水乘舟，陸乘車，泥乘輴，山乘樏」，與《說文》、《史記》、《漢書》所述四載之文相同，屈氏之說是也。僞孔蓋刪四載之文，而改入注文，段玉裁謂《說文》所引「水行乘舟」四句，乃四載之故訓，〔註45〕未允。《呂氏春秋》所引「水用」五句，《文子・自然篇》曰：「水用舟，沙用𨍌，泥用輴，山用樏」，《淮南子・修務篇》曰：「水之用舟，沙之用鳩，泥之用輴，山之用虆」，與《說文》引《虞書》文相類，當係檃括〈皋陶謨〉文。

又案：水行用舟，陸行用車，《說文》、《史記》、《漢書》、《僞孔傳》說並同，此云「水用舟，陸用車」，亦同。

山行之具，說各異，或作樏，〔註46〕或作橋，〔註47〕或作虆，〔註48〕或作橇，〔註49〕或作桐。〔註50〕段玉裁《說文》木部注曰：「《河渠書》作橋，丘遙反，徐廣曰：『一作輂，几玉反，輂、直轅車也』，《漢書》作桐，韋昭曰：『桐、木器也，如今輂牀，人輂以行也』，應劭曰：『桐或作樏，爲人所牽引也』，《尚書正義》引《尸子》山行乘樏，《僞孔傳》亦作樏。按輂、桐、橋三字同，以桐爲正，橋者音近轉語也。樏與桐一物異名，桐自其盛載而言，樏自其輓引而言，樏大索也，樏從樏，此聲義之皆相倚者也。應釋樏，韋釋桐，皆是，兼二說而後全」，〔註51〕是輂、桐、橋、樏、虆實一物，輂與樏同物之異名，桐與輂一字之異體，正字作輂，或從木作橇，俗作桐，段玉裁曰：「按《左氏傳》陳畚桐，桐者土輂，《漢五行志》作輂，是桐乃輂之或字也。……或駕馬，或人舉，皆宜，用之徙土則謂之土輂，……用之舁人則謂之橋，橋即《漢書》輿輴而越嶺之輴字也」，〔註52〕或語轉作橋，〔註53〕此

〔註45〕《說文》木部樏字下注。

〔註46〕《說文》作樏，《僞孔傳》、《尸子》、《文子》作樏，樏、樏之俗字。

〔註47〕《史記・河渠書》。

〔註48〕《淮南子》。

〔註49〕《史記・夏本紀》，《河渠書》集解引徐廣曰：「橋一作輂」，藝文印書館影印清武英殿刊本譌作橇，《說文》木部段注、《尚書正義》引並作輂。

〔註50〕《漢書・溝洫志》。

〔註51〕《說文》木部樏字下注。

〔註52〕《說文》車部輂字下注。

〔註53〕橋屬群紐，輂屬見紐，同屬牙音；韻則橋在第二部，輂在第三部，韻部相次，二字一語之轉。

云「山用樏」，與《說文》、《僞孔傳》、《尸子》說同。

澤行，或作泥行〔註54〕或作塗行。〔註55〕澤行之具，說亦各異，或作軹，〔註56〕或作輴，〔註57〕或作楯，〔註58〕或作橇，〔註59〕或作橇，〔註60〕或作蕝。〔註61〕段玉裁曰：「軹、《史記》作橇，亦作橇，《漢書》作橇，如淳曰：『橇音茅蕝之蕝，謂以版置泥上以通行路也』，服虔曰：『木橇形如木箕，擿行泥上』，孟康說同，《尚書正義》引《尸子》作蕝，引《慎子》爲橇者患塗之泥也，徐廣注《史記》作楯，《僞孔傳》作輴，凡此諸字，皆一聲之轉，其義一也」。〔註62〕是軹、輴、楯、橇、橇、蕝實一物。《說文》曰：「橇、獸細毛也」，〔註63〕又曰：「軹、車約軹也」，〔註64〕又曰：「楯、闌檻也」，〔註65〕又曰：「蕝、朝會束茅表位曰蕝」；又〈玉篇〉車部、《廣韻》平聲諄韻並謂輴同軹。然則作橇者當爲本字，《說文》木部無橇字者，蓋許氏偶疏失收，其作橇、軹（輴）、楯、蕝者，皆借字也。橇从橇聲，二字古音同通用，故〈夏本紀〉作橇，〈河渠書〉、〈溝洫志〉、《慎子》作橇也；橇、橇、蕝同屬齒音，同在第十五部，古音近通用，故《尸子》作蕝，而如淳曰：「橇音茅蕝之蕝」；〔註66〕輴、楯、並从盾聲，二字古音同通用，故《僞孔傳》、《文子》、《淮南子》作輴，而《尸子》作楯；〔註67〕軹（輴）、楯同在第十三部，蕝、橇、橇同在第十五部，六字韻部相近，古相通用，故《說文》木部引《虞書》作軹，而段玉裁謂軹、橇、橇、蕝、楯、輴皆一聲之轉也。此云「塗用輴」，與《僞孔傳》同。

〔註54〕《史記》、《漢書》、《尸子》、《僞孔傳》並作泥行，泥行即澤行，《尚書正義》引《尸子》「泥行乘蕝」，《釋文》引作「澤行乘蕝」，是其證。

〔註55〕《尚書正義》引《慎子》云：「爲橇者患塗之泥也」，徐廣注《史記》引《尸子》曰：「行塗以楯」，塗行即泥行。

〔註56〕《說文》。

〔註57〕《僞孔傳》、《文子》、《淮南子》。

〔註58〕徐廣引《尸子》。

〔註59〕《史記·河渠書》、《漢書·溝洫志》。

〔註60〕《史記·夏本紀》。

〔註61〕《釋文》、《尚書正義》引《尸子》。

〔註62〕《說文》木部樏字下注。

〔註63〕橇部。

〔註64〕車部。

〔註65〕木部。

〔註66〕《史記·夏本紀·集解》引。

〔註67〕〈夏本紀〉集解引徐廣注所引。

鳩，或作軌。徐廣注《史記·河渠書》引《尸子》曰：「行沙以軌」，字作軌。《淮南子·修務篇》云：「沙之用鳩」，字作鳩，與此引同。軌鳩並从九聲，古音同通用。或作𨸎，《文子·自然篇》云：「沙用𨸎」，《說文》無𨸎字，當係从長𣎵聲。𣎵、九同在第三部，从𣎵得聲之𨸎，與从九得聲之鳩、軌，古疊韻通用，《尸子》作軌，是其本字，《淮南子》、《呂氏春秋》作鳩，《文子》作𨸎，皆借字也。

8. 高宗天子也，即位諒闇，三年不言。（〈重言〉）

輝案：此櫽括《書·無逸》文。〈無逸〉云：「乃或亮陰，三年不言」。亮、諒同屬來紐，第十部；陰、闇同屬影紐，第七部；亮諒、陰闇古同音通用。《禮記·喪服四制》二引《書》曰：「高宗諒闇，三年不言」，此亦引〈無逸〉文，字作諒闇，與此引同，說見本書 112 頁，第三章第十三節第一條。

9. 舜於是殛之於羽山。（〈行論〉）

輝案：此櫽括《書·堯典》文。〈堯典〉云：「殛鯀于羽山」。〔註68〕

10. 堯傳天下於舜，禮之諸侯，妻以二女，臣以十子。（〈求人〉）

輝案：此櫽括《虞書》逸文，《孟子·萬章》上曰：「帝使其子九男二女，百官牛羊倉廩備，以事舜于畎畝之中」，此引《虞書》逸文，又〈萬章〉下曰：「堯之於舜也，使其子九男事之，二女女焉，百官牛羊倉廩備，以養舜於畎畝之中，後舉而加諸上位」，此櫽括《虞書》逸文，文義與此相類，此當係櫽括《虞書》逸文，惟《孟子》云九男事之，此云臣以十子，不同者，蓋傳聞異辭，說見本書 205 頁，第九章第三節第五條。

11. 昔者舜欲以樂傳教於天下，乃令重黎舉夔於草莽之中而進之，舜以為樂正，夔於是正六律，和五聲，以通八風，而天下大服。（〈察傳〉）

輝案：此櫽括《書·堯典》文。〈堯典〉曰：「帝曰：『夔、命汝典樂，教冑子』，……聲依永，律和聲，八音克諧，無相奪倫，神人以和」。〔註69〕

〔註68〕孔傳本在〈舜典〉。
〔註69〕孔傳本在〈舜典〉。

第二十章　《山海經》引《書》考

　　《隋書・經籍志》著錄《山海經》二十三卷，注云：「郭璞注」。此書相傳為夏禹及伯益所作，後人多疑之，《四庫提要》嘗辨之云：「觀書中載夏后啓、周文王，及秦漢長沙、象郡、餘暨、下雋諸地名，斷不作於三代以上，殆周秦間人所述，而後來好異者又附益之歟」，其說可信。

　　《山海經》一書，凡引《書》二條，其稱舉篇名、《書》曰者無有，其檃括《書》之文義，不舉篇名，不稱《書》曰者二條，所引篇名，經考定為〈堯典〉一篇，今在伏生二十九篇中。

1. 后稷是播百穀。（〈海內經〉）

　　輝案：此檃括〈堯典〉文，〈堯典〉曰：「帝曰：『棄、黎民阻飢，汝后稷播時百穀』」。〔註1〕

2. 鯀竊帝之息壤以堙洪水，不待帝命；帝令祝融殺鯀于羽郊。（〈海內經〉）

　　輝案：此檃括〈堯典〉文，〈堯典〉曰：「殛鯀于羽山」。〔註2〕《書》以流、放、竄、殛並舉，皆非死罪，《呂氏春秋・行論篇》高注引〈洪範〉「鯀則殛死」文而釋之曰：「先殛後死也」，段玉裁曰：「〈夏本紀〉舜行視鯀之治水無狀，乃殛鯀於羽山以死，此語最為分明。因殛而死，非訓殛為殺也，《左氏傳》子產曰：『堯殛鯀羽山，其神化為黃熊，以入于羽淵』，《山海經》曰：『帝令祝融殺鯀于羽郊』，此皆渾舉，不分析之詞，其實則先殛後死，高注明析，韋注《晉語》又云：『殛放而殺也』，《鄭志》答趙商云：『鯀非誅死，鯀

〔註1〕　孔傳本在〈舜典〉。
〔註2〕　孔傳本在〈舜典〉。

放居東裔，至死不得反於朝』」，〔註3〕《路史後記》十三云：「《書》殛鯀于羽山，殛者致之死地而不返云爾」，是殛非訓殺，其義甚明，此言殺鯀于羽郊者，蓋渾舉不分析之詞，與《韓非子・外儲說右上》云：「堯舉兵而誅殺鯀於羽山之郊」者例同。

〔註 3〕 《古文尚書撰異》。

第廿一章　《楚辭》引《書》考

　　《漢書・藝文志・詩賦》類著錄屈原賦二十五篇，宋玉賦十六篇，賈誼賦七篇，淮南王賦八十二篇，劉向賦三十三篇，王褒賦十六篇，而未以《楚辭》名。裒屈宋諸賦，定名《楚辭》，自劉向始。以《楚辭》著錄集部，別爲一門，則自《隋書・經籍志》始，而後歷代因之。《隋志》曰：「《楚辭》者，屈原之所作也，自周室衰亂，詩人寢息。諂佞之道興，諷刺之辭廢，有賢臣屈原，被讒放逐，乃著《離騷》八篇，言已離別愁思，申抒其心，自明無罪，因以諷諫，冀君覺悟，卒不省察，遂赴汩羅死焉。弟子宋玉，痛惜其師，傷而和之，其後賈誼，東方朔、劉向、揚雄，嘉其文彩，擬之而作，蓋以原楚人也，謂之《楚辭》。……始漢武帝，命淮南王爲之章句，且受詔，食時而奏之，其書今亡。後漢校書郎王逸，集屈原以下，迄於劉向，逸又自爲一篇，并序而注之，今行於世」。《四庫提要》曰：「初劉向裒集屈原〈離騷〉、〈九歌〉、〈天問〉、〈九章〉、〈遠遊〉、〈卜居〉、〈漁父〉，宋玉〈招魂〉，景差〈大招〉，而以賈誼〈惜誓〉，淮南小山〈招隱士〉，東方朔〈七諫〉，嚴忌〈哀時命〉，王褒〈九懷〉，及向所作〈九嘆〉，共爲《楚辭》十六篇，是爲總集之祖，逸又益以己作〈九思〉，與班固二敘，爲十七卷，而各爲之注。」今賈誼以下漢人之作不取，但取先秦屈宋之作，仍以《楚辭》題篇云。

　　《楚辭》凡引《書》四條，其稱舉篇名，稱《書》曰者無有，其檃括《書》之文義，不舉篇名，不稱《書》曰者四條，所引篇名，經考定爲〈堯典〉一篇。總計《楚辭》引《書》四條中，凡引《書》一篇，其篇名爲〈堯典〉，今在伏生二十九篇中。

　　綜考《楚辭》引《書》四條，可得如下結論：

　　一、所引篇名僅〈堯典〉一篇，此與漢人所稱《書》有百篇者，相去甚遠，此可見先秦《尚書》未必有百篇之數。

　　二、由《楚辭·離騷》、〈天問〉引〈堯典〉文觀之，則屈原已見〈堯典〉，此可見戰國中葉時，〈堯典〉已傳世，屈萬里先生謂〈堯典〉著成於孟子之前，孔子之後，〔註1〕其說可信。

1. 曰：「**鮌婞直以亡身兮，終然殀乎羽之野**」。（〈離騷〉）

　　輝案：此櫽括〈堯典〉文，〈堯典〉曰：「殛鯀于羽山」。〔註2〕

　　鮌、孔傳本作鯀，鮌、鯀之或字，本字當作骸，作鯀、鮌者借字，說見本書230頁，第十一章第四節第二條。

2. **不任汩鴻，師何以上之？僉答：「何憂？何不課而行之？」**（〈天問〉）

　　輝案：此櫽括〈堯典〉文，〈堯典〉曰：「帝曰：『咨、四岳、湯湯洪水方割，蕩蕩懷山襄陵，浩浩滔天，下民其咨，有能俾乂』，僉曰：『於，鯀哉』，帝曰：『吁，咈哉、方命圮族』，岳曰：『异哉，試可，乃已』」。

3. **順欲成功，帝何刑焉？永遏在羽山，夫何三年不施？**（〈天問〉）

　　輝案：此櫽括〈堯典〉文，〈堯典〉曰：「殛鯀于羽山」。〔註3〕

4. **二女御，九韶歌。**（〈遠遊〉）

　　輝案：此櫽括〈堯典〉文，〈堯典〉曰：「女于時，觀厥刑于二女，釐降二女于嬀汭，嬪于虞」。

〔註1〕《尚書釋義·堯典》篇目下。
〔註2〕孔傳本在〈舜典〉。
〔註3〕孔傳本在〈舜典〉。

第廿二章　僞書引《書》考

先秦典籍，多有亡逸，今所見書，或出於漢以後人所僞託，然其書大抵作僞者歆聚先秦諸書而成，則其書雖僞，而篇中所引《書》，或亦先秦之舊，因錄其文以存參云。至若《莊子》、《管子》、《墨子》之屬，其書雖或出於後人所附益，然其書大抵成於先秦之世，自當目爲先秦典籍，故此章不錄焉。

第一節　《竹書紀年》引《書》考

《隋書‧經籍志》著錄《紀年》十二卷，案《晉書‧束晢傳》言晉太康二年，汲郡人不準，盜發魏襄王冢，得古書七十五篇，中有《竹書紀年》十二篇，其書已佚，今所通行之本，《四庫提要》據〈束晢傳〉、郭璞《穆天子傳注》、《隋書‧經籍志》、酈道元《水經注》、劉知幾《史通》、李善《文選注》、瞿曇悉達《開元占經》、司馬貞《史記索隱》、楊士勛《穀梁傳疏》、王存《元豐九域記》、羅泌《路史》、羅苹《路史注》、鮑彪《戰國策注》、董逌《廣川書跋》等宋以前人著述所引《竹書紀年》之文，而或不見於今本，或與今本乖違，因疑今本《紀年》乃明人鈔合諸書爲之，錢大昕《十駕齋養新錄》說同，崔述《考古續說》則謂近人僞爲，姚振宗《隋書經籍志考證》且謂今本《紀年》即范欽僞纂，陳義通明，則今本《紀年》之僞，已成定讞。此書紀三代之事，多與《尚書》相合，此則明人襲《尚書》爲之，已非先秦舊物，茲錄其引《書》之文，以存參耳。

《竹書紀年》一書，凡引《書》十七條，其舉篇名，稱《書》曰者不一見，其隱括《書》之文義，不舉篇名，不稱《書》曰者十七條，所引篇名，經考定爲〈堯典〉、〈禹貢〉、〈牧誓〉、〈金縢〉、〈無逸〉、〈多方〉、〈費誓〉等七篇，今皆在伏生二十九篇中。

1. 帝堯命羲和歷象。

　　雷學淇曰：「歷象下脫日月星辰四字。」〔註1〕

　　輝案：此櫽括〈堯典〉文，〈堯典〉曰：「乃命羲和，欽若昊天，歷象日月星辰，敬授人時。」

2. （帝堯）五年初巡狩四岳。

　　輝案：此櫽括〈堯典〉文。〈堯典〉曰：「歲二月東巡守，至于岱宗，……五月南巡守，至于南岳，……八月西巡守，至于西岳，……十有一月朔巡守，至于北岳」，又曰「五載一巡守」，〔註2〕《書》記舜巡守事，此言堯初巡狩四岳者，蓋據《書》以推之，王國維曰：「《書·舜典》五載一巡狩，此蓋據〈舜典〉推之」，〔註3〕是也。

3. （帝堯）七十年，春正月，帝使四岳錫虞舜命。

　　輝案：此櫽括〈堯典〉文，〈堯典〉曰：「帝曰『咨、四岳、朕在位七十載，汝能庸命，巽朕位』，……師錫帝曰：『有鰥在下曰虞舜』，……帝曰：『我其試哉』」。

4. （帝堯）七十一年，帝命二女嬪于舜。

　　輝案：此櫽括〈堯典〉文，〈堯典〉曰：「女于時，觀厥刑于二女，釐降二女于嬀汭，嬪于虞」。

5. （帝堯）七十三年，春正月，舜受終于文祖。

　　輝案：此櫽括〈堯典〉文，〈堯典〉曰：「帝曰：『格、汝舜，詢事考言，乃言底可績，三載，汝陟帝位』，……正月上日，受終于文祖」。〔註4〕〈堯典〉上言堯在位七十載而試舜，此言三載汝陟帝位，故《紀年》云帝堯七十三年也。

6. （帝堯）七十四年，虞舜初巡狩四岳。

　　輝案：此櫽括〈堯典〉文，〈堯典〉曰：「歲二月東巡守，至于岱宗，……五月南巡守，至于南岳，……八月西巡守，至于西岳，……十有一月朔巡守，至于北岳」。〔註5〕

7. （帝堯）八十六年，司空入覲贄用玄圭。

〔註1〕《竹書紀年義證》卷五。
〔註2〕孔傳本並在〈舜典〉。
〔註3〕《今本竹書紀年疏證》。
〔註4〕孔傳本在〈舜典〉。
〔註5〕孔傳本在〈舜典〉。

輝案：此櫽括〈禹貢〉文，〈禹貢〉曰：「禹錫玄圭，告厥成功」。王國維曰：「《史記·河渠書》引《夏書》禹抑洪水十三年，此司空禹治河在七十五年，入覲在八十六年，蓋本之」。〔註6〕

8. （帝堯）八十七年，初建十有二州。

輝案：此櫽括〈堯典〉文，〈堯典〉曰：「肇十有二州」。〔註7〕

9. （帝舜）五十年，帝陟。

輝案：此櫽括〈堯典〉文，〈堯典〉曰：「五十載陟方乃死」。〔註8〕

10. （大戊）七十五年陟。

輝案：此櫽括〈無逸〉文，〈無逸〉曰：「肆中宗之享國七十有五年」。《史記·殷本紀》云：「太戊立，殷復興，諸侯歸之，故稱中宗」，《漢書·韋玄成傳》載劉歆之說，《商頌·烈祖箋》、《尚書·偽孔傳》、並以太戊為中宗，說與《史記》同。《太平御覽》八十三引《紀年》曰：「祖乙勝即位，是為中宗」，則以祖乙為中宗，說與《史記》異。近人吳氏謂太戊與祖乙并見卜辭，而於祖乙別有中宗之名，是可證《御覽》所引《紀年》以祖乙為中宗，信而有徵，〈無逸〉所云；「中宗享國七十五年」者，斯為祖乙，而非太戊。今本《紀年》以大戊在位七十五年，則承宋人之謬說，〔註9〕說至允當。

11. （武丁）五十九年陟。

輝案：此櫽括〈無逸〉文，〈無逸〉曰：「肆高宗之享國五十有九年」。

12. （祖甲）三十三年陟。

輝案：此櫽括〈無逸〉文，〈無逸〉曰：「肆祖甲之享國三十有三年」。

13. （帝辛）五十二年冬，十有一月，周師有事于上帝，庸蜀羌髳微盧彭濮從周師伐殷。

輝案：此櫽括〈牧誓〉文，〈牧誓〉曰：「王曰：『嗟我友邦冢君，……及庸蜀羌髳微盧彭濮人』」。

14. （周文公）出居于東。

輝案：此櫽括〈金縢〉文，〈金縢〉曰：「周公乃曰：『我之弗辟，我無以

〔註6〕 《今本竹書紀年疏證》。
〔註7〕 孔傳本在〈舜典〉。
〔註8〕 孔傳本在〈舜典〉。
〔註9〕 見吳璵〈竹書紀年繫年證偽〉，載《國立師範大學國文研究所集刊》第九號。

告我先王』，周公居東，二年，則罪人斯得」。

15.（成王）二年，奄人、徐人、及淮夷入于**邳**以叛。

雷學淇曰：「邳古費字，魯東南邑名，即《周書・費誓》之費，《大傳》作鮮，《史記》作肹，《說文》作柴，徐廣《史記音義》謂一作顯，一作獮。」。〔註10〕

輝案：此隱括〈費誓〉文，〈費誓〉曰：「徂茲淮夷，徐戎並興」。

16.（成王）二年秋，大雷電以風，王逆周文公于郊，遂伐殷。

輝案：此隱括〈金縢〉文，〈金縢〉曰：「秋大熟，未穫，天大雷電以風，……王出郊，天乃雨，反風，禾則盡起」。

17.（成王）五年，夏五月，王至自奄。

輝案：此隱括〈多方〉文，〈多方〉曰：「惟五月丁亥，王來自奄」。

第二節　《列子》引《書》考

《漢書・藝文志》道家著錄《列子》八篇，舊題周列禦寇撰。然其書語多迂誕恢詭，事則乖違晚出，故高似孫、〔註11〕姚際恒、〔註12〕梁啓超、〔註13〕顧實、〔註14〕馬敍倫、〔註15〕胡適、〔註16〕王叔岷、〔註17〕陶光、〔註18〕楊伯峻，〔註19〕並以今本《列子》為偽書，近人朱氏復就《列子》一書之思想；時代；稱謂；記事譌誤；後人引述、文體、訓詁、假借、用字；引用後出事、後世通行各詞習語；抄襲他書等八事，證其書為魏晉以來好事之徒，聚歛《管子》、《晏子》、《論語》、《山海經》、《墨子》、《莊子》、《尸子》、《韓非子》、《呂氏春秋》等書，附益晚說，成此八篇，張湛纂輯董理，並為之注，以成今本，實非劉向校讎，班固著錄之舊，〔註20〕則今本《列子》之偽，已成定讞。其書雖偽，

〔註10〕《竹書紀年義證》。
〔註11〕《子略》。
〔註12〕《古今偽書考》。
〔註13〕《評胡適之中國哲學史大綱》、《中國歷史研究法》、《古書真偽考及其年代》。
〔註14〕《重考古今偽書考》。
〔註15〕《列子偽書考》。
〔註16〕《中國哲學史大綱》上卷。
〔註17〕〈論今本列子〉、載《大陸雜誌》一卷二期。
〔註18〕《列子校釋》。
〔註19〕《列子集釋》。
〔註20〕見朱守亮〈列子辨偽〉、載《國立師範大學國文研究所集刊》第六號。

然大抵作偽者聚斂先秦諸書而成，則其所引《書》，未必非先秦之舊，因錄其引《書》之文，從而考其文字異同，及其淵源所自。

《列子》一書，凡引《書》三條，其稱舉篇名，稱《書》曰者，杳無一見，其引《書》文而不舉篇名，不稱《書》曰者一條，所引篇名，經考定為〈皋陶謨〉。其隱括《書》之文義，不舉篇名，不稱《書》曰者二條，所引篇名，經考定為〈堯典〉。總計《列子》引《書》三條中，凡引《書》二篇，其篇名為〈堯典〉、〈皋陶謨〉，今皆在伏生二十九篇中。

綜考《列子》引《書》三條，可得如下結論：

一、《列子》一書，引《書》僅三條，所引篇名僅〈堯典〉、〈皋陶謨〉二篇，此與漢人所稱《書》有百篇者，相去甚遠，此可見先秦《尚書》未必有百篇之數。

二、〈黃帝篇〉引〈堯典〉文，有「擊石拊石，百獸率舞」句，此可證列子所見《尚書·堯典》，與今本同，夔曰以下十二字，並非衍文，亦非〈皋陶謨〉錯簡重出者。

三、〈黃帝篇〉引〈堯典〉文，與《呂氏春秋·古樂篇》引〈堯典〉文相類，此引作夔，與今本《尚書》同，此可證《呂氏春秋》作質者，乃後人傳寫之誤。

1. 堯使夔典樂，擊石拊石，百獸率舞。（〈黃帝〉）

輝案：此隱括《書·堯典》文。〈堯典〉曰：「帝曰：『夔、命汝典樂、教胄子』……，夔曰：『於，予擊石拊石，百獸率舞』」。〔註21〕《呂氏春秋·古樂篇》曰：「帝堯乃命質為樂，質乃效山林谿谷之音以歌，乃以麋䴸置缶而鼓之，乃拊石擊石，以象上帝玉磬之音，以致舞百獸」，亦隱括〈堯典〉之文，與此文句相類。屈萬里先生謂〈堯典〉夔曰以下十二字，乃〈皋陶謨〉錯簡重出，〔註22〕劉原父謂〈舜典〉之末衍一簡，擊石拊石，百獸率舞，當係衍文，〔註23〕說皆未允。說見本書332頁，第十九章第四節第二條。

又案：此隱括〈堯典〉文，與《呂氏春秋·古樂篇》所引，文句相類，而此引作夔，與今本《尚書》同，《呂氏春秋》引作質，則後人傳寫之譌，高誘注云：「質當為夔」，是也。

2. 簫韶九成，鳳皇來儀。（〈黃帝〉）

〔註21〕孔傳本在〈舜典〉。
〔註22〕《尚書釋義》。
〔註23〕《困學紀聞》卷二引。

輝案：此引書〈皋陶謨〉文。〔註24〕

3. **鮌治水土，績用不就，殛諸羽山。**（〈楊朱〉）

輝案：此檃括〈堯典〉之文。〈堯典〉曰：「九載績用弗成」，又曰：「殛鯀于羽山」，〔註25〕此則約取彼二文爲之。

鮌、《釋文》云：「本又作骸」，孔傳本作鯀。鮌、鯀之或字。鯀、鮌與骸，古相借用，作骸者本字，作鯀、鮌者借字，說見本書 230 頁，第十一章第四節第二條。

第三節　《鶡冠子》引《書》考

《漢書藝文志》道家著錄《鶡冠子》一篇，舊題周鶡冠子撰。屈萬里先生曰：「按《漢志》著錄是書僅一篇，韓愈〔註26〕所見本爲十六篇，宋《四庫書目》著錄本爲三十六篇，晁公武所見本則爲八卷五十一篇，世代愈後，篇數愈多，其僞迹甚顯」，〔註27〕今傳本則晁公武所刪定之三卷十九篇。其書凡引《書》一條，今錄之以存參。

1. **故帝與師處，王與友處，亡主與徒處。**（〈博選〉）

輝案：此檃括〈仲虺之誥〉文。《荀子・堯問篇》引〈中蘬之言〉曰：「諸侯自爲得師者王，得友者霸，得疑者存，自爲謀而莫已若者亡」，《呂氏春秋・驕恣篇》引〈仲虺〉有言曰：「諸侯之德，能自爲取師者王，能自取友者存，其所擇而莫如已者亡」，文義並與此相類，此檃括彼所引〈仲虺之誥〉文。《戰國策・燕策》曰：「帝者與師處，王者與友處，霸者與臣處，亡國與役處」，文義與此相類，亦檃括〈仲虺之誥〉文。

第四節　《亢倉子》引《書》考

《四庫提要》子部道家類著錄《亢倉子》一卷，舊本題周庚桑楚撰，《漢志》、《隋志》皆未著錄，唐韋滔《孟浩然集序》云：「宜城王士源著《亢倉子》數篇，劉肅《大唐新語》說同，宋晁公武《郡齋讀書志》曰：「唐天寶元年，

〔註24〕孔傳本在〈益稷〉。
〔註25〕孔傳本在〈舜典〉。
〔註26〕《讀鶡冠子》。
〔註27〕《古籍導讀》。

詔號《亢倉子》爲《洞靈眞經》，然求之不獲，襄陽處士王士元，謂《莊子》作庚桑子、太史公、《列子》作亢倉子，其實一也，取諸子文義類者補其亡，今此書士元補亡者」，《四庫提要》曰：「今考《新唐書·藝文志》載王士元《亢倉子》二卷，所注與公武所言同，則公武之說有據」，是此書唐王士元作，其書凡引《書》一條，今錄之以存參。

1. 史刑曰：「眚災肆赦。」(〈政道〉)

　　輝案：此引〈堯典〉文。〔註28〕

第五節　《文子》引《書》考

　　《漢書·藝文志》道家著錄《文子》九篇，不言著者姓名，班氏自注云：「老子弟子，與孔子並時，而稱周平王問，似依託者也」。北魏李暹注《文子》，見《史記·貨殖傳》有范蠡師計然語，《集解》云：「計然姓辛、字文子，其先晉國公子」，因以計然、文子合爲一人，謂《文子》作者姓辛、葵丘濮上人，號曰計然，范蠡師事之。《四庫提要》以《意林》載《文子》十二卷，又載《范子》十三卷，因以爲《文子》、《范子》截然二書，計然、文子，亦截然二人，而辨李氏移甲爲乙之謬。今傳《文子》十二卷，章炳麟以其文多襲《淮南子》，疑爲張湛所僞作。〔註29〕其書或引《尙書》，已非先秦之舊，茲錄之以存參云。

　　《文子》一書，凡引《書》二條，其引《書》稱篇名《書》曰者無有，其引《書》而不舉篇名，不稱《書》曰者一條，所引爲逸書，篇名無可考，徵之《韓非子》、《淮南子》、則所引係《周書》逸文。其櫽括《書》之文義，不舉篇名，不稱《書》曰者一條，所引篇名，經考定爲〈皋陶謨〉一篇，今在伏生二十九篇中。

1. 上言者下用也，下言者上用也。(〈道德〉)

　　輝案：此引《周書》逸文。《淮南子·氾論篇》引《周書》曰：「上言者下用也，下言者上用也」，《韓非子·說林》下云：「此《周書》所謂下言而上用者感也」，則櫽括《周書》逸文。《文子》引此，以爲《老子》語，今《老子》五千言見在，未見有此語，蓋僞作《文子》者記憶之誤。

2. 若夫水用舟，沙用駟，泥用輴、山用樏。(〈自然〉)

〔註28〕孔傳本在〈舜典〉。
〔註29〕說見《菿漢微言》。

輝案：此櫽括《書・皋陶謨》文。〈皋陶謨〉云：「予乘四載」，〔註30〕《說文》木部引《虞書》曰：「予乘四載，水行乘舟，陸行乘車，山行乘樏，澤行乘輴」，此引〈皋陶謨〉文，今〈皋陶謨〉無「水行乘舟」四句者，蓋僞孔刪之，說見本書335頁，第十九章第四節第七條。

駜，《尸子》引作軌，〔註31〕《淮南子・修務篇》、《呂氏春秋・愼勢篇》引作鳩。駜、軌、鳩同在第三部，古疊韻通用，作軌者本字，作鳩、駜者皆借字也。

輴、或作軨，〔註32〕或作楯、〔註33〕或作毳、〔註34〕或作橇、〔註35〕或作蕝，〔註36〕《僞孔傳》、《淮南子》作輴，與此引同。輴、軨、楯、毳、橇、蕝古並通用，說見第十九章第四節第七條。

第六節　《孔子家語》引《書》考

《漢書・藝文志》著錄《孔子家語》二十七卷，顏師古注云：「非今所有《家語》也」。今本十卷，魏王肅注，宋王柏已疑其王肅所僞，〔註37〕清范家相《家語證僞》，孫志祖《家語疏證》，並疏通證明其爲王肅所僞作，屈萬里先生曰：「其爲王肅作，已成定讞」。〔註38〕

《孔子家語》凡引《書》八條，其稱舉篇名者無有，其稱《書》曰者六條，其中四條引《夏書》逸文，篇名無可考，其餘二條，所引篇名，經考定爲〈康誥〉、〈無逸〉等二篇。其櫽括《書》之文義，不舉篇名，不稱《書》曰者二條，其中一條，徵之《國策》，則所引係《周書》逸文，今見於《逸周書・和寤篇》；其別一條，所引篇名，經考定爲〈堯典〉。總計《孔子家語》引《書》八條中，凡引《書》三篇，其篇名爲〈堯典〉、〈康誥〉、〈無逸〉，今皆在伏生二十九篇中。綜考《家語》引《書》八條，或襲取《左傳》、《禮記》、《荀子》、《大戴禮》、《戰國策》所引《書》爲之，則今本《家語》雖出於王

〔註30〕孔傳本在〈益稷〉。
〔註31〕徐廣《史記》注引。
〔註32〕《説文》
〔註33〕徐廣《史記》注引《尸子》。
〔註34〕《史記・河渠書》、《漢書・溝洫志》。
〔註35〕《史記・夏本紀》。
〔註36〕《釋文》、《尚書正義》引《尸子》。
〔註37〕朱彝尊《經義考》引。
〔註38〕《古籍導讀》。

蕭所偽，其所引《書》，猶近先秦之舊，因錄其引《書》之文以存參云。

1. 《書》云：「義刑義殺，勿庸以即，汝心惟曰未有慎事。」（〈始誅〉）

　　輝案：此欒括〈康誥〉文。〈康誥〉云：「用其義刑義殺，勿庸以次汝封，乃汝盡遜，曰時敘，惟曰未有遜事」。《荀子・致士》引《書》曰：「義刑義殺，勿庸以即，女惟曰未有順事」，又〈宥坐〉引《書》曰：「義刑義殺，勿庸以即，予維曰未有順事」，並欒括〈康誥〉文，說見第十三章第二節第七條。

　　即，與《荀子》引同，孔傳本作次。即、次同屬齒音，旁紐雙聲，古相通用。

　　慎，《荀子》引作順，孔傳本作遜。慎在第十二部，順，遜同在第十三部，三字韻部相近，古相通用，《管子・小匡》「惟順端愨」注：「順一作慎」，《易・升卦》「君子以順德」，《釋文》：「本又作慎」，《詩・下武》「應侯順德」，《正義》引定本作「應侯慎德」，《荀子・彊國》「為人上者必將慎禮義」注：「慎或為順」，《史記・孔子世家》「子慎」，《漢書・孔光傳》作「子順」，此順慎二字互用之證。順、遜互用之例，說見第十三章第二節第七條。作順者本字，作慎，遜者借字。又觀《家語》上下文，與《荀子》大同，則《家語》此文，蓋襲取《荀子》之文為之，惟《荀子》引作順，與此引作慎者不同，考《家語》注云：「當謹自謂未有順事」，則《家語》本作順，與《荀子》同，今作慎者，後人所改易。

2. 綿綿不絕，或成網羅，毫末不札，將尋斧柯。（〈觀周〉）

　　輝案：此欒括《周書》文。《戰國策・魏策》引《周書》曰：「緜緜不絕，縵縵奈何？毫毛不拔，將成斧柯，為慮不定，後有大患，將奈之何？」此則欒括彼所引《周書》為之。《說苑・敬慎篇》引〈金人之銘〉曰：「緜緜不絕，將成網羅，青青不伐，將尋斧柯」，亦欒括《周書》文，與此文字小異。今傳《家語》，魏王肅所偽，則《家語》所引〈金人之銘〉，蓋襲取《說苑》所引而略加改易者。《國策》所引《周書》文，今見於《逸周書・和寤篇》，而文字亦小異，說見本書 243 頁，第十二章第三節第三條。

3. 《夏書》曰：「念茲在茲。」（〈顏回〉）

　　輝案：此引《夏書》逸文，《左傳》襄公二十三年引《夏書》曰：「念茲在茲」，亦引《夏書》逸文。《左傳》上文述孔子言臧武仲作不順而施不恕，因不容於魯國，《家語》與之同，則《家語》當是襲《左傳》為之。

4. 孔子曰：「喬牛之孫，瞽瞍之子也，曰有虞，舜孝友聞於四方，……巡狩四海，五載一始，三十年在位，嗣帝五十載，陟方岳，死于蒼梧之野而葬焉。」（〈五帝德〉）

　　輝案：此櫽括〈堯典〉文。〈堯典〉云：「舜生三十徵庸，三十在位，五十載陟方乃死」。《大戴禮·五帝德》曰：「舜之少也，惡頑勞苦，二十以孝聞乎天下，三十在位，嗣帝所五十乃死，葬于蒼梧之野」，亦櫽括〈堯典〉文，今傳《家語》，魏王肅所偽，後於大戴，則《家語》此文蓋襲取《大戴禮》爲之。

5. 《夏書》曰：「昏默賊殺」，咎陶之刑也。（〈正論解〉）

　　輝案：此引《夏書》逸文，《左傳》昭公十四年引《夏書》曰：「昏默賊殺」，徵諸《左傳》上下文，並與《家語》同，則《家語》此文，當是襲取《左傳》爲之。

6. 《夏書》曰：「維彼陶唐，率彼天常，在此冀方，今失厥道，亂其紀綱，乃滅而亡。」（〈正論解〉）

　　輝案：此引《夏書》逸文。《左傳》哀公六年引《夏書》曰：「惟彼陶唐，率彼天常，有此冀方，今失其行，亂其紀綱，乃滅而亡」，徵諸《左傳》上下文，與《家語》大同，則《家語》此文，當是襲取《左傳》引《夏書》文而略加易者。

　　維，《左傳》引作惟，維、惟从隹聲，古音同通用，說見本書290頁，第十八章第一節第三條。

　　率，《左傳》引作帥，二字古音同通用，說見本書158頁，第五章第三節第六條。

7. （《夏書》）又曰：「允出茲在茲。」（〈正論解〉）

　　輝案：此引《夏書》逸文。《左傳》哀公六年引《夏書》曰：「允出茲在茲」，徵諸《左傳》上下文，與《家語》大同，則《家語》此文，當是襲取《左傳》爲之。

8. 子張問曰：「《書》云：『高宗三年不言，言乃雍』，有諸？」（〈正論解〉）

　　輝案：此櫽括〈無逸〉文。〈無逸〉云：「乃或亮陰，三年不言，其惟不言，言乃雍」。《禮記·檀弓》引《書》云：「高宗三年不言，言乃讙」，徵諸《禮記》上下文，與《家語》同，則《家語》此文，當是襲取《禮記》所引爲之，而字作雍，與《禮記》異，蓋王肅據古文《尚書》改。

第廿三章　輯逸書引《書》考

　　先秦典籍，多有亡逸，然其文散見各書，後人掇拾其語，纂輯成書，雖屬斷簡殘篇，然其中或引《書》文，則亦先秦之舊，因錄其文，詳加考論。至若其書久亡，今傳逸文輯自僞書，實不足信，而其間或引《書》文，亦錄之以存參云。

第一節　《尸子》引《書》考

　　《漢書・藝文志》雜家著錄《尸子》二十篇，《隋志》，《唐志》並同，宋時其書已亡，清孫星衍、〔註1〕汪繼培〔註2〕並有輯本，雖屬斷簡殘篇，固先秦之遺，其間或引《書》文，彌足珍惜，因錄之，並詳加考論云。

　　《尸子》逸文凡引《書》五條，其稱舉篇名，《書》曰者無有，其引《書》不舉篇名，不稱《書》曰者二條，所引篇名，經考定爲〈皋陶謨〉、〈湯誓〉二篇。其隱括《書》之文義，不舉篇名，不稱《書》曰者三條，其一條篇名無可考，案諸他書所引，則爲《周書》逸文，其餘二條，所引篇名，經考定爲〈堯典〉、〈無逸〉二篇。總此引《書》五條中，凡引《書》四篇，其篇名爲〈堯典〉、〈皋陶謨〉、〈湯誓〉、〈無逸〉。其在伏生二十九篇者，計〈堯典〉、〈皋陶謨〉、〈無逸〉等三篇，其在百篇之外者，計〈湯誓〉一篇。

　　綜考《尸子》逸文引《書》五條，可得如下結論：

　　一、引《書》五條中，凡引逸書一條，引《書》在百篇之外者一條，總

〔註 1〕　《問經堂叢書》。
〔註 2〕　《湖海樓叢書》。

此二條，今皆不在伏生二十九篇中，此可見《書》之亡逸，確實可信，後儒以伏生所授二十八篇爲備，不信亡書、逸書，實有未當。

二、引《書》有在百篇之外者，可知先秦《尚書》，不必以〈書序〉所錄百篇爲備，漢儒稱《書》有百篇之說，未可信。

三、引〈湯誓〉文，與《論語》、《墨子》、《國語》所引，文句不盡相同，此可見先秦《尚書》未有定本，是以同引一《書》，而文字歧異如此。

1. 湯曰：「朕身有罪，無及萬方；萬方有罪，朕身受之。」（《群書治要》引《尸子·綽子》）

　　輝案：此引〈湯誓〉文。《論語·堯曰篇》曰：「朕躬有罪，無以萬方；萬方有罪，罪在朕躬」，《國語·周語》上引〈湯誓〉曰：「余一人有罪，無以萬夫；萬夫有罪，在余一人」，《墨子·兼愛》下引〈湯說〉曰：「萬方有罪，即當朕身；朕身有罪，無及萬方」，與此同引〈湯誓〉文，而文句不盡相同，此可見先秦《尚書》未有定本，說見第八章第二節第六條。

2. 文王曰：「苟有仁人，何必周親？」（《群書治要》引《尸子·綽子》）

　　輝案：此檃括《周書》逸文，《論語·堯曰篇》曰：「雖有周親，不如仁人」，《墨子·兼愛》中曰：「雖有周親，不若仁人」，並引《周書》逸文，此則檃括彼所引《周書》逸文，說見第八章第二節第八條。

3. 堯南撫交阯，北懷幽都，東西至日月之所出入。（《荀子·王霸篇》楊注引）

　　輝案：此檃括〈堯典〉文。〈堯典〉曰：「分命羲仲，宅嵎夷曰暘谷，寅賓出日」，又曰：「申命羲叔，宅南交」，又曰：「分命和仲，宅西曰昧谷，寅餞納日」，又曰：「申命和叔，宅朔方曰幽都」，此則約取彼四句之文爲之。《墨子·節用》中曰：「古者堯治天下，南撫交阯，北降幽都，東西至日所出入，莫不賓服」，《韓非子·十過》曰：「其地南至交阯，北至幽都，東西至日月之所出入者，莫不賓服」，《大戴禮·少閒》曰：「朔方幽都來服，南撫交阯，出入日月，莫不率俾」，又《五帝德》云：「北至于幽陵，南至于交阯」，並檃括〈堯典〉文，並與此所引文略同，說見第十八章第四節第三條。

4. 山行乘檋，泥行乘蕝。（《尚書·益稷正義》引）

　　輝案：此引《書·皋陶謨》文。〈皋陶謨〉云：「予乘四載」，〔註3〕《說

_____

〔註3〕孔傳本在〈益稷〉。

文》木部引《虞書》曰：「予乘四載；水行乘舟，陸行乘車，山行乘樏，澤行乘軸」，今〈皋陶謨〉無「水行乘舟」四句，屈萬里先生謂此四句亦〈皋陶謨〉文，〔註4〕其說是也，說見本書 335 頁，第十九章第四節第七條。

　　泥行，或作澤行。《史記・河渠書》引《夏書》曰：「泥行蹈毳」，《漢書・溝洫志》引《夏書》曰：「泥行乘毳」，並引〈皋陶謨〉文，字並作泥行。《文子・自然篇》曰：「泥用楯，山用樏」，《淮南子・修務篇》曰：「泥之用輴，山之用蔂」，《偽孔傳》曰：「泥乘輴，山乘樏」，並檃括〈皋陶謨〉文，字並作泥。《尚書・釋文》引《尸子》云：「澤行乘蕝」，字作澤。泥行即澤行也，《尚書正義》、《釋文》同引《尸子》，而或作泥行，或作澤行，是其證。《正義》、《釋文》同引《尸子》，而或作澤，或作泥，不同者，蓋所據本異耳。

　　蕝，或作軸、〔註5〕或作輴、〔註6〕或作楯、〔註7〕或作毳、〔註8〕或作樏，〔註9〕本字作樏，其作毳、楯、輴、軸、蕝者，皆借字也，說見第十九章第四節第七條。

　　又《史記・河渠書》集解引徐廣曰：「《尸子》曰『山行乘樏』，又曰：『行塗以輴，行險以撮，行沙以軌』」，徵之《尚書正義》引《尸子》，山行乘樏句，下接泥行乘蕝，則徐廣二引《尸子》，非上下相承者，故徐廣云又曰，以示區別，汪繼培以行險以撮即泥行乘蕝，謂又曰云云，當別引他書而傳寫訛脫，〔註10〕其說未允。

5. 文王至日昃不暇飲食。（《太平御覽》七十七引）

　　輝案：此檃括〈無逸〉文，〈無逸〉曰：「文王卑服，……自朝至于日中昃，不遑暇食」。《國語・楚語》上引《周書》曰：「文王至于日中昃，不皇暇食」，亦檃括〈無逸〉文，字作昃，與此作昃不同，朱駿聲謂昃、昃一字，〔註11〕是也。

〔註4〕《尚書釋義》附錄一。
〔註5〕《說文》車部。
〔註6〕《偽孔傳》、《淮南子》。
〔註7〕徐廣《史記》注引《尸子》、《文子》。
〔註8〕《史記・河渠書》、《漢書・溝洫志》。
〔註9〕《史記・夏本紀》。
〔註10〕見汪氏《尸子》輯本卷下案語。
〔註11〕見《通訓定聲》頤部第五。

第二節　《讕言》引《書》考

　　《漢書・藝文志》儒家著錄《讕言》十篇，班氏自注云：「不知作者」，師古曰：「說者引《孔子家語》云：『孔穿所造』，非也」。其書久亡，清馬國翰有輯本，蔣伯潛曰：「馬氏輯本即從《孔叢子》錄出三篇，亦不足信」，〔註12〕今考《孔叢子》一書，《隋志》始著錄，注云：「陳勝博士孔鮒撰」，宋洪邁疑爲齊梁以來好事者所僞，〔註13〕近人顧實、〔註14〕羅根澤〔註15〕並以爲王肅僞造，則《孔叢子》所載子高對答時君之語，蓋亦後人附會，且《讕言》一書，非孔穿所著，師古固已言之，則蔣氏謂馬氏所輯《讕言》逸文不足信，其說是也。馬氏所輯《讕言》逸文，引《書》者二條，今錄之以存參云。

1. 信陵君問子高曰：「古者軍旅，賞人必於祖，戮人必於社。」（〈儒服〉）

　　輝案：此隱括《書・甘誓》文，〈甘誓〉曰：「用命賞于祖，弗用命戮于社」。《墨子・明鬼》下云：「故聖王其賞也必於祖，其僇也必於社」，與此文義相類，亦隱括〈甘誓〉之文。

2. 子高曰：「書曰：『知人則哲，惟帝難之』」。（〈儒服〉）

　　輝案：此隱括《書・皋陶謨》文，〈皋陶謨〉曰：「禹曰：『吁，咸若時，惟帝其難之，知人則哲，能官人』」。

第三節　《史佚書》引《書》考

　　《漢書・藝文志》墨家著錄〈尹佚〉二篇，其書《隋志》、《唐志》皆未著錄，散亡已久，然其文散見群書，清馬國翰就《左傳》、《國語》、《逸周書》、《淮南子》、《說苑》等書所引尹佚之言，輯《史佚書》一卷，其中二條錄自《逸周書》，考《漢志》著錄《周書》七十一篇，是《周書》初不冠逸字，漢末以後，始冠以逸字，以別於《尚書・周書》耳，先秦之世，《周書》與《尚書・周書》無別，皆周王室檔案之遺，〔註16〕馬氏輯自《逸周書》之《史佚書》逸文二條，其中所述事實，與《尚書・周書》頗爲相類，固先秦之遺也，

〔註12〕　《諸子通考》下篇。
〔註13〕　見《容齋隨筆》。
〔註14〕　《重考古今僞書考》。
〔註15〕　《孔叢子探源》。
〔註16〕　說詳第五章第五節序。

因錄之以存參云。

1. 武王降自車，乃俾史佚繇書于天號，武王乃廢于紂矢惡臣百人，……乃以先馘入燎于周廟，若翌日辛亥，祀于位，用籥于天位。越五日乙卯，武王乃以庶國祀馘于周廟。（《逸周書・世俘解》）

　　輝案：此引《周書》文。《漢書・律歷志》引〈武成篇〉曰：「惟四月既旁生霸，粵六日庚戌，武王燎于周廟，翌日辛亥，祀于天位，粵五日乙卯，乃以庶國祀馘于周廟」，文辭與此相類。

2. 尹佚筴曰：「殷末孫受德，迷先成湯之明，侮滅神祇不祀，昏暴商邑百姓，其章顯聞于昊天上帝」。（《逸周書・克殷解》）

　　輝案：此引《周書》文。《書・牧誓》曰：「今商王受，惟婦言是用，昏棄厥肆祀弗答，昏棄厥王父母弟不迪，乃惟四方之多罪逋逃，是崇是長，是信是使，是以爲大夫卿士，俾暴虐于百姓，以姦宄于商邑」，文辭與此相類。

第四節　《太公金匱》引《書》考

　　《漢書・藝文志》道家著錄太公二百三十七篇，謀八十一篇，言七十一篇，兵八十五篇，皆未舉其書名。《隋志》兵家始著錄《太公六韜》五卷，《太公陰謀》一卷，《太公陰符鈐錄》一卷，《太公金匱》二卷，《太公兵法》二卷，《太公兵法》六卷，《太公伏符陰陽謀》一卷，《太公三宮兵法》一卷，《太公書禁忌立成集》二卷，《太公枕中記》一卷，《周書陰符》九卷。考《六弢・豹韜》之名，見於《莊子》，《淮南子》，則《太公六韜》戰國秦漢之間已有；〔註17〕《戰國策・秦策》云：「得《太公陰符之謀》，伏而誦之」，則《太公陰謀》，戰國之世已有；其餘各書，先秦兩漢載籍，未見言及，則其書蓋後人見《漢志》著錄太公二百三十七篇，因依仿《六韜》之文而偽作者。《太公金匱》二卷，舊題呂望撰，亦出於後人依託，其書已亡，《意林》錄《太公金匱》一卷，錄其遺文五條，清嚴可均輯上古三代佚文，錄《太公金匱》佚文三十九條。

　　《太公金匱》逸文，凡引《書》一條，篇名無可考，徵之《漢書》，則所引爲《周書》逸文。

〔註17〕《四庫提要辨證》說。

1. 天與不取，反受其咎。(《意林》一)

　　輝案：此引《周書》逸文，《漢書‧蕭何傳》引《周書》曰：「天予不取，反受其咎」。《史記‧張耳陳餘列傳》曰：「天與不取，反受其咎」，亦引《周書》逸文。《國語‧越語》下曰：「天予不取，反爲之災」，此隳括《周書》逸文，師古注《漢書》，以爲《逸周書》文，朱右曾以爲《逸周書》佚文，﹝註18﹞皆未允，說見第十一章第四節第九條。

　　與，《漢書》引作予，予、與同音通用，見本書 241 頁，第十二章第一節第三條。

─────────────

﹝註18﹞《逸周書集訓校釋》。

第廿四章 結 語

先秦典籍一百又五種，〔註1〕凡引《書》三百七十五條。其中僞書引《書》三十二條，輯佚書引《書》十條不計，去其四十二條，則先秦典籍凡引《書》三百三十三條。總此引《書》三百三十三條中，凡引《書》四十五篇，其篇名為：〈堯典〉、〈皋陶謨〉、〈禹貢〉、〈甘誓〉、〈五子之歌〉（鄭注逸）、〈胤征〉（鄭注逸）、〈湯征〉（鄭注亡）、〈湯誓〉（伐桀之誓）、〈仲虺之誥〉（鄭注亡）、〈伊訓〉（鄭注逸）、〈大甲〉（鄭注亡）、〈咸有一德〉（鄭注逸）、〈咸乂〉（鄭注亡）、〈盤庚〉、〈說命〉（鄭注亡）、〈高宗之訓〉（鄭注亡）、〈大誓〉、〔註2〕〈牧誓〉、〈武成〉（鄭注逸）、〈洪範〉、〈大誥〉、〈康誥〉、〈酒誥〉、〈洛誥〉、〈君牙〉（鄭注亡）、〈無逸〉、〈君奭〉、〈蔡仲之命〉（鄭注亡）、〈君陳〉（鄭注亡）、〈顧命〉、〈呂刑〉、〈文侯之命〉、〈秦誓〉。〔註3〕〈大誓〉、〔註4〕〈湯誓〉、〔註5〕〈唐誥〉、〈伯禽〉、〈距年〉、〈禹誓〉、〈馴天明不解〉、〈湯之官刑〉、〈三代不國〉、〈召公之非執命〉、〈禹之總德〉、〈子亦〉。〔註6〕

綜考先秦典籍引《書》三百三十三條，可得如下結論：

一、先秦《書》未必有百篇，亦不必以百篇為備。

先秦典籍引《書》三百三十三條中，凡引《書》四十五篇，其在〈書序〉

〔註1〕其中出於漢以後人偽託者四十四種，後人輯佚本二十九種。
〔註2〕武王伐紂之誓。
〔註3〕以上三十三篇，在〈書序〉百篇之內。
〔註4〕文王伐于之誓。
〔註5〕禱雨之誓。
〔註6〕以上十二篇，在〈書序〉百篇之外。

百篇者僅三十三篇，與漢儒所稱《書》有百篇者，相去甚遠，然則先秦《尚書》未必有百篇之數也。先秦典籍引《書》四十五篇，其中〈大誓〉等十二篇，在〈書序〉百篇之外，然則先秦《尚書》不必以〈書序〉所錄百篇爲備也。

二、先秦《書》未有定本。

（一）由各書同引一《書》而文字歧異證之

1. 《禮記‧大學》、《荀子‧正論》同引〈康誥〉「克明德」，而文字互異。

2. 《墨子‧尚同》中、《禮記‧緇衣》同引〈呂刑〉「苗民弗用靈」，而文字互異。

3. 《荀子‧成相》、《大戴禮‧五帝德》同引〈禹貢〉「禹敷土」，而文字互異。

4. 《禮記‧大學》、《荀子‧議兵》、〈王霸〉、《孟子離婁》、〈滕文公〉上同引〈康誥〉「若保赤子」，而文字互異。

5. 《禮記‧緇衣》、《孝經‧天子章》、《荀子‧君子》、《左傳》襄公十三年，《大戴禮‧保傅》同引〈呂刑〉「一人有慶，兆民賴之」，而文字互異。

6. 《荀子‧天論》、〈修身〉、《韓非子‧有度》、《呂氏春秋‧貴公》同引〈洪範〉「無有作惡」，而文字互異。

7. 《呂氏春秋‧驕恣》、《荀子‧堯問》同引〈仲虺之誥〉「諸侯之德、能自爲取師者王，能自取友者存，其所擇而莫如己者亡」，而文字互異。

8. 《左傳》成公十六年、襄公二十三年、《禮記‧大學》同引〈康誥〉「惟命不于常」，而文字互異。

9. 《呂氏春秋‧貴公》、〈士容〉、《墨子‧兼愛》下、《左傳》襄公三年同引〈洪範〉「無偏無黨」，而文字互異。

10. 《國語‧周語》上、《墨子‧兼愛》下、《呂氏春秋‧順民》、《論語‧堯曰》、《尸子》同引〈湯誓〉「余一人有罪，無以萬夫；萬夫有罪，在余一人」，而文字互異。

11. 《墨子‧七患》、《管子‧山權數》、《荀子‧富國》同引《夏書》「禹七年水」，而文字互異。

12. 《墨子‧七患》、《管子‧山權數》、《荀子‧富國》同引《商書》「湯五年旱」，而文字互異。

13. 《墨子・尚同》中、下同引〈相年〉「夫建國設都，乃作后王君公，否用泰也，輕大夫師長，否用佚也，維辯使治天均」，而文字互異。

14. 《墨子・兼愛》中、下同引〈大誓〉「文王若日若月，乍照光于四方，于西土」，，而文字互異。

15. 《墨子・天志》中、〈非命〉上、中同引〈大誓〉「紂越厥夷居，不肎事上帝，棄厥先神祇不祀，乃曰：『吾有命，無廖僇務』，天下，天亦縱棄紂而不葆」，而文字互異。

16. 《墨子・非命》上、中、下同引〈仲虺之誥〉「我聞于夏、人矯天命，布命于下，帝伐之惡，龏喪厥師」，而文字互異。

17. 《孟子・公孫丑》上、〈離婁〉上、《禮記・緇衣》同引〈大甲〉「天作孽，猶可違；自作孽，不可活」，而文字互異。

18. 《國語・楚語》上、《呂氏春秋・重言》同引《商書》「以余一人正四方，余唯恐言之不類也，茲不言」，而文字互異。

19. 《孟子・滕文公》下、〈梁惠王〉下同引〈湯征〉「徯我后，后來其蘇」，而文字互異。

（二）由各書同引一《書》而稱名不一證之

1. 《禮記・表記》、〈緇衣〉、《孝經・天子章》引作〈甫刑〉；《墨子・尚賢》中、下、〈尚同〉中引作〈呂刑〉；稱名不一。

2. 《呂氏春秋・貴公》引作〈鴻範〉；《墨子・兼愛》下引作《周詩》；《韓非子・有度》引作〈先王之法〉；稱名不一。

3. 《左傳》昭公六年引作〈湯刑〉，《墨子・非榮》上，引作〈湯之官刑〉，稱名不一。

4. 《左傳》襄公三十年引作〈仲虺之志〉；《左傳》宣公十二年、襄公十四年、《呂氏春秋・驕恣》引作〈仲虺〉有言；《墨子・非命》上、中、下引作〈仲虺之告〉；《荀子・堯問》引作〈中蘬之言〉；稱名不一。

5. 《左傳》哀公十一年引作〈盤庚之誥〉；《國語・周語》上引作〈盤庚〉；稱名不一。

6. 《孟子・萬章》上引作〈堯典〉；《禮記・大學》引作〈帝典〉；稱名不一。

7. 《國語・周語》上引作〈湯誓〉；《墨子・兼愛》下引作〈湯說〉；稱名不一。

8. 《孟子·萬章》上、《禮記·坊記》、《左傳》成公二年、襄公三十一年、昭公元年、二十四年、《國語·周語》中、《鄭語》、《墨子·尚同》下、〈兼愛〉下、〈非命〉上、中、〈管子法禁〉、《荀子·議兵》引作〈大誓〉，《墨子·天志》中引作〈大明〉；《墨子·非命》下引作〈去發〉（〈太子發〉）；而稱名不一。

（三）由各書同引一《書》而序次不同證之

《左傳》文公五年，成公六年、《墨子·兼愛》下同引〈洪範〉而或屬之《商書》，或屬之《周書》，序次不同。

（四）由各書引《書》而分類各異證之

《左傳》引《書》稱《虞書》、《夏書》、《商書》、《周書》、是《書》分虞、夏、商、周四類；《墨子》引《書》稱《夏書》、《商書》、《周書》，〈明鬼〉下又云：「《尚書·夏書》，其次商周之《書》」，是《書》分夏、商、周三類；彼此分類各異。

三、先秦《書》篇名多係泛稱，非必專屬某篇，其後〈書序〉錄之，始成專名。

（一）〈湯誓〉泛指湯之所誓

《國語·周語》上、《墨子·兼愛》下引湯禱雨之誓，《孟子·梁惠王》上引湯伐桀之誓，而皆稱〈湯誓〉。伐桀之誓，今〈書序〉錄之，遂成專名。

（二）〈禹誓〉泛指禹之所誓

《墨子·明鬼》下引禹伐有扈之誓，〈兼愛〉下引禹征苗之誓，而同稱〈禹誓〉。伐有扈之誓，〈書序〉錄之，謂之〈甘誓〉，遂成專名。

（三）〈大誓〉泛指大會眾之誓

《孟子·滕文公》下引文王伐于之誓，《左傳》成公二年、襄公三十一年、昭公元年、二十四年、《孟子·萬章》上，《國語·周語》中、《鄭語》、《墨子·尚同》下、〈天志〉中、〈非命〉上、中、下、〈兼愛〉下、《荀子·議兵》、《管子·法禁》引武王伐紂之誓，而同稱〈大誓〉。伐紂之誓，〈書序〉錄之，遂成專名。

（四）〈康誥〉泛指告康叔之辭

《孟子·萬章》下、《禮記·緇衣》、〈大學〉、《荀子·富國》引康叔封於康，武王告康叔之辭；《韓非子·說林》上引康叔封於衛，周公以成王命告康叔之辭；而同稱〈康誥〉。武王告康叔之辭，〈書序〉錄之；謂之〈康誥〉；周

公告康叔之辭，〈書序〉錄之，謂之〈酒誥〉；遂各成專名。

四、先秦之世，《尚書・周書》與《逸周書》並無分別，同為周王室之
　　檔案。

　　　　（一）由《左傳》引《周書》證之

　　僖公二十三年、宣公六年、十五年、成公二年、八年、十六年、昭公八
年引《周書》，而今在《尚書・周書》二十篇；文公二年引《周志》，而今在
《逸周書》七十一篇。

　　　　（二）由《左傳》引《書》證之

　　襄公十三年、二十三年引《書》，今在《尚書・周書》二十篇；襄公十一
年、二十五年引《書》，今在《逸周書》七十一篇。

　　　　（三）由《戰國策》引《周書》證之

　　《魏策》三引《周書》，今在《尚書・周書》二十篇；《秦策一》二引、《魏
策一》引《周書》，今在《逸周書》七十一篇。

五、《書》之文辭，起源甚古，至其篇名，若《虞書》、《夏書》、《商書》、
　　《周書》之分，則起於春秋以後。其後篇名代有所出。

　　　　（一）《書》分虞、夏、商、周、蓋自《左傳》始，前乎此，則《論語》
引《書》，不舉篇名，不分類，但稱《書》云。

　　　　（二）《左傳》引《書》始稱舉篇名，前乎此，《詩》、《論語》引《書》，
皆未舉篇名。《左傳》引《書》，稱舉篇名者，僅〈康誥〉、〈仲虺之誥〉、〈大
誓〉、〈盤庚〉、〈蔡仲之命〉、〈唐誥〉、〈伯禽〉七篇，其餘則但稱《虞書》、《夏
書》、《商書》、《周書》，或統稱《書》云，而未有篇名。《孟子》成書在《左
傳》之後，其引《書》稱舉篇名者，計〈大誓〉、〔註7〕〈康誥〉、〈伊訓〉、〈大
甲〉、〈湯誓〉、〈堯典〉、〈武成〉、〈大誓〉〔註8〕八篇，略多於《左傳》。《禮記》
又出於《孟子》之後，其引《書》稱舉篇名者，計〈說命〉、〈君陳〉、〈大誓〉、
〈甫刑〉、〈大甲〉、〈尹誥〉、〔註9〕〈康誥〉、〈君牙〉、〈堯典〉、〈秦誓〉、〈君
奭〉十一篇，又多於《孟子》。至若〈洪範〉之名。始見於《呂氏春秋》，則
起於戰國末年。

―――――――――――

〔註7〕　文王伐于之誓。
〔註8〕　武王伐紂之誓。
〔註9〕　〈咸有一德〉。

六、先秦《書》今多亡逸。

先秦引《書》三百三十三條，其中引《虞書》逸文十條，《夏書》逸文二十八條，《商書》逸文十二條，《周書》逸文三十一條，《書》逸文十三條；又引鄭注〈書序〉云逸之十六篇者六條，引鄭注〈書序〉云亡之四十二篇者三十六條；又引百篇之外者十九條；又引〈大誓〉二十一條，總此一百六十九條，今皆不見於伏生二十九篇，此可見《書》亡逸之鉅。

七、先秦《書》與漢世所傳《尚書》，頗有同異。

（一）《左傳》分《書》爲虞、夏、商、周四類，虞、夏別題；《墨子》分《書》爲夏、商、周三類；與馬、鄭、王本《尚書》以虞、夏同科者不同，〔註 10〕與三家今文分唐、虞、夏、商、周五家者亦異。〔註 11〕僞孔以虞、夏別題，與《左傳》同。

（二）《左傳》文公五年、成公六年引〈洪範〉文，屬之《商書》，與三家今文同。〔註 12〕《墨子‧兼愛》下引〈洪範〉文，屬之《周書》，則與馬鄭同。

（三）《禮記‧表記》、〈緇衣〉、《孝經‧天子章》引作〈甫刑〉，此與三家今文同；《墨子‧尚賢》中、下、〈尚同〉中引作〈呂刑〉，此與馬鄭同。

（四）《孟子‧滕文公》下引〈大誓〉，則文王伐于之誓，此與〈書序〉以爲武王伐紂之誓者異。

（五）《國語‧周語》上、《墨子‧兼愛》下引〈湯誓〉，則湯禱雨之誓，此與〈書序〉以爲湯伐桀之誓者異。

（六）《墨子‧明鬼》下引〈甘誓〉文，而稱〈禹誓〉；《韓非子‧說林》上引〈酒誥〉文，而稱〈康誥〉；《禮記‧大學》引〈堯典〉文，而稱〈帝典〉，〈緇衣〉引〈五子之歌〉文，而稱〈尹吉〉，〈坊記〉引〈高宗之訓〉文、而稱〈高宗〉；《墨子‧明鬼》下引〈咸乂〉文，而稱〈禽艾〉，〈尚同〉中引〈說命〉文，而稱〈術令〉；《左傳》定公四年引〈蔡仲之命〉文，而稱〈蔡〉，宣公十二年、襄公十四年引〈仲虺之誥〉文，而稱〈仲虺〉有言，襄公三十年

〔註10〕《尚書‧堯典正義》云：「馬融、鄭玄、王肅、《別錄》，題皆曰《虞夏書》」。

〔註11〕皮錫瑞曰：「三科者古文家說，謂虞夏一科、商一科、周一科也；五家者今文家說，謂唐一家、虞一家、夏一家、商一家、周一家也」。說見《今文尚書考證》卷一。

〔註12〕皮錫瑞曰：「班氏以〈洪範〉列〈微子〉上，則今文《尚書》次序或以此篇列〈微子〉之前，則此爲《商書》」，說見《今文尚書考證》卷十一。

引之，則又稱〈仲虺之志〉；《荀子‧堯問》引〈仲虺之誥〉文，而稱〈中蘬之言〉，《呂氏春秋‧驕恣》引〈仲虺之誥〉文，而稱〈仲虺〉有言；並與〈書序〉不同。

（七）《禮記‧表記》、〈緇衣〉、〈大學〉、《孟子‧公孫丑》上，〈離婁〉上，引〈大甲〉；《禮記‧緇衣》引〈君奭〉；《禮記‧坊記》、〈緇衣〉引〈君陳〉；《禮記‧坊記》，《墨子‧非命》上、中、下、《天志》中、〈尚同〉下、〈兼愛〉下，《左傳》成公二年、襄公三十一年、昭公元年、二十四年，《孟子‧萬章》上，《荀子‧議兵》，《管子‧法禁》、《國語‧周語》中、〈鄭語〉引〈大誓〉；《禮記‧大學》引〈秦誓〉；《禮記‧緇衣》引〈君雅〉；《墨子‧非命》上、中、下引〈仲虺之告〉；《左傳》僖公三十三年、昭公二十年、定公四年，《荀子‧富國》，《禮記‧緇衣》、〈大學〉、《孟子‧萬章》下引〈康誥〉；《禮記‧文王世子》、〈緇衣〉、〈學記〉引〈兌命〉；《國語‧周語》上引〈盤庚〉；《呂氏春秋‧貴公》、〈君守〉引〈鴻範〉；《孟子‧萬章》上引〈堯典〉；《孟子‧梁惠王》上引〈湯誓〉；《孟子‧萬章》上引〈伊訓〉；《孟子‧盡心》下引〈武成〉；並與〈書序〉相同。

（八）各書引《書》，文字或同於馬鄭古文，或同於三家今文，或與馬鄭古文，三家今文並異，其例多有，不具論。

八、儒墨所授《書》，本各有別。

（一）由同引一《書》，而文字不同證之

1. 《國語‧周語》上、《論語‧堯曰》、《呂氏春秋‧順民》、《墨子‧兼愛》下同引〈湯誓〉，而文字互異。
2. 《禮記‧緇衣》、《墨子‧尚同》中同引〈呂刑〉文，而文字互異。
3. 《荀子‧富國》、《墨子‧七患》同引《夏書》，而文字互異。
4. 《荀子‧富國》、《墨子‧七患》同引《商書》，而文字互異。

（二）由同引一《書》而稱名不一證之

1. 《國語‧周語》上引湯禱雨之誓，而稱〈湯誓〉；《墨子‧兼愛》下引之，則稱〈湯說〉。
2. 《呂氏春秋‧驕恣》、《左傳》宣公十二年、襄公十四年引〈仲虺之誥〉，而稱〈仲虺〉有言；《左傳》襄公三十年引之，而稱〈仲虺之志〉；《荀子‧堯問》引之，而稱〈中蘬之言〉；《墨子‧非命》上、中、下引之，則稱〈仲虺之告〉。

3. 《左傳》昭公六年引〈湯刑〉，《墨子·非樂》上引稱〈湯之官刑〉。

（三）由引百篇之外而互不重見證之

1. 《孟子·滕文公下》引文王伐于之誓，而不見於《墨子》。

2. 《左傳》引〈唐誥〉、〈伯禽〉而不見於《墨子》。

3. 《墨子》引〈禹誓〉、〈三代不國〉、〈馴天明不解〉、〈召公之非執命〉、〈禹之總德〉、〈子亦〉、〈距年〉，而不見於《孟子》、《荀子》、《國語》、《左傳》等書。

（四）由同引一《書》而序次不同證之

《左傳》引〈洪範〉文，屬之《商書》；《墨子》引之，則屬之《周書》；二者序次不同。

（五）由《書》之分類不同證之

《左傳》分《書》爲虞、夏、商、周四類；《墨子》則分《書》爲夏、商、周三類；二者不同。

九、證成前賢之說者七端：

（一）證史遷、班氏謂《左傳》、《國語》同出左丘明之說

《左傳》昭公七年、《國語·周語》下同引〈太誓故〉；《左傳》僖公二十三年、《國語·晉語》四同引《周書》；《左傳》成公十六年、《國語·晉語》九同引《夏書》；《左傳》昭公元年、襄公三十一年，《國語·周語》中、《鄭語》同引〈大誓〉；皆不見於先秦其他典籍，二書引《書》頗多相類，當係同出一人之手。

（二）證孫詒讓古《詩》、《書》互稱之說

《墨子·尙同》中引《周頌·載見》，〈兼愛〉下引〈大雅抑〉，〈天志〉中引《大雅·皇矣》，並稱先王之書；〈明鬼〉下引《大雅·文王》，而稱《周書》；《呂氏春秋·愼大》引《詩·小雅·小旻》，而稱《周書》；《墨子·兼愛》下引《書·洪範》，而稱《周詩》；是古《詩》、《書》可互稱。

（三）證俞樾墨分爲三，各家之本互異之說

《墨子·尙同》中、〈尙同〉下同引〈相年〉；〈兼愛〉中、下同引〈大誓〉「文王若日若月，乍照光于四方，于西土」；〈天志〉中，〈非命〉上、中同引〈大誓〉「紂越厥夷居，不肎事上帝，棄厥先神祇不祀、乃曰：『吾有命，無廖僇務』，天下，天亦縱棄紂而不葆」；〈非命〉上、中、下同引〈仲虺之告〉；而文字互異，是墨子之後，墨分三家，所傳之本不同，後人合以成書，故今

本《墨子》，一篇而有三，各篇同引一《書》而文字互異。

（四）證陸德明謂梅賾取王注從愼徽五典以下爲〈舜典〉之說。

《孟子‧萬章》上引〈堯典〉二十有八載五句，孔傳本在〈舜典〉中，是今本〈舜典〉分自〈堯典〉。

（五）證屈萬里先生〈堯典〉著於孔子之後，孟子之前之說。《左傳》僖公二十一年、文公十八年、襄公三十一年、昭公七年、九年，《國語‧周語》下、《晉語》八、《鄭語》，《墨子‧節用》中，《孟子‧萬章》上，〈滕文公〉上並引〈堯典〉文，《孟子‧萬章》上且明舉〈堯典〉篇名，其書並在孔子之後，孟子之前，是〈堯典〉著成於孔子之後，孟子之前。

（六）證王國維〈禹貢〉周初人作之說。

《小雅‧沔水》作於西周晚期，而徵引〈禹貢〉文；《國語‧周語》上載祭公謀父諫周穆王語，而引〈禹貢〉文；是〈禹貢〉作於周初。

（七）證王國維〈皋陶謨〉周初人作之說。

《周頌‧思文》周初之作，而引〈皋陶謨〉文，是〈皋陶謨〉作於周初。

十、正前賢之失者二十三端：

（一）正趙岐注《孟子》之失

1. 《梁惠王》上引〈湯誓〉「時日害喪，予及女皆亡」，此以日喻桀，害者曷之借，趙注以日謂乙卯日，以大訓害，失之。

2. 〈滕文公〉下云：「有攸不惟臣，東征，綏厥士女，篚厥玄黃，紹我周王見休」，此引〈胤征〉文，趙注以爲《尚書》逸篇，道周武王伐紂事，失之。

3. 〈滕文公〉下引〈大誓〉，乃文王伐于之誓，趙注以爲古《尚書》百二十篇之時〈泰誓〉，據《緯書》爲說，失之。

（二）正韋昭注《國語》之失

1. 《周語》上引〈湯誓〉，乃湯禱雨之誓，韋注以爲伐桀之誓，失之。

2. 《周語》下引〈大誓故〉，乃〈大誓故〉訓，非〈大誓〉本文，韋注以故爲故事，以〈大誓故〉即〈大誓〉，失之。

（三）正鄭玄注《禮記》之失

1. 〈緇衣〉引〈甫刑〉「播刑之不迪」，以爲政不行，教不成之證，是所引本有不字。鄭本《尚書》無不字，因注《禮記》亦以不字衍文，失之。

2. 《中庸》引〈康誥〉「壹戎衣」，壹者殪之初文，戎、大也，衣者殷之借。鄭注以兵訓戎，謂壹用兵伐殷，失之。

（四）正鄭注《論語》之失

〈堯曰〉云：「予小子履，敢用玄牡云云」，此湯禱雨之誓，上文「舜亦以此命禹」句當上屬，鄭注以此句下屬，言予小子履云云，爲舜命禹事，失之。

（五）正鄭玄《書》注之失

1. 《禮記·緇衣》引〈大誓〉曰：「予克紂，非予武，惟朕文考無罪」，紂、帝辛之號，本字作受，此因生地立號。鄭注以紂得承帝位，故號受德，聲轉作紂，〔註13〕失之。

2. 《禮記·樂記》云：「詩言其志也，歌詠其聲也」，此隸括〈堯典〉「詩言志，歌永言，聲依永」之文，歌詠之詠即聲依永之永，鄭注云：「聲之曲折又依長言」，訓永爲長，失之。

（六）正馬融《書》注之失

1. 《禮記·大學》引〈泰誓〉云；「若有一个臣」，此可知今本〈泰誓〉「如有一介臣」，字作介者，形近而譌。馬融云：「一介，耿介一心端愨者」，讀介爲砎，失之。

2. 紂、帝辛之號，本字作受，此因生地立號，馬融云：「受德，受所爲德也」，〔註14〕失之。

（七）正馬鄭以虞夏同科之失

《左傳》引《書》，分《書》爲虞夏商周四類，以虞、夏別題；《墨子》引《書》，分《書》爲夏商周三類，不數《虞書》；則馬鄭本《尚書》題《虞夏書》，非《書》之舊制。

（八）正《僞孔傳》之失

1. 紂、帝辛之號，本字作受，此因生地立號，《立政·僞孔傳》云：「受德、紂字」，失之。

2. 《禮記·中庸》引〈康誥〉「壹戎衣」，僞孔取以入〈武成篇〉，云：「一戎衣，天下大定」，《僞孔傳》云：「衣、服也，一著服而滅紂」，此望文生義，失之。

3. 《公羊傳》文公十二年引〈秦誓〉「俾君子易怠，而況乎我多有之」，

〔註13〕《尚書·泰誓正義》引。
〔註14〕《書·立政·釋文》引。

今本〈秦誓〉作「俾君子易辭，我皇多有之」，辭者怠之借字，皇、暇也。《僞孔傳》云：「使君子回心易辭，我前大多有之」，此望文生義，失之。

4. 《國語・楚語》上引〈無逸〉「唯政之恭」，今本〈無逸〉作「惟正之供」，正、政之初文，《僞孔傳》云：「當以正道供待之故」，此望文生義，失之。

5. 《國語・楚語》下云：「《周書》所謂重黎實使天地不通者」，此引〈呂刑〉文，下文又云：「堯復育重黎之後」，與上文顓頊命重黎絕地天通分述，是爲二事。《僞孔傳》云：「重即羲，黎即和，堯命羲和世掌天地四時之官，使人神不擾，各得其序，是謂絕地天通」，混二事爲一，失之。

（九）正班氏說孔子纂《書》百篇且爲序之失

先秦典籍引《書》不必有百篇，亦不必以百篇爲備，則《漢書・藝文志》言孔子纂《書》百篇，而爲之序，其說不可信。

（十）正朱熹《中庸》注之失

《禮記・中庸》引〈康誥〉「壹戎衣」，壹、殪之初文，戎、大也，衣、殷之借字。朱注云：「戎衣，甲冑之屬。壹戎衣，〈武成〉文，一著戎衣以伐紂也」，據僞古文爲說，失之。

（十一）正晁公武說衛包改〈大誓〉作泰之失

先秦典籍引〈大誓〉，今或作太、泰者、後人所改。《詩・思文正義》引作〈大誓〉，《周禮・太祝》疏引作今文〈大誓〉，則唐初猶作〈大誓〉，顧彪《古文尙書義疏》云：「泰者大之極也，……此會中之大，故稱〈泰誓〉」，已改作泰，晁氏曰：「開元間，衛包定今文，始作泰」，失之。

（十二）正日人竹添光鴻謂〈洪範〉屬《周書》，伏生所改之失

《墨子》引〈洪範〉，屬之《周書》。日人竹添氏云：「今文《尙書》改作《周書》，蓋伏生以其爲武王所說，改爲《周書》耳」，〔註15〕失之。

（十三）正江聲說僞孔亂經之失

先秦典籍引《書》有稱舉篇名，《書》曰，而實檃括其文者，《荀子・君道》引〈康誥〉「惟文王敬忌，一人以擇」，〈致士〉引〈康誥〉「義刑義殺，勿庸以即，女惟曰未有順事」，皆是也，江聲於此等檃括《書》文者，概視爲

〔註15〕《左氏會箋》。

僞孔亂經，其說未允。

（十四）正崔適說〈五子之歌〉本作〈五觀〉，晉時始聲轉爲歌之失

《墨子・非樂》上引〈武觀〉文，惠棟以爲即〈五子之歌〉，良是。由《墨子》所引〈武觀〉文，食、力、食、翼，式同部相叶觀之，則其爲詩歌無疑。崔適云：「漢時〈書序〉『須于洛汭』下當有『作五觀』句，晉時觀字始以聲轉爲歌」，〔註16〕失之。

（十五）正段玉裁說馬鄭本用古文〈大誓〉之失

先秦〈大誓〉，戰國已亡，故馬融但舉《春秋》、《國語》、《孟子》、《孫卿》、《禮記》所引〈大誓〉爲說；鄭玄注《禮記》，亦云其書散亡，則馬鄭本《尙書》中之〈大誓〉，非先秦〈大誓〉，乃後得〈大誓〉耳，段玉裁謂馬鄭本用古文〈大誓〉。唐初謂僞孔〈大誓〉爲古文，因謂馬鄭本〈大誓〉爲今文，其說非是。

（十六）正清人輯《大傳》以〈無逸〉爲〈說命〉之失

《禮記・喪服四制》引《書》曰：「高宗諒闇，三年不言」。《論語・憲問》引《書》曰：「高宗諒陰，三年不言」，並引〈無逸〉文，陳壽祺《尙書大傳輯校》以爲〈無逸〉文，而無〈說命〉篇。是也。清人或以僞古文〈說命〉上有「王宅憂，諒陰三祀，既免喪，其惟弗言」等語，而以《禮記》、《論語》所引爲〈說命〉文，又以《困學紀聞》云：「高宗亮陰，《禮記》作諒闇。《漢五行志》作涼陰，《大傳》作〈梁闇〉」，因輯以入《大傳・說命篇》，失之。

（十七）正屈萬里先生說〈堯典〉夔曰以下十二字爲〈皋陶謨〉文。因簡亂重見之失

《呂氏春秋・古樂篇》云：「帝堯乃命質爲樂，質乃……拊石擊石，以象上帝玉磬之音，以致舞百獸」，此櫽括〈堯典〉文，《荀子・成相篇》：「夔爲樂正，鳥獸舞」。此亦櫽括〈堯典〉文，是先秦〈堯典〉本有夔曰以下十二字。屈萬里先生以〈堯典〉「夔曰於予擊石拊石，百獸率舞」十二字，爲〈皋陶謨〉文，因簡亂而重見於〈堯典〉。未允。

（十八）正王應麟以《國策》引《周書》逸文爲《周書陰符》之失

《戰國策・魏策》引《周書》曰：「將欲敗之，必姑輔之；將欲取之，必姑與之」，乃《周書》佚文，與蘇秦所誦《太公陰符之謀》非一書，《隋志》所錄《周書陰符》九卷，乃後人所僞，王應麟謂任章所引《周書》，乃蘇秦所

〔註16〕《史記探原》。

讀《周書陰符》之類，失之。

（十九）正朱右曾輯《逸周書》佚文之失

先秦典籍多引《周書》，其文或在今《尙書·周書》，或在《逸周書》，或不見於《尙書·周書》及《逸周書》，然皆爲周王室之檔案。朱右曾以《墨子》、《韓非子》、《史記》、《漢書》所引《周書》，今不見於《尙書·周書》及《逸周書》者，並視爲《逸周書》佚文，失之。

（二十）正淸儒強合伐桀之誓與禱雨之誓爲一之失

《國語·周語》上、《墨子·兼愛》下、《論語·堯曰》、《呂氏春秋·順民》、《尸子》並引湯禱雨之誓，與〈書序〉所錄，《孟子·梁惠王》上所引湯伐桀之誓別篇。孫志祖以《墨子·兼愛》作〈湯說〉，說乃誓字之訛，〔註17〕劉寶楠疑伐桀告天，及禱雨之文略同，〔註18〕強合二文爲一，失之。

（二十一）正淸儒說先秦〈大誓〉三篇，上篇觀兵，中下篇伐紂之失

先秦典籍引文王伐于之誓，武王伐紂之誓，同稱〈大誓〉。則先秦〈大誓〉非止一篇，惟不必如〈書序〉言〈大誓〉三篇，亦不必如今文〈大誓〉，以上篇觀兵，中下篇伐紂也。江聲以《左傳》昭公二十四年所引〈大誓〉爲武王誓師之言，列於中篇；以《管子·法禁》所引〈大誓〉爲史臣贊美武王之辭，列于下篇，此則墨守〈書序〉之失。

（二十二）正孫詒讓說先秦古敘作〈康誥〉三篇之失

先秦《書》，篇名多泛稱，凡告康叔之辭，皆可稱〈康誥〉，則〈康誥〉不必限於〈書序〉所錄。又先秦《書》未必有百篇，亦不必以百篇爲備，則〈書序〉非作於先秦。孫詒讓謂先秦古敘蓋云作〈康誥〉三篇，〈酒誥〉爲〈康誥〉中，〈梓材〉爲〈康誥〉下，此亦墨守〈書序〉之失。

（二十三）正陳夢家說先秦《書》《傳》有別之失

《左傳》襄公十三年引〈呂刑〉「一人有慶，兆民賴之」，而稱《周書》，《荀子·君子》引之，則稱《傳》曰；是先秦《書》《傳》可以互稱，並無分別。陳夢家分《書》與志、傳、誥爲二，謂二者之別，在於簡策之大小。此以秦漢之制釋先秦古制，失之。

十一、先秦典籍引《書》，文字歧異，其例有四：

（一）音同借用

〔註17〕《論語校勘記》引。
〔註18〕《論語正義》。

《禮記‧緇衣》引〈甫刑〉「苗民匪用命」,《墨子‧尚同》中引〈呂刑〉「苗民否用練」,今孔傳本作「苗民弗用靈」;命(令)、靈、練、弗、否(不),匪,並音同通用。

(二)義近互用

《禮記‧緇衣》引〈甫刑〉「兆民賴之」,《大戴禮‧保傅》作「萬民賴之」,兆、萬義近而互用。

(三)形近而譌

《禮記‧大學》引〈秦誓〉「若有一个臣」,《公羊傳》文公十二年、孔傳本並作介,个、介形近而誤。

(四)增減文字

《禮記‧大學》引〈康誥〉「克明德」,《荀子‧正論》引作「克明明德」,增一明字。《墨子‧兼愛》下引〈大誓〉「乍照光于四方,于西土」,〈兼愛〉中引作「乍光于四方,于西土」,減一照字。

十二、先秦《書》自孔子之後,迭經改動,其例有四:

(一)文辭與當代禮俗相違而改

〈堯典〉曰:「咨十有二牧」,本作九牧,秦俗尚六,因改為十二。

(二)文辭與當代法令抵觸而改

《左傳》昭公二十年引〈康誥〉曰:「父子兄弟,罪不相及」,今〈康誥〉無此語,秦法誅及三族,故刪去。

(三)傳說異辭而改

《墨子‧七患》引《夏書》曰:「禹七年水」,《荀子‧富國》引作「禹十年水」,《管子‧山權數》引作「禹五年水」,此各依傳聞而改。

(四)二篇相次,誤合為一,其後從而附益

〈多方〉、〈多士〉之前半,皆言周之代殷,猶成湯之代夏;後半皆勸多士定居之辭。〈多方〉本但有前半,〈多士〉本但有後半。其〈多方〉之後半,乃後人因〈多士〉之後半而附益;其〈多士〉之前半,亦後人以〈多方〉之前半而附益。

十三、先秦有說〈大誓〉本事、作意之書,《國語》引〈大誓故〉,其先導也。其後〈大誓〉亡,此說〈大誓〉之書,遂行於世,《大傳》、《史記》並取其說,後得〈大誓〉亦據此而附益。

十四、先秦〈大誓〉亡於戰國末年。

先秦典籍引〈大誓〉二十二條，其書皆戰國末年以前作品，《韓非子》、《呂氏春秋》二書，作於戰國末年，其時〈大誓〉已亡，故未徵引其文。

十五、《禮記·緇衣》成於先秦。

《書》文王每誤作寧王，〈君奭〉「割申勸寧王之德」，寧王亦文王之誤，古文《尚書》、博士所讀，皆誤作寧王，而〈緇衣〉引〈君奭〉作「周田觀文王之德」，字作文王不誤，是〈緇衣〉所據《尚書》，猶在伏生之前，則〈緇衣〉作於先秦無疑。

十六、〈書序〉晚出，然其說多有所本。

（一）《左傳》定公四年云：「命以〈伯禽〉」，「命以〈康誥〉」，「命以〈唐誥〉」，「命之以〈蔡〉」，與〈書序〉云：「作某篇」相類，上文述分錫之事，所以明策命之由，與〈書序〉述各篇本事，作意者相類，凡此皆〈書序〉之所本，而所云「命以〈康誥〉」「命之以〈蔡〉」，其所述分錫之事，亦與〈書序〉相應。

（二）《孟子·滕文公》下引《書》曰「葛伯仇餉」，上文敘葛伯不祀之事，與〈書序〉相應，〈書序〉之說本於《孟子》。

（三）《楚語》上言得傳說之事，與〈書序〉相應，〈書序〉本於《楚語》。

十七、鄭玄注〈書序〉云逸者凡十六篇，其《書》鄭氏雖未必全見其文，然亦必有所據。

先秦典籍引鄭注云逸之十六篇者凡六條，其中《孟子》引〈伊訓〉、〈武成〉且舉其篇名，與〈書序〉同；《墨子》引〈武觀〉，《禮記》二引〈尹吉〉，經考定即〈五子之歌〉、〈咸有一德〉；《孟子》引〈胤征〉文，而未舉篇名；則鄭注〈書序〉云逸，實有所本，而十六篇中有出於先秦者，是孔穎達以逸書張霸所偽，康有為以古文劉歆所偽，說皆未可信。

十八、今傳〈康誥〉，春秋之世分屬〈康誥〉、《周書》，其後始合為一。

《左傳》、《荀子》並引〈康誥〉文，《左傳》引〈康誥〉而今不在〈康誥〉，今在〈康誥〉之文，《左傳》、《荀子》引之，則又稱《周書》、《書》云，而不稱〈康誥〉。是〈康誥〉之文，《荀子》之前已有，惟其文或與今異，凡《左傳》引稱《周書》、《荀子》引稱《書》云而今在〈康誥〉者，當時或不在〈康誥〉，而在《周書》他篇，其後經儒者整理，始合而為一，且文有刪減，是以

《左傳》引〈康誥〉而今不見於〈康誥〉也。

十九、《呂氏春秋》成於不韋賓客,其中有出於墨者之手。

《呂氏春秋·順民篇》引〈湯誓〉,與《墨子·兼愛》下引〈湯說〉文相近;〈報更篇〉引《書》,與《墨子·明鬼》下引〈禽艾〉文大同;〈順民篇〉引《殷書》,與《墨子·七患》引《殷書》相類;則《呂氏春秋·順民》等篇或出於墨者之手,是以篇中引書,每與《墨子》互見。

二十、《春秋》三傳,左氏長於事,故多引《書》,公羊、穀梁長於義。故少引《書》。

《左傳》引《書》七十一條,《公羊傳》引《書》僅二條,《穀梁傳》引《書》僅一條,彼此相去甚遠,《公羊》、《穀梁》引《書》,且皆不舉篇名,不稱《書》曰,與《左傳》引《書》大異其趣,所以然者,蓋《左傳》長於事,故多引古書古語,或證其事,或發其微;《公羊》、《穀梁》長於義,其述事旨在解經,其所述,但取足以說明經義而止,故書中但引傳授經師之言,於《春秋》之外其他典籍,少有引及,即或引之,亦檃括其文而不舉篇名,不稱《書》曰。

綜上所述,凡立說十八,證成舊說者七,正前賢之失者二十有三,雖皆潛心所得,而疏漏罣誤,在所難免,大雅君子,幸垂教焉。

附　表

一、先秦典籍引百篇《尚書》統計表

		堯典	舜典	汩作	九共1	九共2	九共3	九共4	九共5	九共6	九共7	九共8	九共9	稟飫	大禹謨	皋陶謨	益稷	禹貢
經部	詩　經															1		2
	禮　記	7														1		
	大戴禮	3																1
	左　傳	7														1		1
	公羊傳																	
	穀梁傳																	
	論　語															2		
	孟　子	4														1		
	孝　經																	
史部	國　語	4																2
	戰國策																	
子部	荀　子	2																3
	老　子																	
	莊　子	1																
	韓非子	4																
	管　子																	
	墨　子	1																
	呂氏春秋	5														1		
	山海經	2																
集部	楚　辭	4																
偽書	竹書紀年	8																1
	列　子	2														1		
	鶡冠子																	
	亢倉子	1																
	文　子															1		
	孔子家語	1																
輯佚書	尸　子	1														1		
	讕　言															1		
	史佚書																	
	太公金匱																	
小　計		57	0	0	0	0	0	0	0	0	0	0	0	0	0	11	0	10

		甘誓	五子之歌	胤征	帝告	釐沃	湯征	汝鳩	汝方	湯誓	夏社	疑至	臣扈	典寶	仲虺之誥	湯誥	明居	伊訓
經部	詩　經																	
	禮　記																	
	大戴禮																	
	左　傳														3			
	公羊傳																	
	穀梁傳																	
	論　語																	
	孟　子			1			5			1								1
	孝　經																	
史部	國　語																	
	戰國策														1			
子部	荀　子														1			
	老　子																	
	莊　子																	
	韓非子																	
	管　子																	
	墨　子	2	1							1					3			
	呂氏春秋														1			
	山海經																	
集部	楚　辭																	
偽書	竹書紀年																	
	列　子																	
	鶡冠子														1			
	亢倉子																	
	文　子																	
	孔子家語																	
輯佚書	尸　子																	
	讕　言	1																
	史佚書																	
	太公金匱																	
小　計		3	1	1	0	0	5	0	0	2	0	0	0	0	10	0	0	1

		肆命	徂后	太甲上	太甲中	太甲下	咸有一德	沃丁	咸乂1	咸乂2	咸乂3	咸乂4	伊陟	原命	仲丁	河亶甲	祖乙	盤庚上
經部	詩　經																	
	禮　記			4			2											
	大戴禮																	
	左　傳																	3
	公羊傳																	
	穀梁傳																	
	論　語																	
	孟　子			2														
	孝　經																	
史部	國　語																	1
	戰國策																	
子部	荀　子																	
	老　子																	
	莊　子																	
	韓非子																	
	管　子																	
	墨　子								1									
	呂氏春秋								1									
	山海經																	
集部	楚　辭																	
偽書	竹書紀年																	
	列　子																	
	鶡冠子																	
	亢倉子																	
	文　子																	
	孔子家語																	
輯佚書	尸　子																	
	讕　言																	
	史佚書																	
	太公金匱																	
小　計		0	0	6	0	0	2	0	2	0	0	0	0	0	0	0	0	4

		盤庚中	盤庚下	說命上	說命中	說命下	高宗肜日	高宗之訓	西伯戡黎	微子	泰誓上	泰誓中	泰誓下	牧誓	武成	洪範	分器	旅獒
經部	詩經															1		
	禮記			6				1			1							
	大戴禮																	
	左傳										5					3		
	公羊傳																	
	穀梁傳																	
	論語										1							
	孟子			1							2				1			
	孝經																	
史部	國語			1							2							
	戰國策													1				
子部	荀子										1					2		
	老子																	
	莊子																	
	韓非子															1		
	管子										1							
	墨子			1							8					1		
	呂氏春秋													2		3		
	山海經																	
集部	楚辭																	
偽書	竹書紀年													1				
	列子																	
	鶡冠子																	
	亢倉子																	
	文子																	
	孔子家語																	
輯佚書	尸子																	
	讕言																	
	史佚書																	
	太公金匱																	
小計		0	0	9	0	0	0	1	0	0	21	0	0	4	1	11	0	0

		旅巢命	金縢	大誥	微子之命	歸禾	嘉禾	康誥	酒誥	梓材	召誥	洛誥	多士	君牙	無逸	君奭	蔡仲之命	成王政
經部	詩經			1				2								1		
	禮記							6						1	3	1		
	大戴禮																	
	左傳							11									1	
	公羊傳																	
	穀梁傳																	
	論語														1			
	孟子							2				1						
	孝經							1										
史部	國語							1	1						1			
	戰國策							1										
子部	荀子							11										
	老子																	
	莊子																	
	韓非子								1									
	管子																	
	墨子								1									
	呂氏春秋														1			
	山海經																	
集部	楚辭																	
偽書	竹書紀年		2												3			
	列子																	
	鶡冠子																	
	亢倉子																	
	文子																	
	孔子家語							1							1			
輯佚書	尸子														1			
	讕言																	
	史佚書																	
	太公金匱																	
小　計		0	2	1	0	0	0	36	3	0	0	1	0	1	11	2	1	0

		將蒲姑	多方	立政	周官	賄肅愼之命	亳姑	君陳	顧命	康王之誥	畢命	冏命	呂刑	文侯之命	費誓	秦誓	小計	
經部	詩　經								1								9	
	禮　記							3					5			1	42	
	大戴禮												2				6	
	左　傳												1	3			39	
	公羊傳															2	2	
	穀梁傳																0	
	論　語																4	
	孟　子																22	
	孝　經												2				3	
史部	國　語												2			1	16	
	戰國策																3	
子部	荀　子												3				23	
	老　子																0	
	莊　子																1	
	韓非子																6	
	管　子																1	
	墨　子												3				23	
	呂氏春秋																14	
	山海經																2	
集部	楚　辭																4	
偽書	竹書紀年		1												1		17	
	列　子																3	
	鶡冠子																1	
	亢倉子																1	
	文　子																1	
	孔子家語																3	
輯佚書	尸　子																3	
	讕　言																2	
	史佚書																0	
	太公金匱																0	
小　計		0	1	0	0	0	0	3	1	0	0	0	18	3	1	4	251	

二、先秦典籍引《書》統計表

部	典籍	堯典	皐陶謨	禹貢	甘誓	五子之歌	胤征	湯征	湯誓(一)	仲虺之誥	咸有一德	伊訓	大甲	盤庚	說命	高宗之訓	大誓(一)	牧誓	武成	洪範
經部	詩經		1	2																1
	禮記	7	1								2		4		6	1	1			
	大戴禮	3		1																
	左傳	7	1	1						3				3			5			3
	公羊傳																			
	穀梁傳																			
	論語		2														1			
	孟子	4	1				1	5	1			1	2				2		1	
	孝經																			
史部	國語	4		2										1	1		2			
	戰國策									1								1		
子部	荀子	2		3						1							1			2
	老子																			
	莊子	1																		
	韓非子	4																		1
	管子														1					
	墨子	1			2	1			1	3					1		8			1
	呂氏春秋	5	1							1								2		3
	山海經	2																		
集部	楚辭	4																		
偽書	竹書紀年	8		1														1		
	列子	2	1																	
	鶡冠子									1										
	亢倉子	1																		
	文子		1																	
	孔子家語	1																		
輯佚書	尸子	1	1																	
	讕言		1		1															
	史佚書																				
	太公金匱																				
小計		57	11	10	3	1	1	5	2	10	2	1	6	4	9	1	21	4	1	11

		大誥	康誥	酒誥	洛誥	無逸	君奭	君陳	顧命	君牙	呂刑	文侯之命	秦誓	蔡仲之命	金縢	費誓	多方	咸乂	唐誥	伯禽
經部	詩　經	1	2				1		1											
	禮　記		6			3	1	3		1	5		1							
	大戴禮											2								
	左　傳		11								1	3		1					1	1
	公羊傳												2							
	穀梁傳																			
	論　語					1														
	孟　子		2	1																
	孝　經		1								2									
史部	國　語		1		1	1					2		1							
	戰國策		1																	
子部	荀　子		11								3									
	老　子																			
	莊　子																			
	韓非子			1																
	管　子																			
	墨　子			1							3							1		
	呂氏春秋					1												1		
	山海經																			
集部	楚　辭																			
偽書	竹書紀年					3									2	1	1			
	列　子																			
	鶡冠子																			
	亢倉子																			
	文　子																			
	孔子家語		1			1														
輯佚書	尸　子					1														
	讕　言																			
	史佚書																			
	太公金匱																			
小　　計		1	36	3	1	11	2	3	1	1	18	3	4	1	2	1	1	2	1	1

部	書	距年	禹誓	馴天明不解	湯之官刑	三代不國	召公之非執命	禹之總德	子亦	湯誓(二)	大誓(二)	虞書逸文	夏書逸文	商書逸文	周書逸文	書逸文	逸周書	大誓故	小計
經部	詩經																		9
	禮記																1		43
	大戴禮																		6
	左傳				1								16	6	5	3	1		73
	公羊傳																		2
	穀梁傳													1					1
	論語									1		1				1	2		9
	孟子										1	8		1	3				35
	孝經													1					4
史部	國語									1			3	1	6	2		1	30
	戰國策															1	2	3	9
子部	荀子											1	1	1	1				27
	老子													1					1
	莊子													1					2
	韓非子														2	2	1		11
	管子												1	1	1				4
	墨子	4	1	1	1	1	1	1	1	1				2	2	2			41
	呂氏春秋									1			1	1	1	4	3		24
	山海經																		2
集部	楚辭																		4
偽書	竹書紀年																		17
	列子																		3
	鶡冠子																		1
	亢倉子																		1
	文子														1				2
	孔子家語												4				1		8
輯佚書	尸子									1					1				5
	讕言																		2
	史佚書																2		2
	太公金匱														1				1
小　計		4	1	1	2	1	1	1	1	5	1	10	28	12	31	15	10	2	379

【說明】

一、《湯誓》（一）為湯伐桀之誓，今《書序》錄之。

二、《湯誓》（二）為湯禱雨之誓，今《書序》未錄。

三、《大誓》（一）為武王伐紂之誓，今《書序》錄之。

四、《大誓》（二）為文王伐于之誓，今《書序》未錄。

五、《書序》所錄篇名，而求見引於先秦典籍者，本表皆不列。

六、《墨子》引書四十四條，其中三條，但稱《夏書》、《商書》、《周書》，未引其文，故不計，去其三，得四十一條。

三、先秦典籍引百篇之外篇名統計表

		大誓（二）	湯誓（二）	唐誥	伯禽	距年	禹誓	馴天明不解	湯之官刑	三代不國	召公之非執命	禹之總德	子亦	小計
經 部	詩　經													0
	禮　記													0
	大戴禮													0
	左　傳			1	1				1					3
	公羊傳													0
	穀梁傳													0
	論　語		1											1
	孟　子	1												1
	孝　經													0
史部	國　語		1											1
	戰國策													0
子 部	荀　子													0
	老　子													0
	莊　子													0
	韓非子													0
	管　子													0
	墨　子		1			4	1	1	1	1	1	1	1	12
	呂氏春秋		1											1
	山海經													0
集部	楚　辭													0
偽 書	竹書紀年													0
	列　子													0
	鶡冠子													0
	亢倉子													0
	文　子													0
	孔子家語													0
輯佚書	尸　子		1											1
	讕　言													0
	史佚書													0
	太公金匱													0
小　　計		1	5	1	1	4	1	1	2	1	1	1	1	20

【說明】

一、《大誓》（二）為文王伐于之誓，與《書序》所錄武王伐紂之誓別篇。

二、《湯誓》（二）為湯禱雨之誓，與《書序》所錄湯伐桀之誓別篇。

三、本表所列篇名，皆《書序》所未錄。

四、先秦典籍引《書》分類統計表

		經 部															
		詩經	小計	禮記	小計	大戴禮	小計	左傳	小計	公羊傳	小計	穀梁傳	小計	論語	小計	孟子	小計
伏生二十九篇	明舉篇名		9	13	24		6	4	30		2				3	3	9
	稱書曰			3		1		16						1		1	
	暗引	3				1		4		1				2		2	
	檃括文義	6		8		4		6		1						3	
鄭注逸書十六篇	明舉篇名			2	2											2	3
	稱書曰																
	暗引															1	
	檃括文義																
鄭注亡書四十二篇	明舉篇名			15	15			4	4							2	8
	稱書曰															5	
	暗引																
	檃括文義															1	
書逸文	明舉篇名				1			1	27				1		4	1	12
	稱書曰			1				23						1		4	
	暗引							2						3		7	
	檃括文義							1				1				1	
百篇之外	明舉篇名							3	3						1	1	1
	稱書曰																
	暗引													1			
	檃括文義																
逸周書	明舉篇名								3								
	稱書曰							3									
	暗引																
	檃括文義																
大誓	明舉篇名			1	1			4	5						1	1	2
	稱書曰																
	暗引													1			
	檃括文義							1								1	
小計	明舉篇名	0	9	31	43	0	6	16	72	0	2	0	1	0	9	9	35
	稱書曰	0		4		1		42		0		0		2		10	
	暗引	3		0		6		6		1		0		7		10	
	檃括文義	6		8		4		8		1		1		0		6	

		經部		史部				子部									
		孝經		國語		戰國策		荀子		老子		莊子		韓非子		管子	
			小計		小計		小計		小計		小計		小計		小計		小計
伏生二十九篇	明舉篇名	1	3	1	14		2	1	21				1	1	6		
	稱書曰			3		1		11						1			
	暗引	1		2				5									
	檃括文義	1		8		1		4				1		4			
鄭注逸書十六篇	明舉篇名																
	稱書曰																
	暗引																
	檃括文義																
鄭注亡書四十二篇	明舉篇名						1	1	1								
	稱書曰																
	暗引																
	檃括文義					1											
書逸文	明舉篇名		1		12		3		4		1		1		4		3
	稱書曰			10		3		2						4		1	
	暗引	1						2								2	
	檃括文義			2						1		1					
百篇之外	明舉篇名			1	1												
	稱書曰																
	暗引																
	檃括文義																
逸周書	明舉篇名						3								1		
	稱書曰					3								1			
	暗引																
	檃括文義																
大誓	明舉篇名			2	2			1	1							1	1
	稱書曰																
	暗引																
	檃括文義																
小計	明舉篇名	1	4	4	29	0	9	3	27	0	1	0	2	1	11	1	4
	稱書曰	0		13		7		13		0		0		6		1	
	暗引	2		2		0		7		0		0		0		2	
	檃括文義	1		10		2		4		1		2		4		0	

		子部						集部		偽書							
		墨子	小計	呂氏春秋	小計	山海經	小計	楚辭	小計	竹書紀年	小計	列子	小計	鶡冠子	小計	亢倉子	小計
伏生二十九篇	明舉篇名	5	9	2	12		2		4		17		3				1
	稱書曰	1															
	暗引			1								1				1	
	檃括文義	3		9		2		4		17		2					
鄭注逸書十六篇	明舉篇名	1	1														
	稱書曰																
	暗引																
	檃括文義																
鄭注亡書四十二篇	明舉篇名	5	5	1	2										1		
	稱書曰			1													
	暗引																
	檃括文義														1		
書逸文	明舉篇名		6		9												
	稱書曰			6													
	暗引			1													
	檃括文義	6		2													
百篇之外	明舉篇名	11	12		1												
	稱書曰																
	暗引	1		1													
	檃括文義																
逸周書	明舉篇名																
	稱書曰																
	暗引																
	檃括文義																
大誓	明舉篇名	6	8														
	稱書曰																
	暗引																
	檃括文義	2															
小計	明舉篇名	28	41	3	24	0	2	0	4	0	17	0	3	0	1	0	1
	稱書曰	1		7		0		0		0		0		0		0	
	暗引	1		3		0		0		0		1		0		1	
	檃括文義	11		11		2		4		17		2		1		0	

		僞書				輯佚書								小計	
		文子		孔子家語		尸子		讕言		史佚書		太公金匱			
分類	**引用方式**		小計		小計		小計		小計		小計		小計		小計
伏生二十九篇	明舉篇名													31	
	稱書曰		1	2	3		3	1	2					42	187
	暗引					1								25	
	檃括文義	1		1		2		1						89	
鄭注逸書十六篇	明舉篇名													5	
	稱書曰													0	6
	暗引													1	
	檃括文義													0	
鄭注亡書四十二篇	明舉篇名													28	
	稱書曰													6	37
	暗引													0	
	檃括文義													3	
書逸文	明舉篇名													1	
	稱書曰		1	4	4		1						1	59	96
	暗引	1										1		20	
	檃括文義					1								16	
百篇之外	明舉篇名													16	
	稱書曰						1							0	20
	暗引					1								4	
	檃括文義													0	
逸周書	明舉篇名													0	
	稱書曰				1						2			7	10
	暗引									2				2	
	檃括文義			1										1	
大誓	明舉篇名													16	
	稱書曰													0	21
	暗引													1	
	檃括文義													4	
小計	明舉篇名	0		0		0		0		0		0		97	
	稱書曰	0	2	6	8	0	5	1	2	0	2	0	1	114	377
	暗引	1		0		2		0		2		1		53	
	檃括文義	1		2		3		1		0		0		113	

【說明】

一、《大誓》欄不含文王伐于之誓，文王伐于之誓列於百篇之外欄。

二、本表不計《大誓故》二條，故與附表二所計總數相去二條。

參考書目

甲、經部之屬

（一）一般類

1. 《周易正義》，王弼、韓康伯注，孔穎達正義，南昌府學本，臺北：藝文印書館，1955 年。

2. 《毛詩正義》，毛亨傳，鄭玄箋，孔穎達正義，南昌府學本，臺北：藝文印書館，1955 年。

3. 《毛詩傳箋通釋》，馬瑞辰，經解本，臺北：藝文印書館，1961 年。

4. 《詩經釋義》，屈萬里，臺北：中華文化出版事業委員會，1955 年。

5. 《韓詩外傳》，韓嬰，四部叢刊本，臺北：臺灣商務印書館，1966 年。

6. 《周禮注疏》，鄭玄注，賈公彥疏，四部叢刊本，臺北：臺灣商務印書館，1966 年。

7. 《儀禮注疏》，鄭玄注，賈公彥疏，四部叢刊本，臺北：臺灣商務印書館，1966 年。

8. 《禮記正義》，鄭玄注，孔穎達正義，四部叢刊本，臺北：臺灣商務印書館，1966 年。

9. 《禮記章句》，王夫之，船山遺書，上海：太平洋書店印行，1935 年。

10. 《大戴禮記》，戴德輯，盧辯注，四部叢刊本，臺北：臺灣商務印書館，1966 年。

11. 《大戴禮記補注》，孔廣森，漢魏叢書，臺北：新興書局，1959 年。

12. 《禮學新探》，高師仲華，香港：香港中文大學聯合書院印行，1963 年。

13. 《春秋左傳正義》，杜預集解，孔穎達正義，臺北：世界書局，1963 年。

14. 《左傳會箋》，日，竹添光鴻，臺北：廣文書局，1961 年。

15. 《春秋公羊傳注疏》，何休解詁，徐彥疏，臺北：世界書局，1963 年。

16. 《春秋繁露》，董仲舒，四部叢刊本，臺北：臺灣商務印書館，1966 年。

17. 《春秋穀梁傳注疏》，范寧集解，楊士勛疏，臺北：藝文印書館，1955 年。

18. 《穀梁補注》，鍾文烝，續經解本，臺北：藝文印書館，1965 年。

19. 《孝經注疏》，唐玄宗御注，邢昺疏，臺北：世界書局，1963 年。

20. 《論語注疏》，何晏集解，邢昺疏，臺北：藝文印書館，1955 年。

21. 《論語正義》，劉寶楠，續經解本，臺北：藝文印書館，1965 年。

22. 《孟子注疏》，趙岐注，舊題孫奭疏，臺北：藝文印書館，1955 年。

23. 《孟子分類纂注》，王師偉俠，臺北：中華文化出版事業委員會，1955 年。

24. 《爾雅注疏》，郭璞注，邢昺疏，臺北：世界書局，1963 年。

25. 《白虎通義》，班固，四部叢刊本，臺北：臺灣商務印書館，1968 年。

26. 《經典釋文》，陸德明，四部叢刊本，臺北：臺灣商務印書館，1967 年。

27. 《困學紀聞》，王應麟，臺北：臺灣商務印書館，1966 年。

28. 《日知錄》，顧炎武，經解本，臺北：藝文印書館，1965 年。

29. 《九經古義》，惠棟，經解本，臺北：藝文印書館，1965 年。

30. 《十駕齋養新錄》，錢大昕，經解本，臺北：藝文印書館，1965 年。

31. 《讀書雜志》，王念孫，臺北：廣文書局，1976 年。

32. 《經義述聞》，王引之，經解本，臺北：藝文印書館，1965 年。

33. 《群經平議》，俞樾，續經解本，臺北：藝文印書館，1965 年。

34. 《左海經辨》，陳壽祺，經解本，臺北：藝文印書館，1965 年。

35. 《東塾讀書記》，陳澧，續經解本，四部備要本，臺北：藝文印書館，1965 年。

36. 《考信錄》，崔述，《崔東壁遺書》，臺北：世界書局，1963 年。

37. 《新學偽經考》，康有為，四部叢刊本，臺北：臺灣商務印書館，1967 年。

38. 《先秦經籍考》，江俠庵編譯，臺北：臺灣商務印書館，1966 年。

39. 《漢碑引經考》，皮錫瑞，臺北：文海出版社，1967 年。

40. 《墨子引經考》，羅根澤，國立北平圖書館刊六卷三期，北平：國立北平圖書館，臺北：臺灣學生書局重印，1967 年。

41. 《經學略說》，章太炎，蘇州：章氏國學講習會，1935 年。

42. 《重論經今古文問題》，錢玄同，《北京大學國學季刊》三卷二期，臺北：臺灣學生書局重印，1967 年。

43. 〈瀞廎識議〉，魯師實先，《大陸雜誌》三十八卷八期，臺北：大陸雜誌社，

1953 年。

44. 〈左傳引經考〉，小島祐馬，《先秦經籍考》，江俠庵編譯，臺北：臺灣商務印書館，1966 年。

45. 《子夏易傳》，舊題卜子夏撰，馬國翰輯本，臺北：文海出版社，1967 年。

46. 《連山》，馬國翰輯本，臺北：文海出版社，1967 年。

47. 《歸藏》，馬國翰輯本，臺北：文海出版社，1967 年。

48. 《孝經傳》，魏文侯撰，馬國翰輯本，臺北：文海出版社，1967 年。

（二）書　類

1. 《尚書正義》，舊題孔安國傳，孔穎達正義，臺北：藝文印書館，1955 年。

2. 《書集傳》，蔡沈，臺北：新陸書局，1961 年。

3. 《尚書考異》，梅鷟，叢書集成初編，上海：商務印書館，1963 年。

4. 《古文尚書疏證》，閻若璩，續經解本，臺北：藝文印書館，1965 年。

5. 《古文尚書考》，惠棟，經解本，臺北：藝文印書館，1965 年。

6. 《尚書集注音疏》，江聲，經解本，臺北：藝文印書館，1965 年。

7. 《尚書後案》，王鳴盛，經解本，臺北：藝文印書館，1965 年。

8. 《古文尚書撰異》，段玉裁，經解本，臺北：藝文印書館，1965 年。

9. 《尚書今古文注疏》，孫星衍，經解本，臺北：藝文印書館，1965 年。

10. 《尚書大傳輯校》，伏勝撰，鄭玄注，陳壽祺輯校，續經解本，臺北：藝文印書館，1965 年。

11. 《今文尚書經說考》，陳喬樅，續經解本，臺北：藝文印書館，1965 年。

12. 《尚書餘論》，丁晏，續經解本，臺北：藝文印書館，1965 年。

13. 《書序述聞》，劉逢祿，續經解本，臺北：藝文印書館，1965 年。

14. 《尚書今古文集解》，劉逢祿，續經解本，臺北：藝文印書館，1965 年。

15. 《尚書譜》，宋翔鳳，續經解本，臺北：藝文印書館，1965 年。

16. 《尚書略說》，宋翔鳳，續經解本，臺北：藝文印書館，1965 年。

17. 《太誓答問》，龔自珍，續經解本，臺北：藝文印書館，1965 年。

18. 《書古微》，魏源，續經解本，臺北：藝文印書館，1965 年。

19. 《尚書駢枝》，孫詒讓，燕京大學刊本，1929 年。

20. 《尚書孔傳參正》，王先謙，虛受堂刊本，1904 年。

21. 《今文尚書考證》，皮錫瑞，伏堂刊本，臺北：藝文印書館，1959 年。

22. 〈洛誥解〉，王國維，《觀堂集林》，臺北：藝文印書館，1954 年。

23. 〈周書顧命考〉，王國維，《觀堂集林》，臺北：藝文印書館，1954 年。

24. 〈高宗肜日說〉，王國維，《學衡》四十期，臺北：臺灣學生書局影印，1971年。

25. 〈書作冊詩尹氏說〉，王國維，《觀堂別集》，臺北：世界書局，1961年。

26. 〈尚書續說〉，章太炎，《制言》一期，蘇州：章氏國學講習會，1935年。

27. 〈古文尚書拾遺〉，章太炎，《國學論衡》四期上，蘇州：章氏國學講習會，1933年。

28. 〈尚書源流考〉，劉師培，《劉申叔先生遺書》，臺北：大新書局，1965年。

29. 〈從夏禹治水說之不可信談到禹貢之著作時代及其目的〉，許道齡，《禹貢半月刊》一卷四期，臺北：大通書局，1972年。

30. 〈從地理上證今本堯典漢人作〉，顧頡剛，《禹貢》二卷五期，1946年。

31. 〈梁惠王與禹貢〉，馬培棠，《禹貢》二卷五期，1946年。

32. 〈禹貢與禹都〉，馬培棠，《禹貢》二卷八期，1946年。

33. 〈禹貢與紀年〉，馬培棠，《禹貢》二卷十期，1946年。

34. 〈夏書日食考〉，劉朝陽，《中國文化研究彙刊》五卷上，成都：華西大學及金陵大學中國文化研究所，1941～1948年，臺北：進學書局影印，1969年。

35. 〈觀堂學書記〉，劉盼遂，《王觀堂先生全集》，臺北：文華出版公司，1968年。

36. 〈漢以前的尚書〉，方書林，《中山大學語言歷史研究所周刊》六卷六十九期，1928年，臺北：文海出版社影印，1986年。

37. 〈今文尚書續論〉，金兆梓，《學林五輯》，上海：學林社，1940年。

38. 〈柴誓的時代考〉，余永梁，《中山大學語言歷史研究所週刊》一卷一期，1927年，臺北：文海出版社影印，1986年。

39. 〈洪範疏證〉，劉節，《東方雜誌》二十五卷二期，1928年，臺北：臺灣商務印書館，東方雜誌社復刊，1967年。

40. 〈禹貢的研究〉，衛聚賢，《古史研究》第二冊，上海：商務印書館，1934年。

41. 《尚書新證》，于省吾，臺北：藝文印書館，1958年。

42. 《尚書通論》，陳夢家，上海：商務印書館，1957年。

43. 〈湯誓講義〉，毛子水，《文史雜誌》一卷八期，重慶：文史雜誌社，1940年。

44. 《尚書大綱》，吳康，臺北：臺灣商務印書館，1953年。

45. 〈尚書斠證〉，王叔岷，南港：《中央研究院歷史語言研究所集刊》三十六上，1965年收入《慕廬雜著》，臺北：華正書局，1988年。

46. 〈論禹貢著成的年代〉，屈萬里，《中央研究院歷史語言研究所集刊》三十

五期，南港：中央研究院歷史語言研究所，1964。

47. 〈文侯之命著成時代〉，屈萬里，《中央研究院歷史語言研究所集刊》二十九期上，南港：中央研究院歷史語言研究所，1957。

48. 《尚書釋義》，屈萬里，臺北：中華文化出版事業委員會，1955 年。

49. 〈漢石經尚書殘字集證〉，屈萬里，《中研院史語所專刊》四十九期，南港：中央研究院歷史語言研究所，1978。

50. 〈尚書甘誓著成的時代〉，屈萬里，《大陸雜誌特刊》二輯，臺北：大陸雜誌社，1962 年。

51. 〈尚書皋陶謨篇著成的時代〉，屈萬里，《中研院史語所集刊》第二十八期，南港：中央研究院歷史語言研究所，1960 年。

52. 〈尚書述略〉，林師景伊，《華岡學報》第一期，臺北：私立中國文化學院中國文化研究所，1965 年。

53. 〈論語中的書教〉，高師仲華，《孔孟月刊》四卷一期，中華民國孔孟學會編，臺北：孔孟月刊社，1966 年。

（三）文字小學類

1. 《說文解字》，許慎撰，段玉裁注，臺北：藝文印書館，1967 年。

2. 《說文繫傳》，徐鍇，說文解字詁林，臺北：臺灣商務印書館，1959 年。

3. 《說文通訓定聲》，朱駿聲，臺北：世界書局，1968 年。

4. 《說文釋例》，王筠，說文解字詁林，臺北：臺灣商務印書館，1959 年。

5. 《方言》，揚雄，四部叢刊本，臺北：臺灣商務印書館，1965 年。

6. 《釋名》，劉熙，四部叢刊本，臺北：臺灣商務印書館，1965 年。

7. 《玉篇》，顧野王，四部叢刊本，臺北：臺灣商務印書館，1965 年。

8. 《廣韻》，陳彭年等重修，臺北：臺灣商務印書館，1968 年。

9. 《匡謬正俗》，顏師古，叢書集成初編，上海：商務印書館，1936 年。

10. 《經傳釋詞》，王引之，經解本，臺北：藝文印書館，1965 年。

11. 《字說》，吳大澂，臺北：藝文印書館，1962 年。

12. 《文字學音篇》，錢玄同，臺北：臺灣學生書局，1964 年。

13. 《三代吉金文存》，羅振玉（簡稱：三代），香港，龍門書局，1968 年。

14. 《增訂殷虛書契考釋》，羅振玉，臺北：藝文印書館，1958 年。

15. 《殷虛書契前編》，羅振玉（簡稱：前編），臺北：藝文印書館，1959 年。

16. 《殷虛書契後編》，羅振玉（簡稱：後編），臺北：藝文印書館，1959 年。

17. 《殷虛文字甲編》，董作賓（簡稱：甲編），南港：國立中央研究院歷史語言研究所，1961 年。

18. 《殷虛文字乙編》，董作賓（簡稱：乙編），南港：國立中央研究院歷史語言研究所，1961 年。

19. 《宣和博古圖》，王黼等（簡稱：博古圖），臺北：新興書局，1969 年。

20. 《兩周金文辭大系考釋》，郭氏（郭沫若），香港：龍門書局，1957 年增訂。

乙、史部之屬

1. 《史記》，司馬遷撰，裴駰集解，臺北：藝文印書館，1958 年。

2. 《史記會注考證》，日，瀧川君山，臺北：藝文印書館，1958 年。

3. 《史記探原》，崔適，臺北：廣文書局，1977 年。

4. 《漢書》，班固撰，顏師古注，王先謙補注，臺北：藝文印書館，1958 年。

5. 《後漢書》，范曄撰，李賢注，臺北：藝文印書館，1958 年。

6. 《三國志》，陳壽撰，裴松之注，臺北：藝文印書館，1958 年。

7. 《國語》，左丘明撰，韋昭注，四部叢刊本，臺北：臺灣商務印書館，1965 年。

8. 《戰國策》，高誘注，四部備要本，臺北：臺灣中華書局，1965 年。

9. 《竹書紀年》，沈約注，四部叢刊本，臺北：臺灣商務印書館，1965 年。

10. 《竹書紀年義證》，雷學淇，臺北：藝文印書館，1959 年。

11. 《今本竹書紀年疏證》，王國維，《王觀堂先生全集》，臺北：文華出版公司，1968 年。

12. 《古本竹書紀年輯校》，朱右曾輯，王國維補校，臺北：世界書局，1957 年。

13. 《古三墳》，漢魏叢書，臺北：新興書局，1959 年。

14. 《晉史乘》，說郛，臺北：新興書局，1963 年。

15. 《楚史檮杌》，說郛，臺北：新興書局，1963 年。

16. 《逸周書》，孔晁注，臺北：藝文印書館，1965 年。

17. 《逸周書集訓校釋》，朱右曾，續經解本，臺北：藝文印書館，1958 年。

18. 《東觀漢紀》，劉珍，四部備要本，臺北：臺灣中華書局，1965 年。

19. 《文獻通考》，馬端臨，臺北：新興書局，1962 年。

20. 《十七史商榷》，王鳴盛，叢書集成初編，上海：商務印書館，1936 年。

21. 《中國哲學史大綱》，胡適，臺北：臺灣商務印書館，1966 年。

22. 《中國歷史研究法》，梁啟超，臺北：臺灣商務印書館，1956 年。

丙、子部之屬

（一）儒家類

1. 《荀子》，荀況撰，王先謙集解，臺北：世界書局，1963 年。
2. 《孔子家語》，王肅注，四部叢刊本，臺北：臺灣商務印書館，1965 年。
3. 《家語疏證》，孫志祖，叢書集成初編，上海：商務印書館，1936 年。
4. 《晏子春秋》，晏嬰，四部叢刊本，臺北：臺灣商務印書館，1967 年。
5. 《曾子》，舊題曾參撰，阮元注釋，叢書集成初編，上海：商務印書館，1936 年。
6. 《孔叢子》，孔鮒，四部叢刊本，臺北：臺灣商務印書館，1967 年。
7. 《說苑》，劉向，四部叢刊本，臺北：臺灣商務印書館，1967 年。
8. 《法言》，揚雄，四部叢刊本，臺北：臺灣商務印書館，1967 年。
9. 《潛夫論》，王符，四部叢刊本，臺北：臺灣商務印書館，1967 年。
10. 《中論》，徐幹，四部叢刊本，臺北：臺灣商務印書館，1967 年。
11. 《玉函山房輯佚書》，儒家類，馬國翰輯，臺北：文海出版社，1967 年。
12. 《意林》，儒家類，馬總輯，臺北：藝文印書館，1965～1971 年。

（二）道家類

1. 《老子》，舊題李耳撰，漢，河上公章句，《漢魏叢書》，四部叢刊本，臺北：臺灣商務印書館，1967 年。
2. 《老子考異》，汪中，《述學》，臺北：世界書局，1963 年。
3. 《莊子》，舊題莊周撰，王先謙集解，臺北：世界書局，1963 年。
4. 《陰符經解》，舊題黃帝撰，李荃等注，臺北：藝文印書館，1966 年。
5. 《關尹子》，舊題尹喜撰，四部備要本，臺北：臺灣中華書局，1965 年。
6. 《列子》，舊題列禦寇撰，張湛注，四部叢刊本，臺北：臺灣商務印書館，1965 年。
7. 《列子校釋》，陶光，臺北：臺灣省立師範學院，1953 年。
8. 〈論今本列子〉，王叔岷，《大陸雜誌》一卷二期，臺北：大陸雜誌社，1950 年。
9. 《文子》，舊題辛計然撰，四部備要本，臺北：臺灣中華書局，1965 年。
10. 《亢倉子》，舊題庚桑楚撰，叢書集成初編，上海：商務印書館，1936 年。
11. 《鶡子》，舊題鶡熊撰，《百子全書》，臺北：古今文化出版社，1963 年。
12. 《鶡冠子》，舊題鶡冠子撰，陸佃解，四部備要本，臺北：臺灣中華書局，1965 年。

13. 《玉函山房輯佚書》，道家類，馬國翰輯，臺北：文海出版社，1967 年。

（三）法家類

1. 《管子》，舊題管仲撰，房玄齡注，四部叢刊本，臺北：臺灣商務印書館，1965 年。

2. 《韓非子》，韓非撰，王先慎集解，臺北：世界書局，1961 年。

3. 《商子》，舊題商鞅撰，四部備要本，臺北：臺灣中華書局，1965 年。

4. 《鄧析子》，鄧析，四部叢刊本，臺北：臺灣商務印書館，1965 年。

5. 《慎子》，慎到，四部備要本，臺北：臺灣中華書局，1965 年。

6. 《玉函山房輯佚書》，法家類，馬國翰輯，臺北：文海出版社，1967 年。

（四）墨家類

1. 《墨子》，舊題墨翟撰，孫詒讓閒詁，臺北：世界書局，1958 年。

2. 《墨子閒話箋》，張純一，臺北：世界書局，1962 年。

3. 《玉函山房輯佚書》，墨家類，馬國翰輯，臺北：文海出版社，1967 年。

4. 《意林》，墨家類，馬總輯，臺北：藝文印書館，1965～1971 年。

（五）雜家類

1. 《呂氏春秋》，舊題呂不韋撰，高誘注，臺北：藝文印書館，1959 年。

2. 《子華子》，舊題程本撰，叢書集成初編，上海：商務印書館，1936 年。

3. 《尹文子》，舊題尹文撰，四部叢刊本，臺北：臺灣商務印書館，1965 年。

4. 《公孫龍子》，公孫龍撰，王啓湘校詮，臺北：世界書局，1959 年。

5. 《鬼谷子》，舊題鬼谷子撰，陶弘景注，四部叢刊本，臺北：臺灣商務印書館，1965 年。

6. 《於陵子》，舊題陳仲子撰，叢書集成初編，上海：商務印書館，1936 年。

7. 《尸子》，尸佼撰，汪繼培輯，四部備要本，臺北：臺灣中華書局，1965 年。

8. 《淮南子》，劉安撰，高誘注，四部備要本，臺北：臺灣中華書局，1965 年。

9. 《風俗通義》，應劭，四部叢刊本，臺北：臺灣商務印書館，1965 年。

10. 《論衡》，王充，四部叢刊本，臺北：臺灣商務印書館，1965 年。

11. 《捫蝨新話》，陳善，說郛，臺北：新興書局，1963 年。

12. 《玉函山房輯佚書》，雜家類，馬國翰輯，臺北：文海出版社，1967 年。

（六）農家類

1. 《計倪子》，計然，《百子全書》，臺北：古今文化出版社，1963 年。

2. 《玉函山房輯佚書》，農家類，馬國翰輯，臺北：文海出版社，1967 年。

3. 《意林》，農家類，馬總輯，臺北：藝文印書館，1965～1971 年。

（七）小說家類

1. 《山海經》，郭璞注，四部叢刊本，臺北：臺灣商務印書館，1965 年。

2. 《穆天子傳》，郭璞注，四部叢刊本，臺北：臺灣商務印書館，1965 年。

3. 《玉函山房輯佚書》，小說家類，馬國翰輯，臺北：文海出版社，1967 年。

4. 《意林》，小說家類，馬總輯，臺北：藝文印書館，1965～1971 年。

（八）兵家類

1. 《孫子十家注》，孫武，四部備要本，臺北：臺灣商務印書館，1965 年。

2. 《尉繚子》，尉繚百子全書，臺北：古今文化出版社，1963 年。

3. 《握奇經》，舊題風后撰，公孫弘解，《百子全書》，臺北：古今文化出版社，1963 年。

4. 《六韜》，舊題呂望撰，四部叢刊本，臺北：臺灣商務印書館，1965 年。

5. 《吳子》，舊題吳起撰，四部叢刊本，臺北：臺灣商務印書館，1965 年。

6. 《司馬法》，舊題司馬穰苴撰，四部備要本，臺北：臺灣中華書局，1965 年。

7. 《意林》，兵家類，馬總輯，臺北：藝文印書館，1965～1971 年。

（九）醫家類

1. 《黃帝素問》，王冰注，道藏，四部備要本，臺北：臺灣中華書局，1965 年。

2. 《靈樞經》，王冰注，四部備要本，臺北：臺灣中華書局，1965 年。

3. 《難經》，舊題越人撰，四部備要本，臺北：臺灣中華書局，1965 年。

4. 《本草經》，吳普等述，孫星衍輯，孫馮翼輯，四部備要本，臺北：臺灣中華書局，1965 年。

（十）天文算術類

1. 《周髀算經》，趙爽注，臺北：臺灣商務印書館，1970 年。

2. 《九章算術》，劉徽注，四部叢刊本，臺北：臺灣商務印書館，1967 年。

丁、雜著之屬

1. 《文選》，蕭統輯，李善注，臺北：藝文印書館，1955 年。

2. 《群書治要》，魏徵，四部叢刊本，臺北：臺灣商務印書館，1968 年。

3. 《藝文類聚》，歐陽詢，臺北：新興書局，1960 年。

4. 《北堂書鈔》，虞世南，臺北：新興書局，1971 年。

5. 《初學記》，徐堅，說郛本，臺北：新興書局，1963 年。

6. 《太平御覽》，李昉等，四部叢刊本，臺北：臺灣商務印書館，1968 年。

7. 《太平廣記》，李昉等，臺北：新興書局，1973 年。

8. 《直齋書錄解題》，陳振孫，叢書集成初編，上海：商務印書館，1936 年。

9. 《郡齋讀書志》晁公武，四部叢刊本，臺北：臺灣商務印書館，1968 年。

10. 《朱文公文集》，朱熹，四部叢刊本，臺北：臺灣商務印書館，1965 年。

11. 《子略》，高似孫，四部備要本，臺北：臺灣中華書局，1965 年。

12. 《古今偽書考》，姚際恆，叢書集成初編，上海：商務印書館，1936 年。

13. 《諸子辨》，宋濂，臺北：世界書局，1960 年。

14. 《四部正譌》，胡應麟，明清筆記叢刊，上海：中華書局，1964 年。

15. 《經義考》，朱彝尊，四部備要本，臺北：臺灣中華書局，1966 年。

16. 《四庫全書總目提要》，紀昀等，臺北：臺灣商務印書館，1968 年。

17. 《戴東原集》，戴震，經解本，臺北：藝文印書館，1968 年。

18. 《揅經室文集》，阮元，四部叢刊本，臺北：臺灣商務印書館，1965 年。

19. 《全上古三代秦漢三國六朝文》，嚴可均輯，臺北：世界書局，1963 年。

20. 《書目答問補正》，張之洞答問，范希曾補正，臺北：新興書局，1964 年。

21. 〈古史新證〉，王國維，《國學月報》二卷八、九、十期合刊本，北京：述學社，臺北：文海出版社，1924 年。

22. 〈釋史〉，王國維，《觀堂集林》，臺北：藝文印書館，1954 年。

23. 〈夏史三論〉，顧頡剛，《史學年報》二卷三期，燕京大學歷史學會編，1937 年，臺北：臺灣學生書局影印，1969 年。

24. 〈古書真偽及其年代〉，梁啓超，《飲冰室合集》，上海：中華書局，1936 年。

25. 〈中康日食〉，董作賓，《史學集刊》四期，臺北：臺灣學生書局，1947 年。

26. 《偽書通考》，張心澂，臺北：明倫出版社，1970 年。

27. 《經子解題》，呂思勉，臺北：臺灣商務印書館，1965 年。

28. 〈劉向歆父子年譜〉，錢穆，《兩漢經學今古文平議》，臺北：東大出版社，1960 年。

29. 《叢書子目類編》，楊家駱，臺北：中國學典館復館籌備處，1967 年。

30. 《劉歆三統曆譜證舛》，魯師實先，臺北：國家長期發展科學委員會，1965

年。

31. 《古籍導讀》，屈萬里，臺北：開明書局，1964 年。

32. 《諸子通考》，蔣伯潛，臺北：正中書局，1953 年。

33. 〈陰陽五行觀念之演變及若干有關文獻的成立時代與解釋的問題〉，徐復觀，《民主評論》十二卷十九～二十一期，香港：民主評論社，1960 年。

戊、工具書之屬

1. 《甲骨文合集》一～十三冊，郭沫若主編，中國社會科學院歷史研究所編，上海：中華書局印行，1978～1983 年。

2. 《殷周金文集成》一～十八冊，中國社會科學院歷史研究所編，香港中文大學中國文化研究所出版，1984～1994 年。

3. 《說文解字》，漢、許慎著，清、段玉裁注，臺北：萬卷樓圖書公司，2002 年。